교실밖
인문학
콘서트

교실밖 인문학 콘서트

1쇄 발행 2020년 11월 20일
3쇄 발행 2020년 12월 28일

지은이 백상경제연구원
펴낸이 유해룡
펴낸곳 (주)스마트북스
출판등록 2010년 3월 5일 | 제2011-000044호
주소 서울시 마포구 월드컵북로 12길 20, 3층
편집전화 02)337-7800 | **영업전화** 02)337-7810 | **팩스** 02)337-7811
기획 장선화 · 김선 | 편집진행 이주희 | 표지디자인 서랍(이유나) | 삽화 김영곤 | 전산편집 김경주

원고투고 www.smartbooks21.com/about/publication
홈페이지 www.smartbooks21.com

ISBN 979-11-90238-27-4 03300

교실밖 인문학 콘서트

백상경제연구원

스마트북스

경계를 허물고 통섭의 시대로

10만 명이 함께한 서울시교육청 인문학 강좌

다산과 아내 홍씨의 다홍치마

다산 정약용이 강진으로 유배를 간 지 10년째 되던 해인 1810년, 부인 홍씨가 시집 올 때 입었던 다홍치마를 유배지로 보내왔다. 천 리 밖에서 귀양살이하는 남편을 그리워하는 애틋한 마음을 담아 보낸 것이다. 고왔던 다홍치마는 오랜 세월 탓에 빛이 바래 어느 새 노을빛으로 변해 있었다.

다산은 이 치마를 자른 뒤 종이를 덧대 소책자로 만들어 두 아들에게 전하는 당부의 말을 적었다. 이게 바로 『하피첩(霞帔帖)』이다. 노을빛 치마로 만든 책자라는 뜻이다. 여기에는 자식들이 어려운 환경 속에서도 바른 길을 갔으면 하는 다산의 간절한 바람이 담겨 있다.

벼슬을 할 수 없는 선비(폐족)의 자식으로서 어떻게 살아야 하고, 무슨 공부를 해야 하며, 세상을 살아가는 마음 자세는 어떠해야 하는지를 자세하게 설명하고 있다. 멀리 떨어져 있는 아들들에게 어떤 상황에서도 희망과 품격을 잃지 말라는 당부는, 글을 보는 이들의 눈시울이 붉어지게 만든다. 세상에 이보다 효과적인 자녀교육 방법이 있을까.

인류가 그려온 삶의 무늬, 생각하는 힘

우리가 고전을 가까이 하는 이유는 바로 이것이다. 고전 속에는 우리의 삶을 성찰하게 하는 열쇠가 담겨 있다. 삶을 어떻게 바라봐야 하고 어떤 자세를 가져야 하는지를 친절하게 설명해 준다.

최근 들어 국내외에서 인문학 열풍이 부는 이유도 같은 맥락에서 이해할 수 있다. 인문학은 인류가 그려온 삶의 무늬를 담고 있다. 종교·문학·역사·철학·예술 등은 선현들의 오랜 고뇌의 성과다. 비록 당장 성적을 올려주거나 돈이 되는 건 아니지만, 인문학은 인간을 이해하고 세상을 바라보는 시야를 넓힐 수 있도록 생각하는 힘을 길러준다.

8년간 10만 명의 시민과 청소년이 함께한 결실

서울경제신문 부설 백상경제연구원은 2013년부터 서울시교육청과 함께 인문학 아카데미 '고인돌2.0(고전 인문학이 돌아오다)' 사업을 통해 시민과 청소년에게 삶의 본질적 물음을 던지고 스스로 답을 찾아갈 수 있는 길을 제시해 왔다. 8년간 10만 명 이상의 시민과 청소년이 참가할 정도로 인기를 끌면서 서울시의 대표 인문학 아카데미로 성장했다. 이 책은 고인돌2.0 사업 8년의 성과물 가운데 하나다. 빛의 속도로 변화하는 환경 속에서 삶의 본질을 꿰뚫어 볼 수 있는 눈을 길러주기 위해 책을 출간하게 됐다.

신화·철학·문학에 이어 미술사·스토리텔링·영화·환경·인공지능 등 변화하는 시대를 반영한 주제를 담았다. 인류 기원에 대한 이야기이자 오늘날 영화·애니메이션·만화·게임 등 대중문화로 통하는 지름길이며 상상력의 원천인 '유럽 신화, 완전 첫걸음', 내가 누구인지를 문학적으로 풀어낸 '자아의 발견과 문학', 철학의 본질을 찾아가는 '철학하는 삶이란?', 고전문학과 영화를 비교하는 '원작과 함께 영화 읽기', 행복의 기준에 대한 질문을 던지는 '살면서 갖고 싶은 다섯 가지', 예술 앞에 당당해지는 방법을 알려주는 '단박에 읽는 서양미술사', 인공지능과 4차 산업혁명을 주제로 한 '새로운 접촉 문명, 온택트 시대' 등이다.

학문의 경계를 허물고 통섭의 시대로

인류는 3차 산업혁명으로 눈부신 경제발전을 이뤘다. 그 덕분에 우리는 역사상 가장 풍요로운 시대를 살고 있다. 이제는 4차 산업혁명으로 인공지능이 생활의 일부가 되고 로봇이 인간의 고단한 일을 대신해주는 날도 머지않았다. 그렇다면 인간은 무엇을 하며 살아야 할까. 사람과 세상을 이해하고 쌓여가는 문제를 해결하기 위한 창의력을 발휘할 때다. 학문의 경계를 허물고 통섭의 시대로 나가야 하는 것은 바로 이 때문이다.

이 책이 지구 공동체 일원으로서 더 나은 세상을 만들겠다는 꿈을 꾸며 창의적인 생각의 싹을 틔우는 출발점이 되기를 기대한다.

백상경제연구원장 오철수

차례

6장 필환경 시대, 문학에서 길을 찾다 | 한현숙

7장 단박에 읽는 서양 미술사 | 백지희

10장 새로운 접촉문명, 온택트 시대 | 이준정

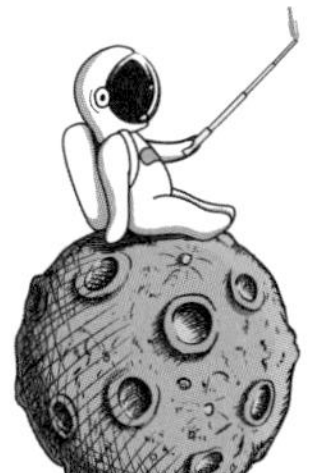

대부분 인간 공동체는 저마다의 신화를 가지고 있다. 나의 뿌리, 내 가족의 근원, 민족의 시조, 나라의 기원, 우리가 속한 우주와 세계의 탄생이 바로 신화의 영역이다.

또한 오늘날 신화는 영화, 애니메이션, 만화, 게임 등 모든 대중문화로 통하는 지름길이자 상상력의 원천이다.

1장

유럽 신화, 완전 첫걸음

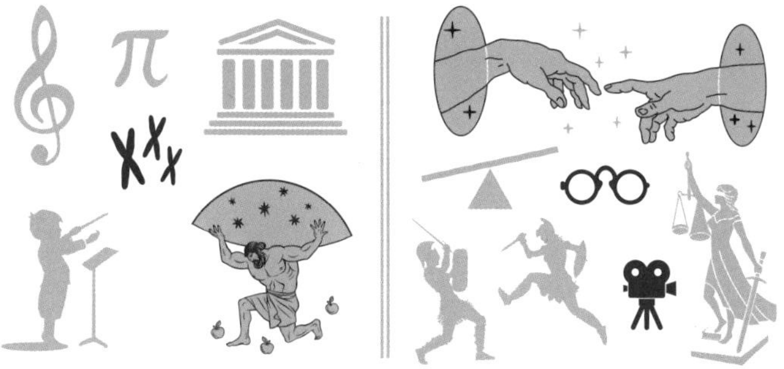

김윤아 | 이야기공작소 ‘파수’의 대표이자 다양한 채널에서 영화평론을 쓰는 영화학자다. 동국대학교 연극영화학과에서 석사와 박사학위를 취득했다. 유튜브 영화채널 씨네포커스TV에서 ‘myth&movies’를 진행하고 있으며, 현재 건국대학교 문화콘텐츠학과 겸임교수다.

1

신화가 뭐길래?

기원에 관한 오랜 이야기

신화의 세계는 현실의 감각으로는 알 듯 모를 듯, 익숙한 듯 아닌 듯한 이야기들로 가득하다. 유럽 신화라고 하면 일단 머릿속에 지도를 떠올린다. 물론 그 신화들이 처음 만들어지던 시절과 똑같은 지도일지는 확신할 수 없다. 우리에게 가장 익숙한 지중해 연안의 그리스 신화, 그보다 조금 높은 위도상의 아일랜드와 영국섬을 중심으로 펼쳐지는 켈트 신화, 영국섬의 동쪽으로 눈을 돌리면 노르웨이와 스웨덴, 핀란드, 그리고 얼어붙는 바다 위쪽의 아이슬랜드에 퍼져있는 북유럽 신화가 존재한다. 그중에 그리스 신화가 가장 친숙하게 다가온다. 이 책의 독자들은 그리스 신화를 어린 시절 방대한 분량의 만화책으로 접했을 가능성이 높다.

하지만 그리스 신화 말고도 북유럽 신화, 켈트 신화가 유럽인들의 정신세계에 지대한 영향을 미쳤다. 북유럽 신화는 척박한 땅과 거친 바다를 누비는 운명론적 전사들이었던 바이킹들의 것이고, 켈트 신화의 이야기들은 윌리엄 셰익스피어의 『로미오와 줄리엣』, J. R. R. 톨킨의 『반지의 제왕』, J. K. 롤링의 〈해리 포터〉 시리즈 세계의 조상이다. 세상 모든 요정들이 대부분 켈트 출신인 것은 아는 사람만 아는 이야기다. 그러면 신화가 무엇인지, 왜 신화를 알아야 하는지 살펴보고 이어지는 장들에서 그리스 신화, 켈트 신화, 북유럽 신화를 자세히 들여다보자.

신화의 정의

신화를 한마디로 정의하면, '기원(origin)에 관한 오랜 이야기'라 할 수 있다. 세상 대부분의 인간 공동체는 저마다의 신화를 가지고 있다. 누구나 자신들이 어디에서 온 사람들인지, 누구의 자손인지에 대해 관심이 많기 때문이다.

설이나 추석에 가족 친지들이 모이면 조상에 대한 이야기를 자연스럽게 하기 마련이다. 가령, 할아버지께서 "우리 집안은 이순신 장군의 17대손이고 그것을 자랑스럽게 여겨야 한다."고 말씀하시고 이순신 장군과 관련한 전설 같은 이야기, 비현실적인 이야기를 하는 장면을 어렵지 않게 상상할 수 있다. 사실 할아버지도 늘상 그런 이야기를 하시지는 않는다. 설이나 추석 같은 특별한 시기에

하신다. 또 할아버지가 계시는데 막내 삼촌이 툭 나서서 집안 내력에 관해서 말하는 경우는 없다.

신화도 마찬가지다. 특별한 시기에 특별한 사람에 의해 이야기되었던 신성한 이야기가 바로 신화다. 이처럼 나의 뿌리, 내 가족의 근원, 우리 민족의 시조, 나라의 기원, 우리가 속한 우주와 세계의 탄생 같은 것들이 신화의 영역이다. 그러니까 아버지의 아버지의 아버지의 아버지에 관한 이야기, 어머니의 어머니의 어머니의 어머니에 관한 이야기가 공동체 차원으로 확대되면 그것은 특정 집단의 기원 이야기로서 신화인 셈이다. 그래서 신화는 창세 신화, 건국 신화, 시조 신화, 영웅 신화 등으로 구분해 볼 수 있다.

신화라는 말은 귀신 신(神)과 말할 화(話)를 사용해 한문으로는 神話라고 쓴다. '신들의 이야기'라는 뜻이다. 영어로는 myth, 신화학은 mythology라고 쓴다. 국어사전에는 "고대인의 사유나 표상이 반영된 신성한 이야기. 우주의 기원, 신이나 영웅의 사적, 민족의 태고적 역사나 설화 따위가 주된 내용이고, 그 내용에 따라 자연 신화와 인문 신화로 나눈다."고 적고 있다. 신화와 관련된 수많은 정의들의 키워드를 추려보면 신성한 이야기, 원시인들의 사고에서 만들어진 이야기, 집단무의식의 발현, 인류 공통의 심성, 논리나 이성보다는 신성이나 감성적 언술, 그리고 제의 같은 단어들이 주를 이룬다. 신화에 관한 느낌이 조금 오는가?

세계관으로서의 신화

그런데 우리는 신화를 대개 책의 형태로 접하기 때문에 문학이라고 오해하기도 한다. 신화는 한 편의 문학작품이 아니라 공동체의 세계관이

『반지의 제왕』의 한 장면을 그린 삽화. 우리는 '유럽 신화' 하면 그리스 신화를 연상하지만 켈트 신화, 북유럽 신화도 큰 영향을 미치고 있다. 『반지의 제왕』은 북유럽 신화의 얼개에 켈트 신화의 캐릭터들이 등장한다.

자 철학이 담겨 있는 아주 오래된 이야기이기 때문에, 문학 전집의 일부로 신화를 대하는 것은 우주적 차원의 신화를 너무 협소하게 바라보는 일이다.

신화는 우리가 왜 태어났는지, 왜 죽는지, 죽으면 어디로 가는지, 어떻게 살아야 하는지에 대해 말해준다. 즉, '근원적인 철학적 사고'를 하게 한다. 인간으로서 무엇을 해야 하고 하지 말아야 하는지, 다른 동물이나 식물들과는 어떤 관계를 맺으며 살아야 하는지를 말해주는 것이다. 신화는 은유나 상징, 알레고리라는 신화만의 방식을 통해 이러한 것들에 대해 말해왔다.

자연을 두려워하던 원시인류는 문명이 발달함에 따라 이상적인 인간 모델로 여러 신을 만들었고, 그 위대한 신들을 닮으려 애쓰며 그들을 두려워하고 경외하고 믿었다. 나약한 종이던 인류가 집단을 이루어 살면서 문명과 과학이 발달함에 따라, 자연과 인간의 관계가 역전되었다.

신화의 힘은 그 오래전 원시인류가 처음 자연에 경외감을 느끼고 두려워하던 시절 같지는 않지만, 여전히 생명력 있는 기층문화로 자리잡고 있다. 현대에 와서 신화적 사고는 또 다른 얼굴을 드러내며 하나의 이데올로기로, 문화 콘텐츠의 원형으로 위력을 발휘하고 있다.

신성한 이야기

신화는 신성한(sacred) 이야기이다. 신성하다는 말은 인간의 윤리나 도덕을 초월하는 신성함을 의미한다. 여신의 알몸을 훔쳐본다거나, 신들의 능력을 과소평가하며 맞먹으려 한다거나, 신의 뜻을 어기면 무시무시한 응징이 기다린다. 아르테미스 여신과 악타이온의 이야기는 꽤 유명한 예시다.

하루는 사냥의 여신이자 숲의 여신 아르테미스가 시녀들과 사냥을 마치고 숲의 연못에서 목욕을 하고 있었다. 인간 남자 악타이온이 그 숲으로 사냥을 하러 왔다가 여신 일행이 목욕하는 장면을 훔쳐보았다. 그러나 여신에게 발각이 되어 숫사슴으로 변하고 자신이 끌고 온 사냥개들에게 갈갈이 찢겨 죽는다. 인간 차원에서는 잔혹한 처사 같지만, 감히 인간 남자가 여신의 알몸을 훔쳐보았다는 것은 죽음으로 보상해야 하는 신성모독인 것이다.

이처럼 신화의 신성함은 폭력적으로 드러나기도 한다. 신화가 태동하던 오래전에는 현대의 우리에겐 당연한 법이나 질서가 존재하지 않

16세기 티치아노가 그린 아르테미스와 악타이온 신화. 사냥의 여신이자 숲의 여신인 아르테미스의 목욕 장면을 훔쳐보다 들키는 장면이다.

았다. 현대인들의 폭력에 대한 감수성을 기준으로 하면 신화 속 폭력성은 종종 눈살을 찌푸리게 하는 것이 사실이다. 하지만 인류의 역사와 함께 시작되었다는 점을 전제해야 고대부터 전해져 오는 신화를 이해할 수 있다.

신화와 역사, 신화와 종교의 관계

신화는 공동체의 기원과 관련이 있기 때문에 정체성 문제와 밀접하기 마련이다. 한국인에게 단군신화를 말하는 것과 미국 사람에게 말하는 것은 완전히 다르다. 한국인에게 단군신화는 민족의 기원에 관한 이야기지만, 미국인에겐 곰이 사람이 된다는 그저 흥미로운 옛이야기일 뿐이다. 자신의 정체성에 관한 이야기이기 때문에 신화와 역사는 많은 부분을 공유하기도 한다.

또 고대세계의 신화는 한때 강력한 신앙으로 기능했기 때문에 종교와도 깊은 관련을 맺는다. 하지만 지금 우리가 생각하는 고등 종교나 역사와는 많은 차이가 있다. 그래도 당시 북유럽의 토르나 그리스의 제우스, 아폴론 등의 신들은 자신의 성전을 갖고 있었고, 사람들은 지금 현대의 고등 종교가 그러하듯, 자신이 믿는 신에게 예배하고 믿고 의지하고 빌었다. 고대 신화들은 고대의 종교제의와 역시 깊이 관련되어 있다.

신화와 역사의 가장 두드러지는 차이는 신화는 상상력이 가미된 이야기라는 점이다. 때로 신화는 특정 공동체의 이상이 투사되기도 하고, 역사적 인물에 상상력이 가미되어 멋진 신화적 영웅이 만들어지기도 한다. 로마제국이 물러간 영국에서의 아더 왕을 예로 들 수 있다. 아더가 역사적 실존 인물인지 신화적 가공의 인물인지는 아직도 논란 속에 있다. 신화적으로 아더는 우리의 홍길동처럼 켈트인들에게는 다시 돌아와 그들을 구원할 거라는 믿음을 주는 신화적 인물이다. 아더 왕에 대한 상상력은 그의 실존이나 역사적 사실과는 크게 관련이 없다.

더욱 흥미로운 점은 아더 왕과 원탁의 기사들에 관한 기사도문학은 영국이 아니라 프랑스에서 화려한 장르문학으로 만개했다는 것이다. 중세 기독교의 억압적 상황에서 바다 건너온 아더 왕과 12원탁의 기사 이야기는 프랑스인들의 상상력을 자극해 중세 기사도문학이 되었다.

신화의 지역성

당연한 말이겠지만, 특정 신화는 그 지역 사람들이 살던 자연환경, 기후, 풍토와 깊은 연관이 있다.

지중해 연안에서 발생한 그리스 신화의 세계는 밝고 긍정적이고 낙관적이며 신들은 영원히 산다. 제우스나 아프로디테가 죽었다는 신화적 이야기는 발견된 적이 없다. 그들은 임모탈, 불멸의 존재들이다.

그러나 조금 위도가 올라가는 켈트 신화에서 투아하 데 나단 신족은 인간 밀레족과의 싸움에서 패해 인간들에게 자신들의 땅을 다 내준다. 그리고 자신들은 쉴드를 치고 몸을 숨긴 채 가끔 인간세계에 등장한다. 그들은 죽지는 않았지만 모습을 감췄다.

오로라가 너울대고 북풍한설이 몰아치는 아름답지만 얼어붙는 땅에서 살아야 하는 북유럽의 혹독한 기후풍토는 신화에 그대로 드러난다. 운명적이고 신비하면서 비장한 북유럽 신화의 세계는 그리스 신화나 켈트 신화와는 분위기가 사뭇 다르다. 북유럽 신화에 등장하는 신족과 거인족들은 동전의 양면 같은 운명으로 엮여 함께 공멸해 간다. 라그나뢰크가 그 최후의 종말 전쟁이고, 대부분의 신들은 모두 운명에 따라 죽는다. 북유럽 신화의 신들은 필멸의 존재들이다. 신들과 거인들이 모두 사라지고 난 뒤 오랜 시간이 흐른 후에야, 비로소 인간이 세상의 주인공으로 등장한다.

국가 신화

공동체의 결속력을 다질 수 있는 정체성의 측면에서 신화는 독일 나치의 아리안 신화처럼 부정적으로 작동하는 경우가 있다. 독일의 순수 아리안족 정체성에 대한 신화는 일종의 허위의식이었지만, 그 결과가 정말 끔찍했다. 희생자들 몸의 기름으로 비누를 만들었던 아우슈비츠 수용소의 홀로코스트는 아리안 제일주의가 낳은 무자비하고 처참한 경험이다.

나치 지배 시절을 살았던 독일의 철학자 에른스트 캇시러는 신화가 기원의 이야기나 진실한 이야기라는 이전 신화학자들의 설명을 다 뒤집으며, 신화는 드라마틱한 이야기 구조를 가진 잘못된 신념체계라고 설명한다. 그는 '국가 신화'라는 용어를 사용하면서 신화는 홀로코스트를 행할 만큼 무소불위의 힘을 가지기도 한다는 점을 강조한다. 그만큼 신화가 강력하다는 의미다. 이렇게 신화는 두 가지 얼굴을 가지고 있다는 점을 기억해야 한다.

신화가 늘 재미있고 신기한 이야기라는 생각은 신화가 가진 한쪽 면만을 보는 것이다. 국가 이데올로기로 작동하는 신화나 미디어의 조작으로 형성되는 신화는 경계해야 한다. 신화는 양날의 검으로써 기능할 수도 있다는 점을 강조하고 싶다.

신화와 상상력

신화적 상상력이 현대 문화에서 풍부한 원형적 콘텐츠로 작동하는 것은 최근에 신화와 관련해 부각되는 지점이다. 상상력의 보고라고 할 수 있는 신화에는 현실에서 볼 수 없는 신이나 영웅, 상상의 동물이나 식물처럼 신기한 존재들이 많이 등장한다. 오래오래 검증되고 살아남은 이야기의 원류인 신화의 힘은 여기에서도 발휘된다.

『포켓몬스터』나 『반지의 제왕』, 〈해리 포터〉 시리즈에서 보듯, 신비한 동식물들이나 상상적 존재들은 과연 한 작가의 독창적 생각에서 나온 것일까? 포켓몬스터는 『산해경』이라는 중국의 신화 지리지에 나오는 신이적 존재들의 현대적 변용이고, 『신비한 동물사전』에 나오는 여러 캐릭터들도 오래전부터 전해 내려오던 다양한 신화 속 존재들이다. 신화 속 초자연적 존재들이 현대의 문화 콘텐츠로 부활하고 있다.

엄청난 흥행을 했던 영화 〈어벤져스: 엔드게임〉에서 봤듯, 최근 영화, 애니메이션, 만화, 게임의 핫한 주제는 신화이고 그 경향은 계속될 전망이다. 어쩌면 신화가 많은 청소년들의 직업이나 진로와 관련이 있게 될지도 모른다.

신화는 종교나 역사와 관련이 있지만, 유익하고 풍부한 상상력의 보고라는 점도 기억해야 한다. 수천 년을 인류와 함께 살아남은 강력한 이야기인 신화를 아는 것은, 모든 대중문화 콘텐츠로 통하는 지름길이라고 해도 틀린 말은 아니다.

2

지중해 날씨처럼 밝고 낙관적인 불멸의 신들

그리스 신화

그리스·로마 신화?

많은 그리스 신화 중 어떤 이야기를 기억하는가? 헤라, 아프로디테, 아테나가 파리스에게 사과를 고르라고 하는 트로이 전쟁의 서막 이야기? 자신이 길쌈을 여신보다 더 잘한다고 뻐기다가 거미로 변한 아라크네 이야기? 원치 않는 아폴론의 사랑을 피하려고 월계수가 된 다프네 이야기? 아니면 연못에 비친 자기 얼굴에 반해 자신과 사랑에 빠져 죽은 나르키소스의 이야기일까? 혹은 아리아드네가 준 실뭉치를 가지고 미궁 속으로 들어가 괴물 미노타우로스를 처치하는 테세우스의 이야기일 수도 있고, 이아손이 황금 양털을 찾으러 가는(사실 훔치러 가는) 아르고호의 모험 이야기 등 이루 헤아릴 수 없이 재밌는 이야기들이 명멸한다.

그런데 참 이상한 것은 그리스 신화는 늘 로마 신화와 함께 동반 거론된다는 것이다. 단독으로 그리스 신화가 아니고 항상 그리스·로마

15세기 피에로 델 폴라이올로의 〈아폴론과 다프네〉. 요정 다프네는 아폴론 신을 피하려 하고, 아폴론이 만지자 월계수로 바뀌고 있다. 모습이 바뀌는 변태 신화 중 하나다.

신화라고 한다. 왜 그럴까? 그리스와 로마는 한 나라도 아니고 한 민족도 아닌데 말이다.

사실 그리스와 로마의 관계는 식민지와 제국의 관계다. 그러니까 두 나라의 관계는 적이다. 지중해의 작은 나라 그리스를 점령한 로마는 자신들이 갖고 있지 않은 엄청난 신화 보유국인 그리스의 신화들을 가져가 신들의 이름을 로마식으로 바꾸고, 자신들의 신화세계로 벤치마킹한다.

로마는 로물루스와 레무스 쌍둥이 형제가 늑대의 젖을 먹고 자라 로마를 건국했다는 건국 신화 이외에 창세 신화가 없다. 로마를 건설한 쌍둥이 형제의 연원을 거슬러 보면 트로이와 닿아 있기도 하다. 그런 로마가 그리스의 여러 신들과 풍부한 이야기들을 가져가 자기들 식으로 각색을 한 것이다.

한동안 그리스 신화들은 로마에서 인기를 끌었지만 A.D. 392년 로마제국이 유일신을 숭배하는 기독교를 국교로 채택하면서 그리스 신화는 그저 흥미로운 시장판의 이야깃거리로 전락하고 만다.

그리스 신들이 로마의 신들로 바뀌는 이름들을 잠깐 살펴보자. 올림포스 12신이지만 그리스 신화 책마다 다소 차이가 있어 14신의 이름을 적어보았다.

제우스 - 주피터

하데스 - 플루토

포세이돈 - 넵튠

헤라 - 주노

헤르메스 - 머큐리

헤파이스토스 - 불카누스

헤스티아 - 베스타

아프로디테 - 비너스

아르테미스 - 다이아나

아폴론 - 아폴론

아테나 - 미네르바

데메테르 - 세레스

아레스 - 마스

디오니소스 - 바쿠스

그리스 신화와 작가들

그리스 신화라는 말은 호메로스가 활동하던 기원전 9세기 무렵부터 로마가 기독교의 유일신을 국교로 채택하는 4세기 정도까지 약 1400년 동안 형성된, 그리스어를 사용하는 지역에 널리 퍼져있던 온갖 불가사의한 이야기들을 총칭하는 것이다. 그런 그리스 신화들을 기록하고 정리한 그리스의 작가들이 있었다. 아마도 이것이 다른 유럽의 신화들보다 그리스 신화가 수천 년이 지난 지금까지 훼손이나 변형 없이 가장 풍부하고 원형적인 모습으로 전승된 이유일 것이다. 그러니까 그리스 신화는 천년이 넘는 오랜 세월 동안 형성되었지만, 그것을 중간중간 기록한 훌륭한 작가들이 있었다는 얘기다.

그리스 신화는 『오딧세이』나 『일리아드』를 쓴 호메로스를 비롯하여 『신통기』를 쓴 헤시오도스, 『변신 이야기』의 오비디우스 같은 고대 그리스 작가들에 의해 정리되고 기록되었다. 우리가 다음 꼭지에서 다룰 켈트 신화와 북유럽 신화도 구전되던 신화들을 기록한 작가들이 있었고, 근대국가가 형성되면서 민족부흥운동의 일환으로 채록 정리된 결과, 많은 신화와 옛이야기들이 소실되고 사라져 빈약하지만 그나마 우리가 책의 형태로 만날 수 있게 된 것이다.

신성한 신격이나 믿음이 사라진 그리스 신화 또한 그리스·로마 신화라는 이름으로 살아남고 오래 전해지게 된 것이다. 역설적이게도 로마에 의해 널리 퍼진 그리스·로마 신화는 미국으로 건너가 19세기 미국의 청교도 작가 토마스 불핀치에 의해 영어로 널리 알려지게 된다.

그 과정에서 제우스는 신앙의 대상이 되는 위대한 제우스가 아니라 '바람둥이 제우스'가 되고, 풍요와 미의 여신 아프로디테는 '음란한 아프로디테' 같은 성적으로 문란한 별명들이 붙는다. 그리스 최고의 여신 헤라는 바람 피우는 남편 제우스를 드잡이하는 '악처의 전형'으로 인식된다.

로마가 채택한 기독교는 유일신 사상을 기반으로 성적으로 순결하고 금욕적인 종교이기 때문에, 그리스 신들의 자유분방함과 육감적인

18세기 장 밥티스트 마리 피에르의 〈에우로페의 납치〉. 그리스 신화는 로마, 그리고 기독교를 거치면서 고유의 신격이 사라지고 흥미로운 이야기로만 남게 되었다.

이야기들은 문란한 것이 된 것이다. 그런데 그것이 또 재미의 원천이기도 해서, 역설적으로 그리스 신화가 여지껏 살아남는 요인이 되게 만든 것인지도 모른다. 현재 우리가 보는 대부분의 그리스·로마 신화는 미국 청교도 토마스 불핀치에 의해 번역된 것을 한글로 번역한 것이다. 최근에는 그리스 신화 원전들을 번역하는 책들도 많이 나오고 있다.

우주의 창조

기원전 8세기 무렵 고대 그리스의 서사시인이자 작가 헤시오도스는 『신통기』라는 신들의 계보를 적은 그리스 신화를 썼다. 태초에 카오스(chaos, 혼돈)가 있었고, 물질과 에너지가 곤죽 상태를 이루고 있던 그 카오스에서 대지의 여신 가이아(Gaia)가 생겨난다. 곧이어 모든 물질을 결합 생성하게 하는 우주의 원초적 친화력을 의미하는 정신적인 힘 에로스(Eros)가 생겨난다(이 에로스는 아프로디테의 아들 에로스와는 다른 신격이다). 이로써 우주를 이룰 모든 원초적 질료들이 다 갖추어졌다. 원전을 일부 옮겨본다.

> 카오스로부터 닉스(Nyx, 밤)와 에레보스(Erebos, 어둠)가 태어났다. 닉스는 밤하늘의 맑은 어두움이고, 에레보스는 땅속의 칠흑 같은 어두움이다. 이 둘은 서로 어울려 맑은 대기인 아이테르(Aither, 창공)와 헤메라(Hemera, 낮)를 낳는다. 이렇게 카오스로부터 모든 천체가 운행할 우주의 드넓은 어둠과 낮과 밤의 세계가 생겨났다.
>
> 밤의 여신인 닉스 혼자의 힘으로 운명의 여신인 모이라이(Moirai) 세 자매와 신의 분노를 상징하는 네메시스(Nemesis), 석양의 낙원에서 황금사과를 지키는 에스페리데스(Esperides, 저녁)를 낳았다. 이외에도 닉

스는 인간사의 어두운 면과 관련 있는 수많은 자식을 낳는다. 즉, '파멸', '고뇌', '죽음', '잠', '꿈', '비난', '불행', '운명', '복수', '비참', '시기', '애욕', '노쇠', 그리고 불화의 여신인 에리스(Eris)를 낳았다. 마지막 자식인 에리스로부터 다시 '고통'과 '망각', '기근', '병마', '분쟁', '전투', '살인', '남자 살해', '승벽', '논쟁', '의심', '불법', '거짓', 그리고 '맹세'가 태어났다.

한편 가이아는 자신의 크기와 같은 자식 우라노스(Ouranos, 하늘)를 낳아 자신을 뒤덮게 했다. 또 요정들의 은신처인 오레(Ore, 산맥)를 낳고, 이어서 폰토스(Pontos, 바다)를 낳았다. 이렇게 우주를 생성한 후 가이아는 우라노스와 어울려 열두 명의 티탄(Titan)과 외눈박이 퀴클롭스(Kyklops) 삼형제, 손이 백 개나 달린 헤카톤케이르(Hekatoncheir, 백 개의 손을 가진 자) 삼형제를 낳았다.

헤시오도스의 『신통기』에 따르면, 우주 최초의 모자지간이자 부부인 가이아와 우라노스는 신성 결혼을 통해 여섯 명의 티탄과 여섯 명의 티타니데스, 세 명의 외눈박이 퀴클롭스, 백 개의 손을 가진 헤카톤케이르 삼형제를 낳는다. '아! 가이아가 우라노스를 낳았다더니 이게 뭐지?' 하는 생각이 들 수 있지만, 이 이야기는 인간 얘기가 아니라는 점을 상기해야 한다. 그것이 신화의 신성성이니까.

우주 최초의 엄마와 아들이지만 그 자체가 가이아는 대지요, 우라노스는 하늘이다. 말하자면 가이아는 대지를 인간 모습의 여신으로, 우라노스는 하늘을 인간 모습의 남신으로 묘사한 것이다. 그러니까 인간의 도덕 규범을 들이대면 안 된다는 점, 그것이 신성한 이야기인 신화가 가지는 상상력의 세계의 법칙이고 신화 특유의 방식이다. 인간 눈에는 근친상간의 금기를 어기는 일이지만 신들의 세계에서 이런 일은 비단 그리스 신화에만 국한된 것이 아니다.

하늘과 땅이 결합하고, 낮과 밤이 생기고, 세상의 모든 것들이 생겨나는 우주적인 결합, 생성의 기운이 인간의 윤리 아래 있을 리가 없을 터다. 신화의 스케일은 이렇게 광대하다. 그러니까 죽은 자가 다시 살아나고, 우주의 종말 전쟁이 벌어지는 신화가 컴퓨터 그래픽으로 구현되는 스펙터클한 〈어벤져스: 엔드게임〉의 이미지로 스크린을 채우는 것이고, 사람들은 그 압도적인 스케일에 매혹되지 않을 수 없는 노릇이다.

올림포스의 12신

우리는 제우스나 아프로디테, 혹은 헤라나 아테나가 죽었다는 소식은 들어본 적이 없다. 그리스의 신들은 불멸이어서 지금도 올림포스 신전에서 가족을 이루어 매일 신들의 음료 넥타르와 암브로시아를 마시며 잘살고 있다. 다만 예전처럼 인간사에 관여하거나 신들을 모욕하는 인간들을 응징하거나 죽은 영웅을 하늘의 별로 만드는 일을 하던 시절은 지났지만. 우리는 여전히 불굴의 용기를 보여주는 신화 속 영웅들을 상상하고, 그 영웅들처럼 각자 인생의 주인공 영웅으로 살아갈 힘을 얻기도 한다.

우주 최초의 부부 가이아와 우라노스가 한데 어울려 여러 자식들을 낳았고, 그중 티탄들 중 막내 크로노스가 어머니의 후원을 받아 자식들을 가이아의 자궁 속에 가둬버리던 아버지 우라노스를 거세한다. 잘린 우라노스의 성기가 지중해에 떨어지면서 일어난 거품에서 복수의 여신 에리뉘에스와 기간테스들이 태어났으며, 미의 여신 아프로디테도 탄생한다.

19세기 안젤름 포이어바흐가 그린 가이아. 천장 그림 중 일부다. 가이아는 태초에 태어난 대지의 여신이며 만물의 어머니로 간주되는 신이다. 이후 신화는 어머니 중심에서 아버지 중심으로 변화한다.

시간을 상징하는 크로노스는 아내 레아와의 사이에 헤스티아, 데메테르, 헤라, 하데스, 포세이돈을 낳지만 그 자식들을 집어삼킨다. 크로노스가 티탄들을 해방시키기는 했지만, 다른 자식들을 자신의 자궁 타르타로스에 그대로 둔 처사가 못마땅하던 가이아는, 자식을 집어삼키는 남편에게 화가 나 있는 며느리 레아와 힘을 합쳐 막내아들 제우스를 낳자마자 빼돌리고, 크로노스에게는 돌멩이를 주어 삼키게 한다.

제우스는 할머니와 어머니의 비호 속에 자라나 아버지 크로노스에게 반기를 든다. 제우스는 크로노스가 삼킨 자신의 형제들을 다 토하게 하고, 타르타로스에 갇혀 있던 삼촌들인 퀴클롭스와 헤카톤케이르들을 풀어준다. 그들은 가이아의 자식들이다.

올림포스의 신 중의 신이 되기 위한 제우스의 야심은 기간테스들과의 전쟁, 튀폰과의 전쟁을 더 치루고 나서야 성취된다. 기간테스는 할

아버지 우라노스의 세력이고, 튀폰은 가이아의 마지막 자식이라 자신을 도와준 할머니 가이아의 세력이다. 왕이 되려면 반대 세력을 다 물리쳐야 하는 것은 만고의 진리인 것이어서 제우스는 할머니 세력과 아버지 세력 모두를 축출한 것이다.

기원전 8세기의 헤파이스토스가 적은 신들의 계보는 후대에 완성된 올림포스 12신체계가 되면서 제우스 중심의 가부장제의 모습으로 변한다. 자신의 누이이던 헤라와 부부가 되고, 형제 하데스와 포세이돈을 제외한 신들은 모두 제우스의 자녀로 편입된다. 『신통기』의 항렬로 따지면 고모뻘인 아프로디테도 딸로 편입된다.

천 년이 넘는 기간 동안 여러 작가들에 의해 기록된 그리스 신화가 어떤 부분은 빠지고 어떤 부분은 강조되는 첨삭의 과정을 겪는 것은 오히려 자연스럽다.

그러니까 신화 내용은 어머니 중심에서 아버지 중심으로 변화했고 그 흔적은 오래된 신화체계에서는 일반적이다. 켈트 신화에서도 어머니신 다누 중심의 신화체계가 아버지신 다다 중심으로 변해간다.

원래 그리스 토착 원시 지모신들로

로마제국 시대에 만들어진 아르테미스 조각상(1~2세기). 신화는 천 년 넘는 기간 동안 첨삭 과정을 거치며 어머니 중심에서 아버지 중심으로 변했다. 존경받는 여신들은 대체로 처녀신들이다. 달과 사냥의 여신 아르테미스도 처녀신이다.

헤라, 아프로디테, 아르테미스를 꼽는다. 강력한 여신들이 토착신으로 있던 그리스 지역에 제우스를 중심으로 하는 가부장적 올림포스체계가 도래하면서 변한 것이다. 그 과정은 인간 사회가 남성 중심의 가부장제 사회가 되는 과정을 똑같이 반영한 것이다. 그래서 남성 영웅이 탄생하려면 여성 괴물을 살해해야 하고, 최고 여신 헤라는 남편의 바람기를 응징하기에 여념이 없는 악처의 전형으로, 매일 처녀로 다시 태어나는 여신 아프로디테는 음란한 여신으로 소문이 나는 상황이 되었던 것이다. 인간 왕과 동침하는 것은 성은이 망극한 일일진대, 여신과 동침하는 것은 그야말로 신의 은총 아닌가?

그리스 신화도 예외가 아니어서 존경받는 여신들은 대개 처녀신들이다. 변변히 연애사건 하나 없는 제우스의 딸 아테나나 사냥의 여신 아르테미스 같은 여신들과 남자들의 구애를 달리기로 물리치려던 아탈란테나 여전사들만의 아마존 왕국에 대한 상상력은 여자를 이중잣대로 보는 가부장제 고대 그리스를 반영한다. 신화는 이렇게 인간 사회를 거울상처럼 보여준다. 왜냐하면 인간의 상상력이 신화를 만들었기 때문이다.

3

인간에게 자신들의 땅을 내준 아름다운 신들

켈트 신화

해리 포터와 켈트 신화

J. K. 롤링의 『해리 포터』가 켈트 신화를 기반으로 한 이야기라는 사실은 아는 사람만 아는 이야기일 것이다.

머글과 마법사들이 공간을 공유하고, 요정 도비가 집사로 활동하고, 목이 달랑달랑한 닉이 마법학교에 출몰한다. 런던으로 가는 이층버스에는 레게머리를 한 수다쟁이 두개골이 매달려 쉴 새 없이 수다 삼매경에 빠져 있고 학교 화장실에는 모닝 머틀이 울고 있다. 호그와트 마법학교의 어린 마법사들이 주인공인 〈해리 포터〉 시리즈는 바로 켈트 신화의 세계관을 그대로 드러내 보여준다.

'투아하 데 다난'으로 불리는 켈트의 신들이 사는 에린 땅에 인간들이 몰려온다. 신들과 인간들이 싸워 인간들이 이기자, 켈트의 신들은 자신들의 땅을 인간들에게 내주고 모습을 감춘다. 어떤 전승에선 신들의 몸이 줄어들어 모두 요정이 되었다고도 한다.

『반지의 제왕』에 등장하는 요정들은 예쁘고 늘씬한 아름다운 모습을 갖고 있기도 하지만, 집요정 도비처럼 못생긴 요정도 있고, 피터팬의 친구 팅커벨처럼 아주 작은 요정도 있다. 알려진 요정의 종류만 해도 30종이 넘는다. 영국의 대문호 셰익스피어의 『한여름 밤의 꿈』에 등장하는 요정 왕 오베론이나 요정 여왕 티타니아도 숲의 요정이다.

호그와트 마법학교로 가는 기차가 출발하는 9와 3/4 정거장은 보통 사람인 머글들의 역이자, 동시에 마법사들의 기차역이기도 하다. 마법사들과 머글들은 공간을 공유하고 있다. 머글들은 마법사들을 알아보지 못한다. 9와 3/4 정거장도 머글들에게는 보이지 않는다. 쉴드를 치고 숨은 요정들과 요정들을 보지 못하는 인간들이라는 설정은 켈트 신화의 공간 개념이다.

켈트족들은 두개골 숭배가 유난하다. 켈트인들은 사람의 머리를 복주머니로 여겨 건강과 부, 행운 같은 것들을 가져온다고 믿었다. 전사들이었던 고대 켈트인의 집에는 평생 전쟁에 나가 자신이 죽인 적들의 머리가 걸려 있었다고 한다. 그런 흔적이 영화 〈해리 포터〉에서 목이 달랑달랑한 닉이나 마법사 버스에 매달린 레게머리 수다쟁이와 같은 이미지로 등장하는 것이다.

10월의 마지막 날인 핼러윈 데이에 등장하는 잭오랜턴(Jack-O-lantern)도 켈트인들의 두개골 숭배와 관련 있다. 커다란 주황색 호박에 눈, 코, 입 구멍을 뚫어 등불로 사용하는 것인데, 이 관습은 두개골 숭배의 오랜 흔적이다. 원래 켈트인들의 설날은 11월 1일이라, 10월의 마지막 날 온갖 잡귀들에게 달달한 사탕을 주면서 1년의 액을 막고자 한 것이다. 괴물이나 유령, 몬스터에게 자신들을 해코지하지 말아 달라고 단 것을 주며 달래는 풍습이다. 그런 켈트 풍습이 아일랜드인의 대량 이민으로 미국의 풍습이 된 것이다. 핼러윈 데이의 밤에 어린 아이들은 괴물, 유령, 몬스터의 복장을 하고 집집마다 잭오랜턴 같은 통을 들고 문을 두드린다. "트릭 오어 트릿(trick or treat, 맞고 줄래 그냥 줄래)?"이라고 주문을 걸면 주인이 사탕이나 초콜릿, 캐러멜 같은 달달한 것들을 아이들에게 준다. 이제는 그런 풍습의 유래 같은 것들은 많이 잊혀지고 상업적인 행사가 되어가고 있지만 단 것으로 액땜을 하는 재미있는 켈트 신화적 풍습이다.

켈트족들의 종교는 드루이드교다. 드루이드 사제들의 복장은 『해리 포터』의 덤블도어 교장이나 맥고나걸 교수의 이미지를 떠올려 보면 알 수 있다. 높고 뾰족한 모자를 쓰고 망토를 걸친 모습이 켈트족들의 교사이자 종교지도자, 의사이기도 했던 존경받는 드루이드 사제들의 모

스코틀랜드 화가 조셉 노엘 페이튼의 〈오베론과 티타니아의 화해〉(1847). 셰익스피어의 『한여름 밤의 꿈』에 등장하는 요정 왕 오베론과 요정 여왕 티타니아는 켈트 신화의 영향을 보여준다.

습이다. 드루이드 사제가 되려면 30년 이상의 수련을 해야 한다고 알려져 있다. 『해리 포터』의 호그와트 마법학교는 드루이드 사제들의 긴 수련 기간을 힌트로 만든 소설 속 가상의 마법학교다.

켈트는 어디? 켈트인은 누구?

고대 유럽을 차지했던 켈트족들과 그들의 노래가 전해지는 곳은 아일랜드와 브리튼 섬, 프랑스 북부의 브르타뉴 지역이다. 그런데 그들의 원래 고향은 거기가 아니다. 그러면 켈트족은 어디서 온 사람들이었을까?

켈트족은 기원전 8세기 무렵 독일, 오스트리아 등지에서 철기 문화를 기반으로 한 호전적 전사들의 집단으로 알려져 있다. 금속세공에 능해 아름다운 문양의 금속 유물들을 많이 남겼다. 한때 로마를 점령하고 그리스 델포이까지 진출해서 맹위를 떨쳤지만, 하나의 큰 세력을 만들지 못하면서 발흥하는 게르만족, 융성하는 로마제국으로 인해 그 힘이 점차 약화된다. 그래서 멀리 아일랜드와 영국 섬으로 밀려가게 된 것이다.

켈트 신화는 여러 켈트족들이 아일랜드에 도착하는 과정을 중심으로 서술되어 있다. 지금 현재 자신들을 게일인이라고 하는 사람들이 켈트족이다.

아, 그런데 여기서 하나! 잉글랜드는 켈트족이 아니다. 잉글랜드는 오래전 동쪽으로부터 침략한 노르만계 데인족과 앵글로 색슨족이 차지하고 살고 있다. 잉글랜드도 예전에는 켈트 땅이었고 원주민인 켈트인들과도 혼혈이 이루어졌을 터이니 전승되는 이야기와 신화들도 서로 영향을 미쳤을 것이다. 사실 로마제국이 스코틀랜드를 제외한 잉글랜드와 웨일스 지역까지 지배했고, 아일랜드는 로마의 직접적인 지배를 받지 않았다. 그래서 스코틀랜드와 아일랜드는 반로마 정서가 지배적이고 잉글랜

영국섬과 아일랜드 지도다. 스코틀랜드와 아일랜드는 반로마 정서가, 잉글랜드와 웨일스 지역은 친로마 정서가 지배적이었다.

드와 웨일스 지역은 친로마적 정서를 가졌다고 한다. 민족의 구성으로 보면 켈트족은 아일랜드와 스코틀랜드, 영국의 웨일스 지방에 거주한다.

웨일스 켈트의 대표적인 신화 전승이 아더 왕 신화다. 많은 신화학자는 아더가 본래 켈트의 신으로 보이는데 기독교의 도래로 인해 성배 탐색을 하는 기독교의 왕으로 그려졌다고 설명한다.

켈트 신화는 역설적으로 기독교 수사들에 의해 기록된 탓에, 기독교의 침윤이 원래 켈트 신화와 명확히 구분되지 않는 특징을 갖고 있다. 다시 말해 켈트 신화의 작가들은 신심 깊은 기독교 수사들이었다. 로마 제국의 국교였던 기독교는 켈트나 북유럽의 다양한 신들을 인정하지 않는 강력한 유일신 체계여서, 토착적이고 다신을 숭배하는 신화 전승들이 박해와 훼손, 변형과 소멸의 과정을 겪었다. 더 다양한 신화가 남아 있지 않다는 점은 참으로 안타까운 일이다.

켈트 『침략의 서』

아일랜드 섬에 켈트인들이 도래하는 신화를 적고 있는 책은 『침략의 서』다. 파르홀른, 네메드, 피르볼그와 같은 각기 다른 시기에 아일랜드에 도착하는 켈트족들에 관한 기록이다.

처음 아일랜드를 밟은 켈트족인 파르홀른은 포보르라는 원주민 세력과 마찰을 일으킨다. 『침략의 서』에 적혀 있는 포보르들의 모습은 아주 괴이하고 기형이며 야만적인 종족으로 묘사된다. 또 풍토병으로 많은 켈트족들이 죽기도 한다.

두 번째 도래한 켈트족인 네메드는 자신들 스스로 스키타이 유목민이라고 밝히고 있는 점이 흥미롭다. 느닷없어 보이지만 〈킹 아더〉라는 가장 최근의 고고학적 발견을 바탕으로 하고 있는 영화는 아더 왕을 로마군의 군사령관으로 설정하고, 원탁의 기사 열두 명은 로마제국의 용병으로 15년 차출되어 온, 흑해 연안 스키타이를 멸망시킨 용맹한 사르마트족 소년 기마병들이었다는 내용을 담고 있다.

스키타이 전사라는 네메드족이 원주민 포보르족과의 싸움에서 노예가 되었으나, 10명씩 동쪽의 영국섬, 남쪽의 스페인, 북쪽의 이상한 섬으로 흩어져 간다. 영국섬으로 간 사람들이 브리튼 켈트의 시조가 되었고, 남쪽으로 간 사람들은 후에 피르볼그라는 이름으로 아일랜드로 다시 돌아온다. 북쪽의 이상한 섬으로 간 사람들은 마법을 익혔고, 다시 아일랜드로 돌아와 원주민 포보르족과 미리 와 있던 피르볼그족과 두 차례의 전쟁을 치루고 나서 켈트의 신족 '투아하 데 다난'으로 거듭난다. 이들이 〈해리 포터〉 시리즈 마법사들의 선조 마법사들이지 않을까? 그 후 한참의 시간이 흐른 뒤, 투아하 데 다난 신족은 남쪽에서 바다를 건너 온 밀레족과의 전투에서 패배한다. 밀레족은 켈트족으로 알려진 현재 게일족의 조상이다. 그리고 켈트의 신족 투아하 데 다난은 인간에게 자신들의 땅을 내주고 모습을 감추게 된다. 이들이 정말 모두 요정이 된 것일까?

백조는 신의 아이들

요정 왕이자 바다의 신 리르는 사랑하는 세 명의 자식이 있었다. 그런데 부인이 죽자 아이들의 이모를 두 번째 부인으로 맞아들인다. 리르가 아이들만 사랑하자 화가 난 두 번째 부인은 아이들에게 지독한 저주를 건다. 리르의 자식들은 300년씩 세 번, 그러니까 도합 900년을 백조의 모습으로 세 곳의 바닷가에서 살아야 했다. 아무도 이 저주를 풀 수가 없었다. 그래서 켈트인들은 신의 자식일지 모르는 백조를 잡지 않는다고 한다. 바다의 신 리르는 셰익스피어의 『리어 왕』의 모델이기도 하다. 3이라는 숫자가 자꾸 반복되는 이유는 3이 켈트 문화에서 중요한 신비의 수이기 때문이다.

마법의 숫자 3

투아하 데 다난 신족의 왕 '은팔의 누아다'는 세 명의 부인이 있다. 모리유, 마하, 네반이라는 세 명의 부인들은 '바이브 카흐'라는 이름으로 불리는 삼위일체의 전쟁신이다. 모리유는 까마귀의 모습으로 전쟁터에 나타나는 여신이다. 마하는 엄청나게 빠른 속도로 전쟁터를 누비는 여신이다(마하라는 이름은 지금도 음속을 나타내는 단위로 사용된다). 불길한 붉은 말을 타고 붉은 색 옷을 입고 검을 휘두르는 네반은 공포의 대상이었다고 한다. 켈트인들은 아직도 붉은색을 불길한 색이라고 여긴다. 이 세 명의 여신이 모두 신들의 왕 누아다의 부인들이다.

남편과 함께 이 전쟁의 여신들은 피르볼그와의 전쟁인 1차 모이투라 전투에서 승리하지만, 누아다가 팔 하나를 잃는 바람에 왕위에서 물러난다. 켈트인들은 비록 전투에 나가 부상을 당했다 해도 몸의 아주 작은 부분이라도 훼손되면 완전무결해야 하는 왕으로서 자격이 없다고 생각했다. 완벽함을 추구한 것인데 신들의 왕 누아다는 이로 인해 왕위에서 물러나게 된 것이다. 이때 의술의 신 디안케트가 누아다에게 은으로 만든 의수를 달아주면서 '은팔의 누아다'라고 불린다.

하지만 여기에는 더 비극적인 이야기가 숨어있다. 의술의 신 디안케트에게는 미아흐라는 아들이 있었다. 아버지보다 의술이 뛰어났던 그는 전쟁터에서 잘린 누아다의 팔을 찾아와 의수 대신 그의 진짜 팔을

스코틀랜드 화가 존 던컨의 그림 〈시데의 기수〉(1911)에서 묘사된 투아하 데 다난. 켈트 신화에는 요정들이 등장하고, 백조를 좋아하며, 3은 마법의 수다.

달아준다. 이 일로 누아다는 왕위를 회복하게 되지만, 아들의 뛰어난 의술을 시기한 아버지 디안케트가 자기 아들을 살해하고 만다. 참으로 비정한 아비란 생각이 들지만 자기 아들에게 열등감을 느끼는 인물들은 의외로 많다.

전쟁의 신 바이브 카흐처럼 켈트 신화에는 삼위일체 신들이 많이 등장한다. 공예의 신 콜루는 대장장이 게브네, 청동공예사 크레드네, 목공 루흐다 등 세 명의 신으로 이루어진다. 지혜의 신 에크네도 브리안, 유하르, 유하르바라는 세 명의 신을 함께 이르는 말이다.

이처럼 켈트 신화에는 신비의 숫자 3이 아주 두드러지게 등장한다. 켈트 문양의 대표적인 무늬도 삼중 매듭 문양이다. 이러한 삼수 분화의 세계관은 아주 오래된 연원을 갖고 있다. 한국인들도 유난히 3을 선호한다. 켈트의 마법사들은 마법의 지팡이를 휘두르지만, 한국의 무당들은 나뭇가지를 흔들며 굿을 한다. 유라시아 대륙의 이 끝과 저 끝에 존재하지만 서로 통하는 부분이 많은 듯하다.

독특한 저승관

또 하나 켈트 신화의 두드러진 특징으로 독특한 저승관을 들 수 있다. 켈트인들은 이 세상과 저 세상이 연결되어 있다고 보며, 죽음에 대해 긍정적인 생각을 가지고 있다. 그들의 이상향 '티르 나 노이'는 늙지 않는 '영원한 젊음의 나라'라고 한다. 요정이 얼굴을 내밀고, 신들이 백조가 되어 날아가고, 죽은 자의 영혼이 돌아가고, 새로운 영혼이 오는 곳이 그들의 저승이다. 바다의 신 마나난의 딸 나이브가 티르 나 노이로 영웅 핀 마쿨의 아들 오신을 데려가며 부르는 노래가 있다.

> 그곳은 세상에서 가장 즐거운 곳, 태양 아래 최고의 평판을 지니고 있는 곳, 나무들은 꽃과 열매로 가지가 늘어지고 가지 끝에는 잎이 무성해. 꿀과 포도주가 넘쳐나고, 눈에 보이는 모든 것은 시간이 지나도 결코 사라지지 않을 것이니, 죽음도 쇠락도 볼 수 없을 것이네.

한국 사람도 이 세상과 저 세상이 아주 분리된 것이 아니라고 생각한다. 한국인의 죽음관이 폭력적이기보다는 순하고 평화롭다는 점에서 켈트적 저승관과 유사해 보인다. 죽음을 폭력적이고 부정적으로 받아들이는 게르만족의 죽음관이나 요괴들이 난무하는 일본의 저승관과는 크게 다르다.

아더 왕 전설

웨일스 켈트들에게 전해져 내려오는 전승이 아더 왕 이야기다. 로마제국이 물러간 5세기를 전후해 권력의 공백기에 등장한 제후들 중 우더 팬드래곤의 아들로 알려진 아더는 영국을 통일하는 왕으로 그려진다. 드루이드 사제이자 책사인 멀린의 도움과 열두 명의 원탁의 기사들과 힘을 합해 카멜롯 왕국을 건설한다.

아더왕과 열두 명의 원탁의 기사들에 대한 이야기는 도버해협을 건넌 음유시인들에 의해 프랑스에 전해진 후 중세의 장르문학으로 화려하게 꽃핀다. 귀부인과의 사랑, 주군과의 맹세라는 두 가지 겟슈(기사들

앨프리드 테니슨의『왕의 짧은 서사시』에 실린 삽화(1898). 카멜롯에서의 마상 토너먼트를 그렸다. 웨일스 켈트들에게 내려오는 아더 왕 이야기는 후에 대륙으로 건너가 중세 기사도문학이 된다.

의 평생의 맹세)를 지키는 낭만적인 이야기로 사랑받았다. 이런 낭만적 이야기와 중세를 지배하던 기독교 사상이 폭발적으로 한데 어우러져 '성배 탐색담'으로 펼쳐지기도 한다. '기사도문학'의 두 가지 핵심 서사는 많은 작가들에게 영감의 원천이 되었다. 웨일스 켈트의 아더 왕 이야기를 프랑스의 중세 작가들이 열광적으로 써낸 결과가 중세 기사도 문학이 된 것이다.

4

얼어붙은 바다와 오로라가 만들어낸 웅장하고 비장한 세계

북유럽 신화

기왕 세상으로 발을 내디딘 사람에게는 약한 마음보단 겁 없는 편이 낫지. 이생에서의 내 시간과 죽음의 순간은 이미 오래전부터 운명으로 예정되어 있을 테니 말이야. _〈스키르니르의 중매 여행〉 중에서

북유럽 신화의 세계관이 드러나는 천둥신 토르의 말에서 운명의 가혹함과 비장미가 느껴진다. 북유럽의 신들은 거인들과의 종말 전쟁에서 다 죽을 운명이라는 것을 알고 있다. 인간세계는 신들과 거인들이 모두 죽고 나서 오랜 시간이 지나 펼쳐진다.

북유럽 신화는 게르만 신화, 노르딕 신화, 스칸디나비아 신화와 이름만 다를 뿐 동일한 신화다. 기독교로 자발적 개종을 한 지역이라 신화 전승이 풍부하게 남아있지 않다. 전승지역이 스칸디나비아 반도를 포함하는 북유럽이며, 인종적으로도 크게 보아 게르만족들의 영역이어서 같은 신화가 다르게 불린다.

우리가 아는 대부분의 북유럽 신화는 아이슬란드에 전해 내려오는 『에다』의 내용이다. 『에다』는 운문으로 된 고에다와 산문으로 된 신에다가 있다. 운문으로 된 고에다를 12세기 초에 스노리 스투룰루손이라는 아이슬란드의 시인이자 정치가가 산문으로 풀어 기록했다. 그저 구전으로만 놔두었다면 서서히 사라지고 말았을 신화가 스투룰루손 같은 기록하는 사람들이 있어서 후대에 전해지는 것이다.

북유럽 신화의 무대는 스칸디나비아 반도의 노르웨이, 스웨덴, 덴마크, 독일 그리고 아이슬란드다. 인근의 핀란드는 핀-우그르족으로 『칼레발라』라는 자신들만의 고유한 신화체계를 가지고 있어 북유럽 신화에 포함시키지 않는다. 스칸디나비아와 인근 지역은 얼어붙는 동토와 신비스러운 오로라가 너울대는 곳으로, 척박한 기후 풍토로 인해 인구가 늘어나면 거친 바다로 나갈 수밖에 없던 바이킹들의 영역이기도 하다. 물론 신화가 만들어지던 시기에는 바이킹들의 정체성이 아직 존재하지 않았지만, 험한 자연환경은 북유럽 신화를 신비하고 비장하며 운명적이고 스케일 큰 이야기들로 가득하게 만들었다. 그 척박하고 추운 스칸디나비아의 자연환경과 이름도 얼어붙는 아이슬란드를 떠올리며 북유럽 신화의 세계를 알아보자.

세계의 시작

태초에 북쪽에는 얼음의 나라 니플헤임이, 남쪽에는 불의 나라 무스펠헤임이 있었다. 니플헤임의 거대한 얼음과 무스펠헤임의 엄청난 불꽃이 만나 서리가 맺히고 수증기가 만들어졌다. 이 수증기의 심연을 '긴눙가가프'라고 불렀다. 그리고 서리에서 태초의 거인 이미르와 얼음암소 아우둠라가 태어났다.

얼음암소 아우둠라는 소금기 있는 얼음을 핥아 먹으며 젖을 만들었고, 거인 이미르는 그 젖을 먹고 자는 것이 일이었다. 자는 동안 이미르의 겨드랑이와 사타구니에서는 땀이 났고 그 땀에서 수많은 서리거인들이 생겨났다. 땀에는 독성이 있어 서리거인들은 날 때부터 나쁜 성질을 갖게 되었다.

아우둠라가 얼음을 핥다가 아름다운 부리라는 이름의 신을 발견한다. 부리는 혼자 아들 뵈르를 낳았고, 뵈르는 거인족 여자 베스틀라와 사이에 세 명의 아들을 두었다. 그 아들이 오딘(분노), 빌리(기쁨), 베(슬픔)다.

오딘 삼형제는 운명의 여신 노른들에게서 서리거인들이 자신들을 파멸시킬 것이라는 예언을 듣고 애초에 그 원인을 없애려고 태초의 거인 이미르를 살해한다. 이미르의 몸에서 쏟아진 피는 홍수를 이루고 산에 나무를 하러 갔던 베르겔미르 부부만을 제외하고 서리거인들 모두가 이미르의 피에 휩쓸려 죽었다.

오딘 삼형제는 이미르의 몸으로 세상을 만들었다. 피바다에서 이미르의 몸을 끌어올려 해골로는 김레라는 하늘의 지붕을 만들고, 몸체로는 대지를, 뼈들로는 바위와 돌들을, 뇌수로는 구름을, 피로 바다를 만들었다. 눈썹으로는 미드가르드의 울타리를 만들고, 몸에서 들끓던 구더기에게 사람의 형상을 주어 난쟁이들을 만들었다. 그렇게 세상이 창조되었다.

북유럽 신화의 세계관

북유럽 신화의 세계관은 이그드라실이라는 세계수를 중심으로 신들의 세계 아스가르드, 요툰과 난쟁이, 요정 그리고 존재감은 없지만 인간들

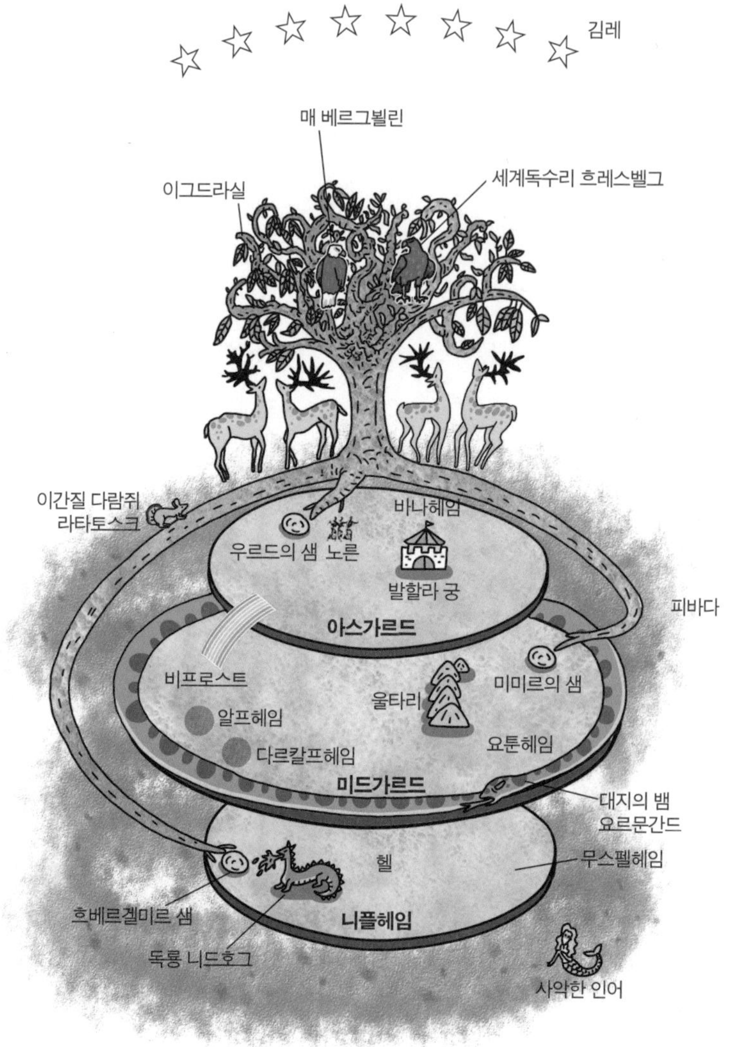

북유럽 신화의 세계관을 그림으로 표현한 것이다. 이그드라실이라는 세계수를 중심으로 아스가르드, 미드가르드, 니플헤임의 3층 구조로 이루어져 있다.

의 세계 미드가르드, 헬이 있는 지하세계 니플헤임의 3층 구조로 이루어져 있다. 각각의 세계로 이그드라실의 뿌리가 하나씩 내려가고, 아스가르드에 있는 우르드의 샘에서는 운명의 여신 노른들이, 미드가르드에 있는 미미르의 샘은 거인 미미르가 그 뿌리를 지키고 있으며, 지하세계의 흐베르겔미르 샘에서는 독룡 니드호그가 뿌리를 갉아먹고 있다. 이그드라실의 꼭대기에는 오딘의 화신인 세계독수리 흐레스벨그와 그 두 눈 사이에 신의 전령인 매 베르그뵐린이 앉아있다. 베르그뵐린은 밤새 별일 없었나 아침마다 세상을 정찰하고 흐레스벨그에게 보고한다. 지하의 독룡 니드호그와 세계독수리 흐레스벨그 사이를 왕래하며 이간질을 하는 다람쥐 라타토스크는 늘 분주하다. 이그드라실의 잎들은 네 마리의 사슴이 평화롭게 뜯어 먹고 있으며, 이미르의 피로 만들어진 차가운 바다에는 성질이 고약한 인어들이 살고 있다. 얼어붙는 바다에 사는 인어들의 성질이 좋기는 쉽지 않다.

신들의 세계 아스가르드에는 오딘의 궁전인 발할라가 있고, 바니르 신들의 영토인 바나헤임이 존재한다(바나헤임을 바다에 떠 있는 섬으로 표현하는 책들도 있다. 그 이유는 북유럽 신화의 세계관은 그림으로 남아있지 않아 후대 사람들이 자신들의 생각을 이미지화한 것이라 이 책의 그림도 이해를 돕기 위한 것이지 원본이 있는 것이 아니다).

미드가르드에는 거인들의 요툰헤임, 요정들의 알프헤임, 난쟁이들의 다르칼프헤임이 있다. 아스가르드와 미드가르드는 비프로스트라는 무지개 다리로 연결되어 있다. 지하세계 니플헤임에는 지옥인 헬이 존재한다. 이 세계의 지붕은 '김레'라고 부르는데, 이미르의 해골 뚜껑으로 만들었고 착한 사람들이 죽으면 그곳으로 간다. 거대한 물푸레나무 우주목 이그드라실이 푸르를 때만 세계가 온전하게 유지된다.

북유럽 신화 속 신들

북유럽 신화에도 많은 신들이 있지만 주신 오딘, 천둥신 토르, 트릭스터 로키, 미의 여신 프레이야에 대해 알아보자. 각 신들의 이름은 요일과 관련 있다.

오딘은 북유럽 신화의 주신으로 전쟁신이자 마법에 능통하다. 수염을 기르고 애꾸눈에 챙이 넓은 모자를 쓴 노인의 모습으로 후긴(생각)과 무닌(기억)이라는 두 마리의 까마귀와 개리(탐욕)와 프래키(굶주림)라는 두 마리의 늑대를 대동하고 다닌다.

북유럽 신화의 주신이자 전쟁신인 오딘. 애꾸눈에 후긴(생각)과 무닌(기억)이라는 두 마리 까마귀와 개리(탐욕)와 프래키(굶주림)라는 두 마리 늑대를 대동한다. 1882년 빌헬름 바그너가 그린 삽화다.

오딘은 궁니르를 들고 흐리드스캴프라는 지혜의 의자에 앉아 세상을 지배한다. 세계수 이그드라실에 스스로 거꾸로 매달려 아흐레 만에 룬문자를 발견하기도 하고, 세상의 모든 지혜를 얻기 위해 거인 미미르가 지키고 있는 지혜의 샘에서 한쪽 눈을 댓가로 빼주고 지혜의 물을 마셨다. Wednesday, 수요일은 오딘의 날이다.

토르는 천둥신으로 퉁명스럽고 왕성한 식욕과 엄청난 힘을 자랑한다. 붉은 머리에 타오르는 듯한 눈과 수염을 가졌다. 웁살라 신전의 가장 윗자리를 차지하고 있어 오딘보다 더 오래된 신으로 보인다. 대부분

마튼 에스킬 윙게의 〈거인족과 싸우는 토르〉(1872). 천둥신으로 묠니르라는 망치를 휘두르며 천둥과 번개를 다룬다. 북유럽 신화의 가장 인기 있는 신으로, 마블코믹스에서 슈퍼 히어로로 이미지가 차용되며, 〈어벤져스〉 시리즈에도 등장한다. 목요일(Thursday)은 토르의 날이다.

의 신화에서 천둥신이 최고신이고 하늘의 주신이다. 토르만이 거인들을 제압할 수 있다.

토르가 거인들과 세 가지 내기를 한 적이 있다. 거인들은 내기로 잠자는 고양이 들어 올리기, 맥주 마시기, 노파와의 팔씨름을 제안한다. 잠자는 고양이는 대지의 뱀 요르문간드였다. 요르문간드는 미드가르드를 전부 둘러싸고 있는 거대한 뱀이며, 로키의 괴수 자식 중 하나다. 요르문간드를 들어올린다는 것은 미드가르드 전체를 들어올리는 일이었다. 팔씨름을 한 노파는 세월이다. 아무리 천하의 토르라고 하더라도 어찌 세월과 씨름을 해서 이기겠는가? 맥주 마시는 내기의 맥주는 다름 아닌 바닷물이었다!

이 세 번의 내기를 통해 거인들은 토르를 더욱 더 두려워하게 됐다. 영리하고 지적이기보다는 우직하고 듬직한 농민의 신이 토르다. 로키가 자신의 아내 시긴의 탐스러운 금발을 싹둑 자른 장난으로 난쟁이들이 만든 최고의 보물인 손잡이 짧은 부메랑 도끼 묠니르를 얻는다. Thursday, 목요일은 토르의 날이다.

로키는 북유럽 신화 최고의 트러블 메이커이자 동시에 해결사이기도 하다. 이런 신화적 존재를 '트릭스터'라고 한다. 자신의 아내 시긴의 금발머리를 자르고, 난쟁이들에게 보물을 얻어오고, 프레이야를 걸고 부서진 신들의 울타리를 고치지만 자신이 암말로 변해 그 일을 해결한다. 그 간계를 부릴 때 낳아온 다리 여덟 개 달린 슬레이프니르가 로키의 자식이다. 하지만 로키는 황태자신 발데르를 겨우살이 창에 맞아 죽게 만들고 그를 다시 아스가르드로 돌아오지 못하게 농간을 부린다.

북유럽 신화 최고의 트러블 메이커이자 해결사 로키. 북유럽 신화의 주신인 오딘의 아들을 죽음에 이르게 해 형벌을 받는다. 이 그림은 마튼 에스킬 윙게의 〈로키와 시긴〉(1863)이다. 그림에서 로키는 결박당한 채 이마에 뱀의 맹독이 떨어지는 형벌을 받고 있고, 아내이자 하급 여신인 시긴이 그의 고통을 덜어주고자 뱀의 맹독을 그릇으로 받아내고 있다.

오딘은 아무리 의형제로 삼은 로키라도 자신의 아들을 죽음에 이르게 한 그를 용서할 수 없었다. 오딘은 로키의 자식을 죽이고 그의 창자를 꺼내 로키를 결박하여 땅속에 묶어둔다. 거기다 뱀의 맹독이 이마에 끊임없이 떨어지는 형벌을 준다. 로키의 아내 시긴이 남편의 고통을 덜어주고자 뱀의 맹독을 그릇으로 받아내지만 그릇이 다 차면 그 독을 버리러 간다. 그 사이 로키의 이마에 독이 떨어지면 괴로워서 몸부림을 친다고 한다.

북유럽 사람들은 지진으로 땅이 흔들리는 것은 로키가 뱀독을 맞아 고통스러워해서 생기는 일이라고 여겼다. 이 사건은 후에 종말 전쟁 라그나뢰크의 원인이 되기도 한다. 로키의 자식으로는 지옥의 여신 헬, 대지의 뱀 요르문간드, 거대한 늑대 펜리르, 여덟 개의 다리를 가진 오딘의 애마 슬레이프니르와 인간 모습의 자식 둘까지 모두 여섯이다.

J. 도일 펜로즈의 〈프레이야와 목걸이〉(1890). 북유럽 신화 미의 여신이다. 방랑벽이 있는 남편 오드 때문에 눈물을 많이 흘리는데, 북유럽의 옛 사람들은 황금을 '프레이야의 눈물'로 여겼다.

프레이야는 북유럽 신화 미의 여신으로 본래 바니르 신족에 속한 여신이다. 마법을 사용하는 바니르 신족은 전사들의 집단인 에시르 신족에게 편입되는데, 북유럽 신화의 많은 일화들을 가지고 있는 여신이다. 남편인 오드(격정)와의 사이에 딸이 있지만, 방랑벽이 있는 오드는 온 세상을 떠돌았다. 이 때문에 프레이야는 많은 눈물을 흘리는데, 사람들은 황금을 프레이야의 눈물이라고 여겼다. Friday, 금요일은 프레이야의 날이다.

신들의 황혼 라그나뢰크와 〈어벤져스: 엔드게임〉

신족과 거인족의 전투는 이미 예정된 운명이었다. 서리와 눈이 끝없이 내리고 더 이상 여름이 오지 않는다. 빛을 잃은 태양은 늑대 스콜에게 삼켜져 핏덩이를 뿌리고, 스콜의 동생 하티는 달을 잡아 난도질한다. 모든 속박과 족쇄가 풀려 묶여있던 거대한 늑대 펜리르가 자유의 몸이 되고, 대지의 뱀 요르문간드도 몸을 뒤틀고 흔들며 엄청난 해일을 일으킨다. 속박당한 로키도 풀려나 거인들에게 합류한다. 아스가르드의 황금 수탉 굴린 캄비, 거인들의 붉은 수탉 파라르, 저승의 수탉도 죽은 자들을 깨운다.

거인들은 죽은 자의 손톱으로 만들어진 배 나글파르를 타고 전장인 비그리드 평원으로 나아간다. 펜리르가 뿜는 불과 요르문간드가 내뿜는 독으로 대지와 하늘이 얼룩진다. 헤임달이 나팔 걀을 불어 아홉 세상 전부에서 신들의 회의를 소집한다. 발할라의 신들과 에인하랴르들은 모두 무장을 하고 궁의 540개 문을 통해 각각 800명의 전사들이 출정한다.

궁니르를 휘두르는 오딘이 엄청난 수의 군대를 이끌고 비그리드를 향해 전진한다. 오딘은 펜리르를 향해 돌진하고, 토르는 요르문간드와 싸운다. 프레이르는 불의 거인 수르트와 맞선다. 지옥의 사냥개 가름과 티르가 싸우다 서로를 죽인다. 앙숙 로키와 헤임달이 교전을 벌이다 서로 죽인다. 토르는 대지의 뱀 요르문간드를 죽이는 데 성공하지만, 온몸에 뱀독이 퍼져 아홉 발자국을 옮기고 쓰러져 죽는다. 오딘과 펜리르는 치열하게 싸우지만, 펜리르가 오딘을 삼켜버린다. 아버지의 죽음을 본 비다르는 펜리르의 아가리를 찢어 죽여 아버지의 원수를 갚는다. 무스펠의 거인 수르트가 온 세상에 불을 지른다. 그 불로 모든 세상과 이그드라실이 불타고 모든 생명 있는 것들은 종말을 맞게 된다. 대지는 바닷속으로 가라앉는다. 세상이 끝났다.

이 라그나뢰크의 묘사에서 출정하는 부분이 바로 〈어벤져스: 엔드게임〉에서 보여준 전투장면이라는 것을 영화를 본 사람은 어렵지 않게 알아챌 수 있다. 타노스와 적들의 총공세에 거의 질 것 같은 절망의 순간, 창공에 환한 구멍이 여러 개 열리고, 닥터 스트레인지, 블랙 팬서와 함께 5년 전에 죽었던 동료들이 모두 살아 돌아오는 장면은 정말 압권이다.

영화 〈어벤져스: 엔드게임〉의 그 장면은 전쟁에서 죽은 용사들의 영혼이 발할라 궁에 있다가 최후의 전쟁 라그나뢰크에 출정하는 장면을 상기시킨다. 540개의 문으로 각각 800명의 전사들이 출정하는 신화 속 장면은 동그란 하늘의 구멍으로 죽었던 동료들이 돌아오는 바로 그 장면이다. 그 구멍은 마치 오딘과 에인하랴르들이 출정하는 540개의 문과 같다.

이 라그나뢰크의 이미지는 영화 〈반지의 제왕〉에서도 압도적인 스케일로 구현되었다. 죄를 지어 풀려나지 못하던 초록빛의 유령군대가 아라곤과 함께 전쟁터에 다다르는 스펙터클한 장면이 바로 그것이다. 엄청난 스케일의 판타지 영화들이 북유럽 신화의 라그나뢰크를 여러

신족과 거인족의 전투는 예정된 운명이었다. 필사의 전투 끝에 신들은 소멸하고 대지는 바닷속으로 가라앉고 세상이 끝난다. 최후 전쟁인 라그나로크의 출정 장면은 〈어벤져스: 엔드게임〉, 〈반지의 제왕〉 등에서 압도적 스케일로 구현된다. 그림은 19세기 화가 피터 니콜라이 아르보의 〈오딘의 야생 사냥〉(1872).

장면으로 이미지화한 것이다. 신화의 스케일과 영화의 스케일이 잘 맞는 장면들이라고 할 것이다.

지금까지 유럽의 세 가지 주요 신화를 간략하게 소개했다. 여기에서는 유럽의 신화들만 다루었지만, 신화는 기원의 이야기이기 때문에 한국에도 중국에도 인도에도 일본에도 아메리카 원주민이나 에스키모들에게도 존재한다. 독자 여러분이 신화의 여러 장점 중에서 무엇보다도 상상력이 훨훨 펼쳐지는 계기가 되는 독서가 되었기를 바란다.

누가 손뼉 쳐주지 않아도, 스스로 최선을 다했고 만족한다면 그 자체로 행복하다. 그 행복을 우리는 자꾸 잊어버린다.

플라톤의 『향연』, 존 스튜어트 밀의 『자유론』, 아리스토텔레스의 『니코마코스 윤리학』, 니콜로 마키아벨리의 『군주론』, 그리고 한나 아렌트의 『예루살렘의 아이히만』을 통해 살면서 갖고 싶은 다섯 가지에 관한 이야기를 들어보자.

2장

살면서 갖고 싶은 다섯 가지

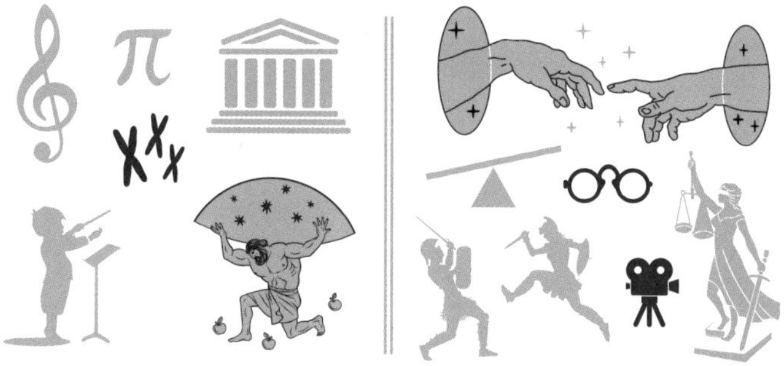

윤은주 | 사람과 사람이 더불어 살아가는 데 필요한 '다름의 포용 정신'을 나누기 위해 대중강연에 적극 나서고 있는 철학자다. 숭실대학교에서 철학 박사학위를 취득했다. 숭실대학교 철학과 초빙교수 겸 인문그룹 '청포도'의 멘토다.

1

내 삶을 사랑하기

플라톤의 『향연』

사랑, 그 흔한 이름

"살면서 가장 갖고 싶은 것이 무엇인가요?"

강의 중에 이렇게 물으면 많은 이들이 머뭇거린다. 머릿속에 딱 떠오르는 한 가지가 있긴 한데 꺼내기가 쉽지 않다. 그 단어를 내뱉는 순간 속물이 될 거라 생각하기 때문이다. 바로 돈이다. 자본주의 사회에 사는 마당에, 가지고 있으면 편하고, 그렇지 않으면 불편하니 돈을 먼저 떠올리는 것은 당연하다.

마음의 불편함을 덜어주기 위해 두 번째로 갖고 싶은 것을 묻는다.

"살면서 두 번째로 갖고 싶은 것이 무엇인가요?"

숱한 대답들이 쏟아져 나오는데, 청소년들이 많이 꼽는 것은 바로 남자친구, 여자친구, 다시 말해 사랑하고픈 대상이다. 요즘은 연애의 시작이 초등학교 때부터라고들 하지만, 마음에 딱 맞는 상대 찾는 것이 어디 그리 쉬운 일이던가. 단박에 찾을 거라면 소중히 여기지도 않을 것이다. 물론 일찌감치 이른바 진정한 사랑을 찾는 행운을 누리는 이들도 있지만, 대부분 사랑의 유통기한이 무한대는 아니라는 점에 공감하는지라, 진짜 사랑이나 진짜 짝꿍을 찾는 데 많은 시간을 보내는 것이 아닐까 싶다.

세계를 뒤흔드는 K-POP의 노랫말에 넘쳐나는 사랑, 성경에서 믿음과 소망보다 윗자리를 차지하는 사랑, 그리고 요람에서 무덤까지 가지고 가고 싶은 사랑. 이처럼 우리 주변에 널린 것이 사랑인데, 도대체 사랑이란 것은 정확하게 무엇일까? 그 대답을 할 수 있는 사람은 사랑에 성공했다고 할 수 있겠지만, 저마다 답이 달라 무엇이 정답인지 알 수 없다는 것이 문제다.

고대 그리스의 비극시인 소포클레스는 "사랑이란 삶의 모든 무게와 고통에서 우리를 해방시킨다."고 했지만, 사랑이 늘 그렇게 무지갯빛 찬란한 것만은 아니다. 사랑하면서도 뭔지 모를 허전함에 배가 고프고, 사랑하는데 아무것도 해주지 못해서 괴로울 때도 있다. 사랑은 천국과 지옥을 오가는 롤러코스터가 아닐는지. 같은 값이면 지옥보다 천국이 나을 테니, 어떻게, 그리고 얼마만큼 사랑하고 사랑받아야 할지 심각하게 고민해 봐야 할 것이다.

홀로 서는 사랑

사랑에 대해 심각하게 고민을 한 이가 있다. 바로 20세기 심리학자인 에리히 프롬이다. 그는 『사랑의 기술』에서 "진정으로 사랑하고 싶다면 이론을 습득하고 기술을 익혀야 한다."고 말한다.

사랑이 기술이다? 샅바를 틀어쥐고 상대를 모래판에 메다꽂기 위해 안다리잡기나 들배지기 기술을 구사하는 씨름도 아닌데, 무슨 기술이 필요하다는 것인가? 사랑은 감정의 아름다운 쏟아냄이 아니던가?

천천히 생각해 보니 맹목적으로 사랑만 하다 상처 입은 사람이 부지기수요, 진정으로 사랑해 줄 사람을 만날 거라는 환상에 좋은 때 다 놓친 사람이 수두룩한 걸 보면, 사랑이 하고 싶다고 다 할 수 있는 감정놀음은 아닌 듯싶다.

에리히 프롬은 자신의 진한 사랑 경험담을 바탕으로 현대인들이 왜 제대로 된 사랑을 하지 못하는지를 늘어놓는다. 장황한 그의 설명을 정리하자면, 내가 사랑할 줄 아는 능력이 있는지 생각해 보지 않고, 허울 좋은 대상만 쫓아다니고, 나만을 영원히 사랑해 줄 것이라는 착각에 빠져 있기에 제대로 된 사랑을 하지 못한다는 것이다. 이 허상에서 빠져나오려면 사랑이 무엇인지 잘 알아보고 상황에 맞는 기술을 구사해야만 한다. 그리고 고민의 결과 이렇게 말한다.

> 사랑은 받는 것이 아니라 주는 것, 빠지는 것이 아니라 너와 내가 주체적으로 관계에 참여하는 것이다.

"I'm falling in love with you(나는 너와 사랑에 빠졌어)."에서 'in love'가 아니라 'with'가 중요하다는 것이다. 주체적이고 동등하게 서 있는 '나와 너'라는 자리 말이다.

하지만 세상에는 남녀 간의 사랑만 있는 것은 아니다. 사랑할 만한 것이 세상에 얼마나 많이 있는가? 부모-자식 간에도 사랑이 있고, 친구 간에도 사랑이 있고, 절대자에 대한 사랑도 있다. 물에 비친 자신의 모습에 반해 사랑에 빠진 나르키소스도 있지 않은가.

어떤 사랑이 더 좋다, 나쁘다 평가하기는 어렵다. 바로 이 순간 자신이 구애하고 있는 대상만큼 소중한 것은 없다. 그러니 사라지기 전에 꽉 붙잡고 자기만의 방식으로 당당하게 사랑해야 할 것이다.

사랑 이야기에 푹 빠지다

명색이 철학 공부를 한다는 사람이 떠드는 사랑 이야기인데, 남녀상열지사를 떠들어대기는 낯간지럽고 민망하니, 조금은 고상한 척 고대 그리스의 철학자들이 떠들어대던 사랑 이야기를 해보기로 하자.

철학하는 이들도 별반 다르지 않은 사람이니 남들 다 하는 사랑 이야기를 하긴 한다. 다만 사유의 바다에서 사랑을 찾는 이들이라 말이나 글로 사랑을 배웠고 가르치는 데 익숙하다는 점이 조금 다를 뿐이다. 그 익숙함의 결과물이 바로 플라톤의 『대화편』 가운데 하나인 『향연(*Symposion*)』이다.

향연이란 말은 낯설지만, 심포지엄은 익숙한 단어일 것이다. 심포지엄은 전문적인 주제를 놓고 학자들이 재미없는 논쟁을 벌이는 지루한

19세기 독일 화가 안젤름 포이어바흐의 〈플라톤의 향연〉(1869). 기원전 416년 겨울, 비극작가 아가톤이 디오니소스 축제의 경연에서 우승한 후 아테네 명사들을 초대했다. 오늘날 우리가 자주 쓰는 '심포지엄'이란 말은 그리스어 '술잔치'에서 나왔다. 2400여 년 전 그리스 명사들은 사랑에 대해 뭐라고 했을까? 철학에 대한 이야기를 들어보자.

모임이라는 이미지가 강하다. 하지만 원래 심포지엄으로서의 향연은 마음 맞는 친구들 몇몇이 모여 편안한 자리에서 맛있는 음식을 즐기며 이런저런 이야기들을 즐기는 자리를 가리킨다. 요즘 말로 하면 별다방에서 카페라테 한 잔 놓고 친구들과 수다를 즐기는 모임이다.

기원전 416년 비극 경연대회에서 우승한 아가톤이 벌인 자축연에서 즐거운 수다 모임이 있었다. 소크라테스를 비롯하여 파이드로스, 파우사니아스, 아리스토파네스, 알키비아데스 등 여럿이 한자리에 모여 이런저런 이야기를 나누었다. 그것을 모아놓은 것이 바로 플라톤의 『향연』이다. '에로스에 대하여'가 부제인 것을 보면, 그때나 지금이나 사랑 이야기가 가장 할 말 많은 주제인 것 같다. 다만 KBS 드라마 〈사랑과 전쟁〉에 나올 법한 이야기가 아니라, 에로스 신을 찬양하고 사랑에 담긴 진리 그 자체를 이야기한다는 점에서 조금 다를 뿐이다.

도대체 철학자들은 무슨 사랑 이야기를 늘어 놓았을까? 『향연』에 등장하는 이들의 이야기를 살짝 엿들어 보자.

파이드로스가 말한다. "에로스 신은 세상이 혼돈에 빠져있을 때 스스로 태어난 신들 가운데 하나다. 처음에 태어난 신이니 가장 오래된 신이고. 지금까지 회자되고 있는 만큼 위대한 신이니 찬양받아야 한다."고.

파우사니아스는 이렇게 말한다. "에로스 신은 그 성격이 다양하여 고결한 천상의 사랑이 있는가 하면, 일반인들의 저속한 사랑도 있다."고. 그가 이렇게 이야기한 것은 아무래도 에로스를 낳은 미의 여신 아프로디테의 바람기에서 비롯된 듯하다. 에로스의 아버지가 대장장이 신 헤파이토스가 아니라 엉뚱하게도 전쟁의 신 아레스이기 때문이다.

뮤지컬 〈헤드윅〉의 한 장면으로 유명해진 아리스토파네스의 반쪽이 신화, '사랑의 기원'도 나온다. 신들의 노여움으로 두 쪽이 난 인간들이 잃어버린 자신의 반쪽을 찾아 헤매는 것에서 사랑이 시작되었다는 이야기는, 사랑을 '나의 반쪽을 찾는 것'이라 말하는 이유일 것이다.

잃어버린 반쪽을 찾아 헤매는 것이 사랑이라면, 어딘가에 그 반쪽이 있어야 할 텐데 왜 눈에 띄지 않는 것일까? 사랑 한 번 못해본 이들은 정말 기술이 부족해서일까? 사랑도 '열공'해야 할 수 있는 것이라면, 참으로 두통 유발 과목이 아닌가 싶다.

18세기 조각가 안토니오 카노바의 <사랑의 입맞춤으로 부활한 프시케>.

사랑에 이르는 길은 열공?

사랑의 대상이 꼭 사람일 필요는 없다. 항상 내 곁을 지켜주는 반려견일 수도 있고, 사고 싶은 것을 마음껏 살 수 있게 만드는 돈일 수도 있다. 그런데 문제는 내 곁을 지켜줄 반려견이 없어 외로울 수도 있고, 은행 잔고가 바닥나서 아무것도 살 수 없어 빈곤함을 느끼게 될 때도 있다는 것이다. 이런 상태를 참지 못하게 되면, 외로움을 채우기 위해 반려견을 찾으러 다니고, 빈곤함을 해결하기 위해 돈 벌 궁리를 하게 된다. 없으면 아쉽다. 그래서 채워놓고 싶다.

인생 역전의 기회를 잡기 위해 아프로디테의 탄생 축하연을 찾은 빈곤과 가난의 여신 페니아의 심정은 이해하고도 남음이 있다. 간절히 원하면 이루어진다고 하던가, 그녀는 술에 취해 잠이 든 풍요와 충족의 신 포로스를 만나 에로스를 낳는다(에로스의 탄생 신화는 일곱 개나 된다. 이는 그중 하나다). 그렇다고 빈곤함이 사라질까? 아버지만 닮았으면 행복한 삶이련만, 반반씩 닮아버린 에로스의 삶은 빈궁하지도 부유하지도 않다. 그렇다고 만족할 상태는 아닌 듯하다. 부족한 것을 채우기 위해 끊임없이 애쓰는 중간자의 역할이 에로스이기 때문이다.

이 이야기를 만티바에서 만난 디오티마라는 여인으로부터 들은 소크라테스는 고개를 끄덕이며 이야기한다. "사랑이란 자신이 결여하고 있다고 생각하는 것을 가지려는 욕망에서 시작된다."고.

빈궁한 처지에서 벗어나길 원했던 페니아처럼, 착하게 살고자 하는 이들은 가장 좋은 선을 추구하고 싶을 것이다. 그 당시 가장 좋은 선은 지혜이니, 좋은 삶이란 지혜를 사랑하는 것이다. 당시 말로 지혜는 sophia이고, 사랑은 phila이니, 이 둘을 합치면 philosophy, 즉 철학

빈곤과 가난의 여신 페니아는 원하던 풍요와 충족의 신 프로스를 갖게 되어 과연 행복했을까? 작가 미상의 100년도 더 된 이 그림에는 페니아와 에로스가 등장한다.

이다. 철학은 지혜를 사랑하는 것이고, 지혜를 사랑하는 것은 좋은 삶을 추구하는 것이다. 그래서들 철학, 철학 하는지도 모르겠다.

철학, 다들 머리 아프다고 한다. 특별한 것이라고들 한다. 하지만 철학만큼 일상적인 것도 없다. '아는 것을 안다 하고, 모르는 것을 모른다 하며, 모르는 것을 알려고 노력한다.' 이는 소크라테스의 철학함이다.

다들 이렇게 살고 있고, 이렇게 살려고 노력하지 않는가? 이것을 힘들다 함은 제대로 아는 것이 무엇이며, 모르는 것은 무엇인지 모르기 때문이다. 아는 척, 모르는 척하며 사는 것이 편하다고, 그저 편하게만 살려고 하니 올바른 삶에서 한 걸음씩 벗어나게 되는 것이다.

쉽게 사는 방법이 있는데 굳이 힘든 길 찾아갈 필요가 있을까? 하지만 마음 한구석의 허전함을 지울 수가 없다. 생각의 곳간이 텅 비어 마음의 공허함이 메아리치니, 딱히 간절히 바라는 바도 없고 생기마저 사라진다. 조금 어렵고 힘들더라도 지혜를 사랑하면서 자신을 채워가는 삶이야말로 좋은 삶이 아닐까? 내 삶을 사랑하는 것, 그것이 바로 철학함이다.

함께 보면 좋은 고전

플라톤, 『향연』, 강철웅 옮김, 아카넷, 2020.

기원전 416년, 비극 경연 대회에서 우승한 아가톤이 자축연을 연다. 그 자리에 소크라테스, 아리스토데모스, 아가톤, 파이드로스, 파우사니아스, 아리스토파네스, 에뤼크시마코스, 알키비아데스가 참석한다. 부제가 '에로스에 대하여'인 만큼 에로스 신에 대한 찬양과 사랑이란 무엇인지에 대한 이야기를 나눈다. 이 이야기를 아리스토데모스로부터 들은 아폴로도로스가 친구에게 전하는 형식으로 기술되어 있다.

2

자유 찾아 떠나기

존 스튜어트 밀의 『자유론』

제발 나를 그냥 놔두시오

"그러니 제발 나를 좀 나를 그냥 놔두시오."

좀머 씨는 이렇게 외쳤다. 대체 무엇이 그를 괴롭혔기에 이렇게 절규하는지는 파트리크 쥐스킨트가 쓴 『좀머 씨 이야기』를 읽으면 알겠지만, 좀머 씨만이 아니라, 누구나 자신이 무언가에 발목 잡혀 마음대로 할 수 없을 때 욱하며 내뱉는 말이기도 하다. 무심결에 내뱉을 만큼 마음대로 할 수 있다는 것이 얼마나 중요한지, 매번 다짐하지 않아도, 온몸에 새겨져 있는 듯하다.

하지만 자유가 말 그대로 자기 마음대로 하는 것일까? 모두가 자유를 내세워 제멋대로 한다면 잘살 수 있을까? 아마도 제 것 찾느라 다른 사람과 싸우는 데 온 시간을 보낼지 모른다. 그 바람에 사람도 잃고 자유도 잃을 것이다. 그렇다고 자유를 포기한다? 참으로 어려운 일이다.

혼자 있을 때 자유는 필요하지 않다. 무인도에 혼자 있다면, 벌거벗고 춤을 춘들 누가 뭐라 하겠는가? 하지만 도심 한복판이라면 경범죄로 걸려 벌금깨나 물을 것이다. 혼자 살 수 없다 보니 하고 싶은 일을 마음대로 하지 못할 때가 많다. 그래서 자유롭게 하라고 법으로 몇 가지 권리들을 명시한다.

예를 들어 신체, 거주 이전, 직업 선택, 종교, 그리고 언론출판 및 집회 결사 등 일상생활을 자유롭게 하라는 권리들이다. 하지만 무조건 허용하는 것은 아니다. 우리나라 헌법 제37조에서 국가 안전 보장과 질서유지, 그리고 공공복리를 위해 필요한 경우에는 자유를 제한할 수 있다고 명시되어 있다. 물론 의도가 왜곡되어 많은 사람의 참자유가 무참히 짓밟히기도 했지만 말이다. 그럼에도 그 본질적인 내용은 침해할 수 없다고 덧붙일 만큼 자유는 중요하다.

자유를 갈구한다는 것은 그만큼 자유가 부재함을 의미한다. 고대 그리스 시민계급의 첫 조건은 자유민이다. 자신뿐만 아니라 다른 누구를 위해서 일하지 않고, 공공의 이익을 위해 생각하고 행동할 수 있는 자유민이야말로 정치할 자격을 가진 시민이었다. 하지만 이들의 자유를 가능하도록 힘들게 일했던 노예들에게 자유는 단 1도 주어지지 않았다. 이처럼 신분제 사회가 무너지기 전까지 자유는 아무나 가질 수 있는 것이 아닌 지배계급의 특권이자 전유물이었다.

1789년, '자유, 평등, 박애'의 기치를 내걸었던 프랑스혁명, 그리고 1800년대 영국에서 시작된 산업혁명은 자유 이념을 확산시키는 역사적 계기였다. 가내수공업과 농업 중심의 산업체계에서 벗어나 대규모 공장제 기계공업으로의 전환을 가져온 산업혁명은 단지 산업방식의 변화만 일으킨 것이 아니다. 선천적 신분제 사회의 붕괴를 가져왔다. 장인이나 농민을 공장 노동자로 바꾸어 놓았으며, 귀족과 봉건영주들에게 종속되었던 노예나 농노에게 열심히 일하면 왕처럼 될 수 있다는 환상을 심어주기도 했다.

열심히 일하는 자, 그대가 자유인이다. 이렇게 말이다. 그 때문일까? 사람들은 더욱 자유를 갈망하고 자유에 집착한다. 하지만 그 때문에 일의 노예가 되어 그나마 가지고 있던 자유를 잃어버리고 있음을 자꾸 망각한다. 그러고는 좀머 씨처럼 소리친다.

"제발 나를 좀 나를 그냥 놔두시오."

나만의 자유가 가능할까?

자유라는 단어를 떠올리면 내 마음대로 하는 것으로 생각한다. 하지만 내 마음대로 할 수 있는 곳이라곤 내 방 말고는 없다. 방문 걸어 잠그고 시끄럽게 굴면 벌컥 열리는 방문과 함께 부모님의 잔소리 폭격을 받는, 이런 경험 누구나 한 번쯤 해봤을 것이다. 혼자만의 자유를 만끽하고 싶다면 무인도로 가야 할 터인데, 혼자 있으려니 너무 심심하다. 자유롭게 살고 싶으나 심심하긴 싫다.

많은 이들이 자유를 이야기한다. 그 가운데 가장 유명한 것이 바로 존 스튜어트 밀의 『자유론(*On Liberty*)』이다. 교육열 높고 부유하기까지 한 아버지 덕에 전문가들의 과외를 받으며, 홈스쿨링으로 학문적 업적을 쌓은 천재 학자 존 스튜어트 밀. 그조차 누구 못지않게 자유를 갈망한 모양이다. 자유가 없는 사람은 자유를 빼앗으려 하고, 자유로운 사람은 빼앗기지 않으려 애쓴다. 그런 점에서 역사는 자유 쟁탈전이다.

하지만 자유를 가졌다고 해서 모든 것이 이루어지는 것일까? 아니다. 자유 그 자체보다는 함께 사는 사람들의 관계에서 어떻게 자유를 보장받을 수 있을 것인가가 중요하다. 그래서 밀은 자유나 자유의지가 아니라, 시민 혹은 사회적 자유로 제한하여 사회에서 받아들일 수 있는 자유의 한계가 어디까지인지를 심사숙고한다.

상세한 이야기야 책을 읽으면 되겠지만, 대략 밀이 주장하는 자유의 기본 원리는 다음과 같다.

첫째, 인간 사회에서 누구든 다른 사람이 행동할 때 자유를 침해할 수 있는 경우는 오직 한 가지, 자기보호를 위해 필요한 때뿐이다. 이 경우를 제외하고, 문명사회에서 구성원의 자유를 침해하는 그 어떤 권력의 행사도 정당화될 수 없다.

존 스튜어트 밀과 해리엇 테일러의 딸인 헬렌 테일러(1835). 밀은 25세의 해리엇을 만나 한눈에 매료되었는데 그녀는 이미 사업가 존 테일러의 아내였다. 둘은 20여 년 동안 지적이고 순수한 교류를 계속하다, 존 테일러가 죽은 후 몇 년 뒤 결혼한다. 해리엇은 19세기의 독립적인 여성 철학자로서, 밀은 『자유론』에서 이 책은 그녀와 함께 쓴 책이라 밝히고 있다.

둘째, 다른 사람에게 영향을 주는 행위에 한해서는 사회가 간섭할 수 있다.[1] 다시 말해 누군가에게 해가 되지 않는다면 자기 마음대로 해도 된다는 것이다.

하지만 공동체 사회에서 다른 사람과 얽히지 않는 오롯이 자기만의 행동이 가능할까? 내 방에서 한 걸음만 내딛어도 관계의 그물망에 걸려들어 옴짝달싹할 수 없다. 다른 사람에게 피해를 주지 않는 행동이라고 생각해도, 이러저러하게 따지다 보면 누군가 불편해질 수 있다. 이 촘촘한 그물망에서 빠져나가 혼자만의 자유를 만끽하는 것은 불가능

1 존 스튜어트 밀, 『자유론』, 서병훈 옮김, 책세상, 2018, 30~31쪽.

하다고 봐야 하지 않을까.

물론 밀에게도 자유가 숨 쉴 구석은 있다. 바로 생각과 토론의 장이다. 사회적 위계에서 벗어나 자기 생각을 자유롭게 드러내는 곳이기 때문이다. 하지만 정말 그럴까? 토론은 말싸움이다. 승패가 갈리는 그곳에서 자유롭게 이야기하기가 가능할까? 익명성을 방패 삼아 편하게 이야기할 수 있다는 사이버 세계조차 마음 가는 대로 하다가 상처 주고 상처 입은 사람들로 가득하지 않은가. 어쩌면 현실에서는 다가갈 수 없는 자유이기에 사람들이 그렇게 갈망하는 것일지도 모르겠다.

캡틴 아메리카 vs. 아이언맨

슈퍼맨과 원더우먼이 최고였던 시절이 훅 지나가고, 지금은 어벤져스의 시대다. 강철 슈트로 중무장한 아이언맨, 무적방패로 싸우는 캡틴 아메리카, 그리고 최강 헐크까지 엄청나다. 수많은 영웅이 무더기로 나와서 악당들을 쳐부순다. 나도 아이언맨이 되었다가 캡틴 아메리카가 되었다 하면서 내 안의 악당인 스트레스를 쳐부순다. 더구나 결론은 권선징악이니 고민거리도 없다.

어벤져스 시리즈 가운데 영웅들끼리의 패싸움이 등장하는 영화 〈캡틴 아메리카: 시빌 워〉가 있다. 정부는 악당들 물리치느라 수고한 어벤져스에게 칭찬은 못 해줄망정, 전투 중에 건물이 부서지고 애꿎은 사람들이 다쳤다면서 위험인물이라는 낙인을 찍는다. 부수적 피해를 막기 위해 '슈퍼히어로 등록제'를 시행하여 어벤져스를 관리감독하겠다고 나선 것이다. 이에 찬성하는 아이언맨과 반대하는 캡틴 아메리카가 주축이 되어 두 패로 갈린 어벤져스는 영화 내내 지독하게, 혹은 '우리 아빠가 만든 방패 내놔' 식의 유치한 싸움을 벌인다. 그렇다고 해피엔딩

이 아닌 건 아니니 실망하지 말기를.

악당들로부터 지구를 지킨다는 어벤져스의 정의감이 달라진 것은 아니다. 문제는 자신들의 행동에 제약이 걸리는 것, 즉 자유다. 부수적 피해를 줄이기 위해 정부의 관리감독을 받게 되면 요청이 있을 때만 싸울 수 있다. 하고 싶어도 할 수 없게 되는 것이다. 캡틴이 반대한 것은 이것 때문이다. 정부의 간섭을 받게 되면 하고 싶어도 할 수 없게 되는 것, 자유를 박탈당할 것이라는 염려 때문이다. 대단한 능력의 어벤져스도 자유 때문에 서로 싸우는데, 하물며 평범한 우리들은 어떠하겠는가?

누군가로부터 간섭받지 않고, 남에게 피해를 주지도 않으면서 자기 마음대로 할 수 있는 자유를 누린다면 최고의 즐거움을 느끼게 될 것이다. 하지만 한 가지 잊지 말아야 할 것이 있다. 자유를 누린다는 것은 곧 그로 인해 생겨나는 모든 것들에 대해 스스로 책임져야 한다는 뜻이다.

어른들은 걱정한다. 청소년들에게 꿈이 없다고, 스스로 할 수 있는 것이 아무것도 없다고 말이다. 다르게 생각하면 어른들의 간섭이 너무 심해서 청소년들이 아무것도 할 수 없게 된 것은 아닐까? 어쩌면 자유란 스스로 자기 삶을 결정하고 스스로 행하는 것, 자신이 원하는 바를 향해 나아가며 책임지는 것일지도 모른다. 그리고 이 길을 가도록 믿어 주는 것, 그것이 어른들 몫의 자유가 아닐까 싶다.

함께 보면 좋은 고전

존 스튜어트 밀, 『자유론』, 서병훈 옮김, 책세상, 2018(2005).

영국 공리주의자 존 스튜어트 밀의 대표작이다. "사회가 개인의 자유를 간섭할 수 있는 한계가 어디인가?"라는 물음에서 출발한 이 책에는 다른 사람에게 간섭받지 않고, 다른 사람에게 피해를 주지 않는 한 자유가 가능하다는 자유의 기본원리를 제시하고, 그 적용의 장으로 '생각과 토론의 장'을 설명하는 것으로 구성되어 있다.

3

두 번째여도 행복하기

아리스토텔레스의 『니코마코스 윤리학』

소소하지만 확실한 행복

좋은 삶이란 무엇일까? 어떻게 살아야 좋은 것일까? 누군가는 "배부른 돼지보다 배고픈 소크라테스가 낫다."고 말한다. 배고프게 사는 게 좋은 삶이라는 뜻이 아니라, 소크라테스처럼 온전한 영혼을 가지려고 노력해야 좋은 삶이라는 의미다.

하지만 온전한 영혼을 갖는다는 것이 우리에게 그다지 익숙하지는 않다. 그냥 살면서 행복을 느끼면 잘살고 있다고 생각하는 것이 낫겠다. 그런데 행복해지는 법을 잘 모른다. 아니 행복이 뭔지도 애매하다.

한때 행복이란 단어와 짝을 이루는 말로 '웰빙(Well-being)'이 유행했다. 직역하면 좋은 삶, 편한 말로 하면 잘 먹고 잘사는 것이다. 20세기 경제부흥기에는 먹고사는 것에 방점이 찍혔다. 일하는 데 온 시간을 다 뺏기고 여가를 즐기는 것은 뒷전이었다. 삶은 늘 퍽퍽했고, 즐거움이란 월급봉투의 두께에 정비례했다. 하지만 21세기에 들어서면서 방점은 '잘'이란 수식어로 옮겨간다. 일하는 것도 좋지만, 맛있는 음식 먹고 좋은 곳에 여행도 다니며 여유를 즐기기 시작한 것이다. 그런데 먹방과 쿡방, 그리고 여행 프로그램으로 가득 찬 텔레비전을 보면서 대리 만족을 느끼기도 하지만 열패감을 느끼는 이들도 생겨났다. 행복하자고 하는 일들이 오히려 행복과 거리두기가 되어버렸다.

행복의 잣대가 부일까? 매년 발표되는 행복지수가 높은 나라 목록의 상위권은 경제적 안정과 복지를 갖춘 북유럽 국가들이 차지한다. 아이러니한 것은 그 국가들은 우울증이나 자살률도 만만치 않게 높다는 것이다. 경제적 부가 꼭 행복을 가져오는 것은 아닌 것 같기도 하다. 경제적으로 부유하지는 못해도 행복지수가 높은 부탄도 있다. '소확행(소소하지만 확실한 행복)'을 가장 잘 실천하는 국가라는 생각이 들긴 하나, 최근 경제적 문제로 곤란을 겪고 있다 하니 삶에서 돈은 확실히 중요한 문제이긴 한 것 같다.

하지만 돈 때문에 불행하다고 하기엔 우리의 삶이 너무 아깝지 않은가? 크고 비싼 선물이나 해외여행이 좋은 것을 모르진 않는다. 하지만 그것 하자고 허리띠 졸라매며 일상을 일에 치여 산다면 하루하루가 피곤할 것이다. 오늘 하루만 살자는 것은 아니지만, 그래도 남들 눈치 보지 않고 자기 편한 대로 즐기는 것이 더 좋지 않을까? 먹고사는 일이 빡빡하더라도 여유를 조금 즐길 줄 안다면 살맛 나지 않을까 싶다.

산다는 것은 양적 풍족함도 필요하지만, 그보다는 질적 만족감이 우선이라는 생각이 든다. 하늘 한 번 쳐다보는 여유를 즐기는 시간, 친구들과 수다를 늘어놓으며 따뜻함을 느끼는 시간, 잠시 일손을 놓고 숨 한 번 고르는 시간을 갖는 것이 필요하다.

그래서일까? 요즘 자주 들리는 말이 있다. 가족이나 친구들과 함께

부탄은 GDP 순위는 세계에서 매우 낮지만 행복지수는 최상위권이다. 행복의 잣대는 무엇이고, 좋은 삶이란 무엇일까?(위키피디아, Christoper Michel)

소박하게 시간을 즐기는 휘게(Hygge), 단 한 번의 삶을 자신을 위해 즐겨야 한다는 욜로(YOLO, You Only Live Once), 그리고 일상에서 느낄 수 있는 작지만 확실하게 실현 가능한 행복을 즐기는 소확행이다. 삶의 의미는 세계를 구하는 어벤져스 같은 활약에 있는 것이 아니다. 주변 사람들과 소소한 일들을 함께하는 것에서 사는 재미를 찾는 것, 그것이 바로 손에 잡을 수 있는 행복이다.

"행복해지고 싶다." 사람들은 입버릇처럼 말한다. 하지만 방법을 잘 모르겠다. 곳간을 채우면 행복해지겠지 싶어서 물질적인 것에 탐닉한다. 개처럼 벌어서 정승같이 쓰자고 했건만, 내 곳간은 항상 밑 빠진 독이라는 생각뿐이다. 죽어라 일만 하다가 정작 하고 싶은 일은 미룬다.

그리고 입버릇처럼 말한다. "행복해지고 싶다." 오늘 할 일을 내일로 미루지만 않아도 행복해질 터인데 말이다.

좋은 삶, 행복한 삶

좋은 삶이란 무엇일까? 무엇을 위해 사는 것이 좋을까? 사람마다 원하는 바가 다르니 한마디로 표현하긴 어렵다. 돈을 많이 벌면, 높은 자리에 오르면 행복하다고 한다. 반면 가난해도 가족이 화목하면 행복하다고 한다. 혼자 있는 시간이 행복하다고도 하고, 친구들과 어울려 노는 것이 행복하다고도 한다.

어느 쪽이 진정한 행복일까? 답하기는 어렵다. 각자 원하는 바를 얻었을 때 행복하다고 하기 때문이다. 그 이유가 돈일 수도 있고 권력일 수도 있다. 가족이나 친구일 수도, 따뜻한 물 한 잔일 수도 있다. 하지만 이유는 서로 달라도 종착지는 행복이다. 행복해지기 위해 열심히 산다. 그러니 좋은 삶을 위한 궁극적 목적을 행복이라 하면 좋겠다.

예부터 지금껏 철학자들은 어떻게 하면 좋은 삶, 혹은 행복한 삶이 가능할지 많은 생각을 했다.

소크라테스는 온전한 영혼의 완성을 위해 끊임없이 자신을 포함한 모든 사람에게 질문을 던졌다. 무엇을 알고, 무엇을 모르는지 말이다. 그의 질문은 사람들을 혼란에 빠뜨렸고, 결국 세상은 그를 죽음으로 내몰았다.

어처구니없는 스승의 죽음 앞에서 현실에 대한 회의를 느낀 플라톤은 우매한 현실을 떠나 참된 진리가 살아있는 이데아 세계야말로 참세상이라 이야기했다.

하지만 플라톤의 제자 아리스토텔레스는 모든 것을 다시 현실세계로 끌어내린다. 현실에서 가능한 것이야말로 좋은 삶 혹은 행복한 삶을 향유하게 만든다고 생각했기 때문이다.

아리스토텔레스는 그 실체를 명확히 알 수 없는 이데아보다는 구체적이고 살아있는 현실세계에서의 삶을 선택한다. 자신이 맡은 일을 충실히 수행하며 올바른 사유의 길을 따른다면 궁극의 목적인 행복에 도달하리라 생각했다. 어떻게 살 것인가에 대한 그의 답변은 『니코마코스 윤리학(*Ethica Nicomacheia*)』에 담겨있다.

아리스토텔레스는 인간의 행위가 궁극적으로 지향하는 것이 행복(eudaimonia)이라 말한다. 행복은 자신이 가진 고유한 기능을 잘 발휘하여 최선을 다했을 때 얻어지는 것으로, 수단이기보다 그 자체로 목적이 되는 것이다. 행복해지면 무엇을 얻는 것이 아니라, 열심히 했을 때 마지막에 주어지는 것이 행복이다.

불행해지려고 노력하는 사람은 없을 것이다. 열심히 해도 행복에 도달하지 못할 수도 있다. 그래도 맡은 바 일에 최선을 다한다면, 최고는 아니어도 자신의 모습에 만족한다면, 그것 또한 행복이 아닐까?

좋은 삶을 위해 굳이 플라톤의 진짜 사과(이데아)를 찾기 위한 고민을 할 필요는 없다. 우산 장수는 우산을 잘 만들고, 요리사는 맛있는 요리를 만들며, 학생은 열심히 공부하면 된다. 각자의 위치에서 자신이 맡은 일을 열심히 하여 탁월함을 발휘한다면 행복하게 된다.

그런데 돌부리에 발이 걸리듯, 탁월함이 문제다. 탁월함을 1등과 동의어라 생각하기 때문이다. 밤새워 열심히 공부하는데도 매번 꼴찌를 한다. 밤잠을 설쳐가며 손이 부르트도록 열심히 우산을 만들었는데 하나도 팔리지 않는다. 정성껏 음식을 만들었는데 맛이 없다고 모두 손사래를 친다. 이들을 무능력하고 불쌍하다고 평가해야 할까? 결과가 좋

ARISTOTLE AND HIS PUPIL, ALEXANDER.

19세기 프랑스 삽화가 샤를 라플란트의 〈아리스토텔레스와 그의 제자 알렉산더〉(1866). 아리스토텔레스는 행복의 답을 덕(아레테, 탁월함)에서 찾고, 이는 지나치지도 모자라지도 않는 중용에서 나온다고 말했다.

지는 않아도 최선을 다했다는 것에 만족한다면 이들은 행복하다. 반대로 맨날 노는 것 같은데 전교 1등을 한 번도 놓친 적이 없는 친구가 있다. 매월 매출왕에 선정되는 영업사원이 있다. 하지만 1등 자리를 놓칠까 노심초사하며 불안해한다면 행복하다고 할 수 있을까?

마땅한 자리를 찾아 앉아야 행복해지는 법

어렸을 때 동네 놀이터에 가면 꼭 이 놀이기구가 있었다. 기다란 판자 양쪽에 앉아서 올라갔다 내려갔다 하는 놀이, 시소다. 다들 시소 한 번쯤은 타 보았을 것이다.

그네나 미끄럼틀은 혼자 해도 괜찮지만 시소는 혼자서는 할 수 없는

아리스토텔레스가 말하는 중용의 덕은 마치 시소 재미있게 타는 법과 같다. 마땅한 위치를 찾는 것, 모자라지도 넘치지도 않는 적당한 자리를 찾는 것이야말로 행복하기 위한 방법이다. 사진은 1902년 미국 일리노이주 시카고에서 찍은 것이다.

놀이다. 최소한 둘은 있어야 한다. 그런데 시소가 정말 재미있으려면 욕심을 부려서는 안 된다. 모두가 한쪽에만 앉겠다고 우겨서는 안 된다. 다섯 살배기 조카와 시소놀이를 하면서 한쪽에 몰려 앉아 다른 쪽이 비어있다면, 어떻게 될까? 움직이지 않는 시소는 놀이가 아니다.

시소 재미있게 타는 법이 『니코마코스 윤리학』에 나온다. 어려운 철학책이 놀이책이라고? 그것은 아니다. 하지만 아리스토텔레스의 중용을 이해하면 재미있게 시소를 탈 수 있다. 시소놀이는 무게 중심을 잘 잡아야 재미있다. 서로 다른 체격의 아이들이 양쪽에 앉게 되면, 중심을 잡도록 자리를 조정한다. 앞으로 당겨 앉을 수도 있고 맨 가장자리에 앉을 수도 있다. 딱 접어 반이 아니라, 모자라지도 넘치지도 않는 적당한 자리를 찾아야만 올라갔다 내려갔다 하며 즐길 수 있다. 마땅한 위치를 찾는 것, 그것이야말로 행복하기 위한 방법이다.

> 마땅히 그래야 할 때, 또 마땅히 그래야 할 일에 대해, 마땅히 그래야 할 사람들에 대해, 마땅히 그래야 할 목적을 위해서, 또 마땅히 그래야 할 방식으로 감정을 갖는 것은 중간이자 최선이며, 바로 그런 것이 탁월성에 속하는 것이다.[2]

'마땅히'가 계속 반복된다. 그런데 이 수식어만큼 애매한 것이 없다. 마땅하다는 건 어느 정도일까? 목마른 사람에게는 물을 가득 따라주어야 마땅하지만, 그렇지 않은 이에게는 조금만 따라주어도 마땅하다. 1등을 해도 만족하지 못하는 이가 있고, 꼴찌여도 평균 점수가 조금이라도 오르면 만족하는 이가 있다.

사람이 처한 때에 따라 그 마땅함이 다르며, 그에 따라 느끼는 행복도 다르다. 어느 것이 정답이라 말하기 어렵다. 굳이 답을 구하자면, 너무 지나치지도 않고 너무 모자라지도 않은 상태다. 다른 사람들과 함께 살아가기에 불편하지 않을 정도다. 조건 없는 배려나 양보가 아니라, 최선을 다해 자신의 탁월함을 발휘하되 과도한 욕심을 부리지 않는 절제의 미덕이 함께하는 상태다.

르네상스 화가 라파엘로의 〈아테네 학당〉그림 중 일부. 아리스토텔레스는 오른손으로 땅을 가리키고, 왼손에 책을 들고 있다. 혹자는 이 책이 『니코마코스 윤리학』이라고 한다.

---

2 아리스토텔레스, 『니코마코스 윤리학』, 이창우·김재홍·강상진 옮김, 이제이북스, 2006, 65쪽.

관중석이 텅 비어버린 운동장으로 마지막 마라톤 주자가 뛰어온다. 결승 지점에 도착한 그에게 아무도 손뼉을 쳐주지 않아도, 최선을 다해 완주했고 그것에 만족한다면 그 자체로 행복하다. 그 행복을 우리는 자꾸 잊어버린다. 1등만 대접받는 사회의 인색함 때문이기도 하지만, 그만큼 우리에게 여유가 없기 때문이다. 최선을 다하여 자신의 탁월함을 발휘하고자 노력했다면, 첫 번째가 아니라 두 번째여도 행복하지 않을까.

함께 보면 좋은 고전

아리스토텔레스, 『니코마코스 윤리학』, 이창우·김재홍·강상진 옮김, 이제이북스, 2006.

아리스토텔레스가 아들인 니코마코스에게 전하는 형식의 글로, "어떤 삶이 좋은 삶, 즉 행복한 삶인가?"에 대한 답변을 풀어놓았다. 인간 행동의 궁극적 목적이 행복이며, 행복은 자신이 맡은 일에서 탁월함을 발휘하는 것임을 이야기하며, 삶의 중요한 자세인 중용에 대한 설명이 담겨있다.

4

켄타우로스의 지혜로 권력 갖기

니콜로 마키아벨리의 『군주론』

대한민국 헌법 제1조 2항

대한민국 헌법 제1조 1항은 누구나 다 안다.

"대한민국은 민주공화국이다."

그렇다면 2항은? 여기서 말문이 막힌다. 답을 하자면 이렇다.

"대한민국 주권은 국민에게 있고 모든 권력은 국민으로부터 나온다."

나라의 주인이 자신이라고 생각하면서도 권력은 정치하는 사람들에게 있다고 생각하기에, 이 조항이 낯설게 느껴진다. 그래서 머릿속에 쉽게 떠오르지 않는다. 하지만 권력은 특별히 선택된 이가 아니라 모든 국민에게 있다.

'권력'을 떠올리면 정치가 따라온다. 물론 이때의 정치는 나랏일이다. 따라서 권력은 나랏일하는 사람들의 특별한 권리라고 여긴다. 여기에는 중·고등학교 때 홉스나 루소의 사회계약론을 배운 것이 한몫한다. 자연상태로의 복귀든 탈출이든 상관없이 생명권과 재산권을 보장받기 위해 국가 구성원이 대표자에게 자신의 권리를 위임한다. 권력을 대표자에게 위임하는 방식이 나쁘지는 않다. 모두가 권력 행사를 하면 이해충돌이 일어나 문제가 생기기 쉽기 때문이다. 서로서로 보호하기 위해 권력을 하나로 모으는 것이다. 하지만 생각 없이 익숙해지다 보니 권력은 대표자들끼리 서로 뺏고 빼앗는 것이지 국민인 내 것이 아니라는 생각이 든다. 하지만 권력이 국민에게서 나온다는 사실을 잊지 말아야 한다.

역사를 돌이켜 보았을 때 평화롭게 권력이 이양되고 유지된 적이 별로 없다. 조선 시대에는 왕권 유지를 위해 충신의 피로 선죽교를 물들이기도 하고, 어린 조카를 죽음에 몰아넣기도 했다. 권력을 차지하기 위해 물불 가리지 않은 때들이 숱하게 있었다. 그 가운데 가장 많이 사용된 것이 무기다. 1945년 히로시마와 나가사키에 떨어진 원자폭탄 두 개의 위력은 전후 세대들에게 엄청난 위화감을 준다. 한편 빈부격차가 가져온 권력의 횡포도 만만치 않다. 돈이면 뭐든지 된다는 잘못된 생각이 가져온 잘못된 권력이 쓰나미처럼 밀려들기도 한다.

하지만 칼보다 펜이 강하다는 말을 굳이 떠올리지 않더라도, 21세기 가장 강력한 권력의 수단은 언어다. 인터넷을 장악하고 있는 수많은 악성 댓글들, 잘못된 정보를 제공하는 가짜뉴스들, 그리고 여론을 쥐락펴락하는 미디어 그룹들이 거대한 권력을 행사한다. 언어가 갖는 권력의 위력은 그 어떤 것보다 위험하다. 그런데 의외로 많은 사람들이 언어가 무슨 힘이 있냐고 생각한다. 자신이 내뱉은 말들이 누군가를 예리하게 베는 칼이 된다는 것을 알지 못한다. 몸에 난 상처는 아물면 사라지지만 마음에 난 상처는 쉬 아물지 않는다. 초등학생마저 놀이하듯 휘두르는 언어의 권력은 그 어떤 것보다 폭력적이고 위험하다.

다시 헌법 제1조 2항으로 돌아가 보자. 모든 국민으로부터 권력이 나오긴 하지만 권력을 위임한다는 점에서 모두가 권력의 주체이자 객체다. 지배하면서 지배받는 입장, 양쪽에 발을 딛고 서있는 것이 바로 우리다. 권력을 어떻게 행사해야 옳은 것일까? 다시 말해 어떻게 지배하고 지배받는 것이 올바른 것일까? 500여 년을 거슬러 올라가 이탈리아의 사상가 마키아벨리로부터 그 길을 찾아보고자 한다.

켄타우로스의 이중성

생활 곳곳에 다양한 형태로 권력이 행사된다. 가정이나 학교, 회사 등 사람이 둘 이상 모인 곳이라면 서열이나 직위가 만들어지고 권력이 뒤따른다. 권력을 가진 자들에게 필요한 것은 자신을 따르는 이들을 잘 이끄는 것이다. 리더십으로서의 권력 말이다. 지도자는 어떻게 지배할 것인지를 고민하고, 인민들은 어떻게 지배받을 것인가를 고민한다. 한편으로는 지도자에 따라, 다른 한편으로는 인민들에 따라 그 권력의 양상이 달라질 것이다. 지도자로서의 권력을 이야기할 때 빠뜨리지 않고 언급하는 책이 있다. 마키아벨리의 『군주론(*Il Principe*)』이다.

마키아벨리의 『군주론』은 1516년 피렌체의 통치자였던 메디치 가문에 헌정된 책이니 벌써 500년이 훌쩍 넘은 고전이다. 500년 전 이야기가 지금도 소용이 있을까 싶으나, 다양한 분야에서 여전히 이야기되는 것을 보면, 지금으로부터 500년이 지난 후에도 읽지 않을까 싶다.

신들의 시대가 끝나고 르네상스로 접어든 16세기, 이탈리아는 도시국가들을 중심으로 가문들의 권력 쟁탈전이 벌어지는 시기였다. 당시 피렌체 공화국에서 외교업무를 담당하던 마키아벨리는 공화정 몰락과 더불어 공직에서 추방된다. 실업자가 된 마키아벨리는 공직에 복귀

로렌초 데 메디치의 초상화. 피렌체 공화국의 사실상의 통치자였으며, 르네상스 예술가들의 후원자였다. 로렌초 데 메디치 사후에 메디치 가문은 1494년 피렌체에서 추방된 뒤, 18년 만인 1512년 조반니 추기경(훗날 교황 레오 10세)이 이끄는 군대로 다시 통치권을 회복하게 된다.

하기 위해 온갖 노력을 기울인다. 그 노력의 결실이 『군주론』이다. 군주의 역할과 해야 할 일 등을 다룬 이 책은 일종의 업무계획서이며 복직을 바라는 자기소개서다. 마키아벨리는 현명한 군주라면 이 책을 읽고 자신을 복귀시킬 것이라고 자신만만했지만, 군주는 생각만큼 현명하지 못했던 모양이다. 복직을 염원하던 마키아벨리는 결국 화병으로 죽었으니 말이다. 여하튼 『군주론』의 헌정사에서 마키아벨리는 이렇게 말한다.

> 인민의 성격을 잘 이해하기 위해서는 군주가 될 필요가 있고, 군주의 성격을 잘 이해하기 위해서는 평범한 인민이 될 필요가 있다.[3]

---

3 마키아벨리, 『군주론』, 강정인·김경희 옮김. 까치, 2008, 12쪽.

미국 화가 존 라 파지의 〈켄타우로스〉(1887). 켄타우로스는 그리스 신화에 등장하는 반인반마족으로서, 상체는 인간이고, 가슴 아래부터는 말이다. 켄타우로스는 이성적 지혜와 감성의 결합이라는, 마키아벨리가 말하는 군주의 덕목을 보여준다.

인민이 없으면 군주가 없고, 군주가 없으면 인민도 없다. 서로의 존재 이유가 되는 두 집단은 서로서로 이해하고 도와야 한다. 군주라면 자신이 다스리는 사람을 이해해야 하며, 인민은 자신의 권력을 위임한 군주가 어떠한지 알아야 한다. 지배나 권력은 한쪽에서 다른 한쪽으로 일방통행하는 것이 아니다. 역할을 바꿔서 서로를 생각하는 역지사지의 태도를 갖출 때 배려 있는 정치가 가능하다.

그렇다고 서로의 입장만 생각하는 것이 효과적인 것은 아니다. 의사결정권자로서의 군주는 그만큼의 힘을 발휘해야 한다. 그래서 마키아벨리는 『군주론』 23장에서 이렇게 말한다.

> 현명한 군주는 사려 깊은 사람들을 선임하여 그들에게 모든 일에 관해서 묻고, 주의 깊게 그들의 견해에 귀를 기울이고, 그 뒤에 자신의 방식에 따라서 스스로 결정을 내려야 한다.[4]

군주로서 지배받는 사람들에게 휘둘리지 않고 굳건하게 권력을 행사해야 함을 의미한다. 군주의 권력을 행사함에 있어 마키아벨리는 두 가지 방법을 제시한다. 하나는 인간의 방법으로 법에 의지하는 것이고, 다른 하나는 동물의 방법으로 힘에 의지하는 방법이다. 이를 구현해 낸 것이 바로 고대 그리스 신화에 등장하는 켄타우로스(반인반수)다. 상체는 인간의 형상을, 하체는 동물의 형상을 한 켄타우로스는 인간의 이성적 지혜와 동물의 감성적 체력을 결합한 이상적인 신이다. 법에 의지하는 이성과 힘에 의지하는 감성의 결합, 마키아벨리가 말한 군주의 덕목이라고 할 것이다.

힘에 의지한다는 것을 달리 말하면 폭력적 권력이다. 이 때문에 마키아벨리는 권모술수에 능하고, 힘으로 인민을 지배하는 폭력적 정치를 선동하는 악마로 비치기도 한다. 하지만 좋은 일에는 보상을 하고

---

4 마키아벨리, 앞의 책, 23장 참조.

16세기 이탈리아 화가 산티 디 티토의 〈마키아벨리 초상화〉. 피렌체 공화국에서 외교업무를 담당하다 실직한 마키아벨리는 당시 실권을 장악한 메디치 가문에 잘 보이기 위해 『군주론』을 썼으나 복직하지 못했다.

나쁜 일에는 처벌을 하듯, 법과 힘이 적절하게 조합을 이루는 것이 권력을 정의롭게 행사하는 방법일 것이다. 마찬가지로 인민은 보상받을 일인지 처벌받을 일인지 제대로 판단할 수 있다면 더 나은 행동을 하게 된다는 점에서 양쪽 모두를 적절하게 사용하는 것이 필요하다.

좋은 권력, 나쁜 권력

역사를 살펴보면 좋은 권력보다 나쁜 권력들이 더 많았던 것 같다. 태종 이방원은 강력한 왕권을 구축하기 위해 수많은 사람을 죽음에 몰아넣었고, 중국을 처음 통일한 진시황은 불로장생을 꿈꾸며 분서갱유를 저질렀다. 독일제국의 히틀러는 세계대전을 일으켜 전 세계를 전쟁의 참혹함에 몰아넣었고, 죄 없는 수백만의 유대인들을 가스실로 보냈다. 수많은 이들의 죽음을 대가로 유지된 권력은 금세 사라지고, 고통스러운 시간만이 사람들의 기억에 남는다.

하지만 좋은 권력도 있다. 부탄의 통일을 가져온 왕축 왕조는 절대 권력을 내려놓고 선의의 이양을 했을 뿐만 아니라 절대군주제에서 입헌군주제로의 전환을 단행했다. 물론 국민들의 신뢰는 그들의 선의에 의해 더욱 두터워졌다. 권력에의 욕망은 쉽사리 단념할 수 없는 것이라고들 하는데, 왕축 왕조의 행보는 권력을 가진 지배자와 지배받는 사람들의 마음이 서로 조화를 이루어 권력도 좋은 방향으로 흘러갈 수 있음을 보여주는 좋은 예라 할 것이다.

군주의 권력을 이야기하면 자기 이야기는 아니라고 하는 사람들이 있다. 나 같은 평범한 사람이 무슨 정치권력을 논하랴 하고 생각하는 것이다. 그런데 그게 그렇지가 않다. 권력은 나랏일만이 아니라 일상생활에서도 쉽게 볼 수 있다. 자장면을 먹을지 짬뽕을 먹을지 결정하는 것도 권력 행사다.

권력이란 사람이 둘 이상 모여 관계를 만들면 그 안에서 자연스럽게 형성된다. 조금 근사하게 이야기해서, 의사결정을 하거나 자기의견을 말하는 공적무대의 권력은 나랏일을 하는 군주의 그것과 다르지 않다. 의사결정을 올바르게 하고 의견을 똑 부러지게 말함에 있어 군주로서 또는 인민으로서 성실하게 권력을 수행할 것임을 다짐한다면, 서로서로 신뢰할 수 있는 좋은 권력이 자리하는 공동체를 만들어 갈 수 있을 것이다.

함께 보면 좋은 고전

니콜로 마키아벨리, 『군주론』, 강정인·김경희 옮김, 까치, 2008.

공화정의 몰락과 더불어 공직에서 쫓겨난 마키아벨리가 복직을 꿈꾸며 자신의 정치적 계획을 정리한 일종의 자기소개서다. 여기에는 이탈리아의 복잡했던 역사적 사실들에 대한 비판을 토대로 올바른 군주라면 해야 할 바를 정리해 놓고 있어 리더십을 논할 때면 빠지지 않고 언급되는 고전이다.

5

세상의 주인공, 나를 찾기

한나 아렌트의 『예루살렘의 아이히만』

정치적인 것은 자유의 실현

정치사회 시간에 사람은 둘 이상 모여 살아야 한다는 공동체적 삶을 가르칠 때 쓰는 단어가 있다. 아리스토텔레스가 『정치학』에서 언급한 '정치적 동물(zoon politikon)'이다. 정치가 갖는 함의가 다양하다는 점을 생각한다면, 이 단어는 공동체적 삶에만 머무르지 않는다. 그 안에서 활동하는 사람들이 어떠한가에 주목한다. 아리스토텔레스는 본성적으로 자유로운 사람들을 정치적으로 '시민'이라고 규정한다. 이들이 맡은 일은 공적활동, 즉 재판과 행정이다. 여기에서는 사사로운 이익을 추구할 수 없다.

내가 아닌 다른 사람을 위한 결정을 내려야 한다면, 혹은 내외적인 것으로부터 자유로우려면 먹고사는 데 문제가 없을 만큼 돈이 필요하다. 필요한 만큼 돈이 있으려면 열심히 일해야 한다. 일을 하다 보면 남의 일에 신경 쓸 시간이 없다. 공적활동은 물 건너간 이야기다. 부자만 정치할 수 있다는 이야기로 들리니 참으로 난감하긴 하나, 굳이 좋게 해석하자면 자기 자신을 위해서도 다른 누구를 위해서도 일하지 않는 사람이 공적무대에서 사리사욕을 채우는 데 급급하지 않고 공적이익을 추구할 것이라는 신뢰를 기반으로 한다고 볼 수 있다.

하지만 지금은 누구나 일을 하지 않으면 살 수 없는 시대다. 그러니 정치할 사람이 아무도 없는 사회다. 하지만 사람이 사는 한 정치는 멈추지 않는다. 그렇다면 공적활동을 보장받을 수 있는 자유가 실현되는 사회로의 회복이야말로 정치의 가장 중요한 문제가 아닐까. 이 문제에 대한 답을 찾고자 숙고한 이가 정치사상가 한나 아렌트다. 그리고 한나 아렌트는 이런 결론에 다다른다. "자유의 실현은 정치다."

그런데 자유의 실현이란 무엇을 의미하는가? 아렌트는 생각하고 판단하며 그것을 실행에 옮기는 의지를 인간의 기본조건으로 삼으며, 이 모든 것들이 개인의 자유로운 활동으로 수행되어야 한다고 말한다. 본성적으로 자유롭다면, 내외부적인 모든 것들의 강제나 이익에서 벗어나 자유롭게 생각하고 판단하며 행동하는 것이야말로 인간다움의 실현이며, 아리스토텔레스가 말하려는 정치적 인간이라고 본다.

따라서 일을 해야 한다는 구속이 있긴 하나, 현대사회에서 정치적 인간으로서 갖추어야 할 조건은 우선 본성적으로 자유로워야 한다는 것이다. 이것을 기반으로 자유롭게 생각하고 말하는 활동이 갖추어져야 한다. 조건 없이 명령에 따라야 하는 과거와 달리 현대는 공적활동이 의사소통 관계로 구성된다. 이때 자유로운 언어활동은 자기 의견을 표현하는 가장 좋은 방법이 된다.

마지막으로 사적이익을 추구하지 않고 공공의 이익을 도모하고자 하는 것이다. 민의를 대표하는 국회의원을 선출할 때 그 사람이 내게

금전적 이익을 줄 것인가 아닌가를 고민하기보다 공익을 위해 최선을 다하는 사람인지를 고민해야 하는 것이다.

아리스토텔레스는 정치적 인간으로서, 다시 말해 시민으로서 탁월성을 보여주는 것이 좋다고 말한다. 하지만 시민으로서의 탁월함이 반드시 훌륭한 성품과 연결되지는 않는다. 착한 사람이 훌륭한 시민일 수는 있지만, 훌륭한 시민이 착한 사람일 필요는 없다는 것이다. 훌륭한 시민으로서의 탁월함은 자신이 속한 공동체에서 자신의 역할을 충실히 해내는 사람을 가리킨다. 하지만 조건 없이 따르는 것이 시민으로서의 탁월함을 보여주는 것일까?

생각할 권리, 말할 권리

훌륭한 시민으로서의 탁월함은 공동체에서 자신이 맡은 공적삶을 잘 수행하는 것에 있다고 에둘러 말할 수 있다. 공적삶에서의 활동은 곧 자신의 역할을 충실하게 수행하는 것이다. 하지만 그 역할이 무고한 사람을 죽음으로 몰아넣는 일이라면 훌륭한 시민이라 칭찬할 수 있을까? 오히려 훌륭한 시민으로서의 탁월함은 그에 저항하는 것이 아닐까? 침묵하는 것이 아니라 옳고 그름을 판단하여 인간다움을 지켰을 때에 탁월함을 말할 수 있을 것이다.

천부인권설을 운운하며 인권을 말하지만, 그것이 충분하게 지켜진 때는 역사상 그리 많지 않다. 말하기와 글쓰기는 지배계급의 전유물이었다. 지배받는 이들은 자유롭게 말하거나 쓸 수 없었으며, 시키는 대로 하면 되는지라 굳이 생각할 필요도 없었다. 남들과 똑같이 생각하고 같은 말을 반복하는 익명의 무리들, 그 안에 나는 있지만 진짜 나는 없다. 내가 남과 다른 것은 어떤 것에 대해 나만의 생각을 하고 나만의 말

1941년 7월, 독일이 점령한 폴란드의 리 비우에서 속옷이 벗겨진 유대인 여성을 제복 입은 소년들이 쫓고 있다. 인류는 때로 악마와 같은 광기에 휩싸여 왔다. 철학이 필요한 또 하나의 이유다.

을 하기 때문이다. '나'를 드러내는 자유라는 권리가 실현되었을 때 나의 인권은 보장받는다. 이 권리가 무너지는 순간 나도 사라진다.

20세기 초, 사람들은 자기 자신이 사라지는 참혹한 사건을 경험한다. 세계대전 당시 히틀러의 나치즘이 벌인 유대인 학살이 그것이다. 혼란기에 민족주의를 기치로 독일 국민을 통합하기 위한 수단이었던 유대인 학살은, 공동체에서 훌륭한 시민으로서의 탁월함을 발휘하길 바라는 이성적인 사람들을 절망과 비탄 속에 몰고 갔다. 유대인 집단수용소에서는 두 번의 죽음이 있었다. 하나는 무거운 발걸음 끝에 놓인 가스실에 있었으며, 다른 하나는 생각을 억압하고 침묵을 강요하는 비인간적 삶에 있었다.

사람들은 생각할 권리, 판단할 권리, 그리고 말할 권리를 자유롭게 실현할 수 있음을 가벼이 여긴다. 누구나 자유롭게 하지 않느냐고 말이다. 하지만 어느 시대, 어느 곳에서는 자유가 박탈당하고 침묵이 강요되어 실험실의 개가 되었던 사람들이 있었다. 한나 아렌트는 수용소에서 그 삶을 목격했고, 국적 없이 지낸 긴 시간 동안 자유의 소중함을 깨달았다. 사람에게 필요한 것은 돈이나 건강일 수 있지만, 공기처럼 인지하지 못했던 생각하고 판단하며 말할 자유라는 권리도 필요하다.

돌다리도 한 번쯤 두들겨 보자

집단 포로수용소의 강제된 침묵은 단지 그 시대만의 것이 아니다. 지금도 여전히 우리 주변에 그늘을 드리운다. 다양성을 거부하고 획일화된 생각을 강요하며, 체제로부터 벗어나려는 모든 행동을 일탈로 간주한다. 자유는 모든 것을 지켰을 때만 허용되는 특별한 권리가 되고, 나의 인간다움은 색깔 없는 그림자로 남는다. 공동체의 한 일원으로 씩씩하게 산다고 믿었던 하루가 집단수용소의 하루와 별반 다르지 않다. 잃어버린 내 색을 찾으려면 어떻게 해야 할까? 아렌트는 그 질문의 답을 예루살렘의 법정에서 찾고자 했다.

2차 세계대전이 끝난 후 전쟁에 가담했던 많은 사람이 전범재판에 넘겨졌고 그에 따른 처벌을 받았다. 그 가운데 세간의 이목을 끌었던 재판의 당사자가 아돌프 아이히만이다. 그는 나치 장교로 유대인 말살 정책 시행 당시 유럽 전역에 퍼져 있던 유대인들을 집단수용소로 이송하는 실무를 담당했다. 전쟁이 끝난 후 아르헨티나에 숨어 살다가 이스라엘 비밀경찰에게 체포되어 예루살렘으로 이송되었다. 뉘른베르크가 아닌 유대민족의 심장인 예루살렘에서 진행된 재판에 아렌트는 한 신문사의 객원기자로 참여하여 취재하는 과정에서 예상치 못한 상황과 만나게 된다.

극악무도한 반인륜적 사건의 담당자였던 아이히만이 유죄로 사형을 당하는 것은 당연한 결과였다. 자신의 죄를 뉘우치고 용서를 비는 그의 모습을 상상하는 것도 어렵지 않았다. 하지만 그는 자신이 한 일이 어떤 결과를 가져올지, 얼마나 많은 사람이 고통 속에 괴로워할지를 염두에 두지 않았다. 그의 행동을 결정한 기준은 이것이다. '히틀러처럼 출세하리라. 상부의 명령에 절대복종을 하는 것만이 나를 위하는 길이다.' 그래서 아이히만은 자신의 행동은 신 앞에서는 유죄일지라도 법 앞에서는 무죄라고 주장했다.

그 낯선 모습과 대면한 아렌트는 심사숙고 끝에 그의 범죄성은 실제 사건에도 그 원인이 있지만, '사유의 불능성', 그중에서도 다른 사람을 생각하지 않고 자기표현을 하지 못하는 무능력함에 있다고 결론을 내린다. 그리고 생각하고 말하는 데 무능력해진다면, 아이히만뿐만 아니라 누구나 예외 없이 악인이 될 수 있다고 경고한다. 악은 태어날 때부터 특별한 악인이 저지르는 행동이 아니라 누구나 가진 평범한 것이라는, 그래서 우리 마음에 아이히만을 하나쯤 가지고 있다는 내용을 담은 『예루살렘의 아이히만(*Eichmann in*

예루살렘 전범재판에서 아이히만의 모습. 유대인을 포로수용소 열차로 보내는 책임자였던 아이히만은 1960년 숨어 살던 아르헨티나에서 이스라엘의 정보기관 모사드에 의해 체포되어 1961년 이스라엘의 예루살렘에서 열린 전범재판에 회부되었다.

Jerusalem)』은 당시 수많은 논쟁을 불러일으켰다.

내가 아이히만이라고? 파리 한 마리 잡지 못하는 내가 단지 멍 좀 때린다고 그런 심한 말을 하다니. 벌컥 화를 낼 수도 있다. 하지만 집단 수용소를 탈출해 오랜 망명생활을 했던 유대인 정치사상가 아렌트가 그런 답을 내놓았다면, 생각하고 말하는 자유로움이 얼마나 가치 있는 것인지 한번 생각해 볼 필요는 있을 듯하다.

자유롭게 생각하고 판단하며 표현하는 것이 인간의 조건이라는 아렌트의 의견에 동의하지 않더라도, 자신이 하는 일이 어떤 결과를 초래할지 심사숙고해야 하는 것은 당연하다. 자기 입장만이 아니라 다른 사람의 입장에서도 생각하는 역지사지의 태도를 보인다면, 그 결과가 나쁠지라도 후회가 남지는 않을 것이다.

유대인 학살의 실무자였던 아이히만이 심사숙고와 역지사지를 알았다면 역사는 조금 달라지지 않았을까? 적어도 법정에서 뉘우침 없이 당당하게 자신이 무죄라고 주장하긴 어렵지 않았을까. 아무리 튼튼한 돌다리도 두드려 보고 건너라는 속담이 있다. 우리 안의 아이히만에 저항하기 위해 돌다리를 두드리는 시간이 아깝지는 않을 것이다.

함께 보면 좋은 고전

한나 아렌트, 『예루살렘의 아이히만』, 김선욱 옮김, 한길사, 2006.

이스라엘의 예루살렘에서 열린 아돌프 아이히만의 전범재판에 신문사의 객원기자로 참관하여 재판 과정을 기록한 책이다. 재판에 임한 아이히만을 통해 객관적 사실 분석과 함께 생각하고 말하는 데 무능력하다면, 누구나 아이히만처럼 악을 저지를 수 있다는 '악의 평범성(the banality of evil)'이란 개념을 제시하여 숱한 논쟁을 불러일으켰다.

만일 내가 알고 있다고 생각한다면 굳이 물음을 던지는 일도 없을 것이다. 그런데 더 이상의 물음이 없다면 더 이상의 배움도 없는 것이다. 돌봄로봇, 슈퍼컴퓨터, 자율주행 자동차, 인공지능이 상용화되는 미래가 성큼 다가온 4차 산업혁명 시대, 과학기술 만능 시대, 그리고 팬데믹 시대, 우리에게 필요한 철학은 어떤 모습일까?

3장

철학하는 삶이란?

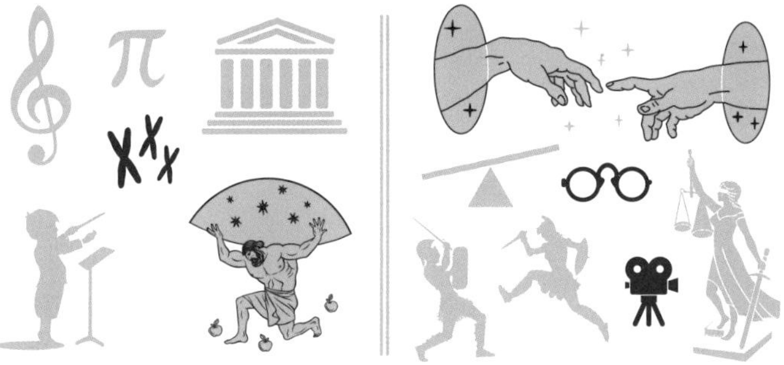

김숙 | 영화 이론과 실천에 관심이 많은 영화철학자이다. 홍익대학교 미학과에서 석사, 이화여자대학교에서 철학 박사학위를 취득했다. 중앙대학교 첨단영상대학원 전임연구원으로 일했고 〈영화제작소 장산곶매〉 다큐멘터리를 프로듀싱했다.

1

철학이란 무엇인가?

철학하는 삶

"철학하는 삶이란 무엇인가?"

철학을 전공한 나로서도 쉽게 대답하기 어려운 질문이다. 철학이 무엇이기에 사람들은 철학을 '하는' 것일까? 우리가 철학을 하고, 철학하는 삶을 꾸려나가면 자연스럽게 철학이 '있는' 사람이 되는 걸까? 철학을 하지 않는 삶과 철학을 하는 삶 사이에 차이가 있는 것일까? 만일 차이가 있다면, 어떤 차이가 있을까? 이 궁금증을 해소할 수 있는 조그마한 실마리라도 선사하고자 한다.

철학을 한다는 것

'철학을 한다'는 것은 관조, 성찰, 소통과 같은 합당한 태도로 어떤 사안의 이치를 따지고 이유를 헤아려 보는 탐구방식을 통해 인간이 품는 근원적인 의문들에 대한 답을 찾아보고자 하는 과정이다. 과학은 이런 근본적인 물음에 대한 답을 찾기 위해 철학과는 다른 방법론을 택하고,

종교는 합리적인 이성이나 논리보다는 의심 없는 믿음과 신앙의 힘을 강조한다. 하지만 철학은 과학이나 종교에 대해서도 그 정체가 무엇인지 되물으며 탐구하고, 마찬가지 자세로 스스로에 대해서도 되묻는다.

보통 철학 공부를 시작할 때 유명 학자들이 쓴 철학사부터 읽기 시작한다. 철학의 역사를 살펴보면 중요하게 취급된 개념과 주제들이 무엇인지, 그에 대한 철학자들의 입장이 무엇인지 확인해 볼 수 있기 때문이다.

철학사는 종종 대립되는 주장들의 열띤 논쟁으로 역동적인 장면을 연출하고, 이런 입장들이 대결을 벌이는 경기장에서 어떤 한 입장이 주도권을 갖게 되면, 그 시대를 사는 인간 삶의 맥락도 그 주도적인 입장의 영향 아래 놓이게 된다. 오늘날은 컴퓨터, 인공지능, 신경과학이 비약적으로 발달하고 있고, 철학적으로도 일원론적 유물론이 주도적인 입장을 차지하고 있다.

최초의 철학자부터 현대 철학까지

기원전 6세기 무렵 고대 그리스의 탈레스는 세상의 모든 것이 무엇으로부터 만들어진 것인지 묻는 근원적인 물음을 제기했다. '만물의 근원은 무엇인가?' 이런 물음에 대해서는 누구나 동의할 수 있는 보편적이고 타당한 답을 찾아내기가 어렵다. 역사는 그를 '최초의 철학자'라고도 한다. 탈레스의 뒤를 이어 만물의 근원에 대해 각기 다른 이유와 근거를 대면서 다양한 답을 제시하는 이들이 등장했다. 이들이 바로 고대 서양의 자연철학자들이다. 그리고 시간이 더 지나서는 좀 더 추상적으로, 왜 이 세상은 없지 않고 있는지, 어떤 것이 실재한다는 것은 무엇인지 묻기 시작하는 철학자들이 등장했다.

라파엘로의 〈아테네 학당〉 중 일부. 고대 그리스의 철학자부터 천문학자, 수학자 등의 모습이 표현되어 있다. 그림 중앙에서 플라톤(왼쪽)은 손으로 하늘을 가리키고, 아리스토텔레스(오른쪽)는 땅을 가리키고 있다.

고대 그리스 철학자들을 소재로 한 라파엘로 산치오의 그림 〈아테네 학당〉은 손가락으로 하늘을 가리키는 플라톤과 땅을 가리키는 아리스토텔레스를 화면 중앙에 배치하고 있다. 플라톤은 참으로 실재하는 것은 현실 너머의 '이데아'라고 보았다. 아리스토텔레스는 플라톤의 제자였지만, 실재하는 것이 무엇이냐는 근원적인 물음에 대해 정반대의 답을 내놓았다. 참으로 실재하는 것이 현실 속에 '실체'로서 존재한다고 본 것이다. 또 이렇게 어떤 한 입장을 단정적으로 주장하는 철학적 태도에 비판적인 철학적 회의주의자들도 등장했다.

어떤 '철학하는 삶'도 자신이 사는 세상에 뿌리를 두고 있다. 철학은 고대 그리스에서 이와 같이 번성했지만, 기원후 4세기부터 14세기까지 중세 천 년 동안은 기독교가 서양 사회를 지배했고, 그 시대의 많은 철학자들은 신의 존재를 증명하는 데 몰두했다. 신 중심의 사유방식에서 인간 중심의 사유방식으로 관점이 바뀌는 것은 14~16세기 르네상스 시기가 지나서다. 17세기에 접어들면 과학적 방법을 통해 자연현상을 수학적으로 설명하는 데에서 크고 작은 성과들이 나오기 시작했다. 무시무시한 종교재판으로도 갈릴레이의 "그래도 지구는 돈다."는 관찰과 이론적 증거가 뒷받침된 당당한 과학적 발언을 막을 수는 없었던 것이다.

르네상스를 지나 근대가 시작되는 시점, 프랑스 철학자 데카르트는 기독교 신앙과 아리스토텔레스 철학을 결합하여 중세 철학을 새로운 체계로 대체하고자 했다. 그는 모든 자연현상을 신이 확립한 법칙에 따른 기계적 운동으로 설명하고, 근대 과학의 발달에 안정적인 철학적 기초를 제공했다.

데카르트는 인간을 신적인 정신과 기계적인 신체가 상호작용하는 존재로 보았다. 신이 인간에게 자연을 과학적으로 탐구하고 기술적으로 이용할 권한을 위임했다는 것이다. 그러니 인간 이외 자연의 일부일 뿐인 동물은 그저 탐구와 이용의 대상일 뿐이라고 보았다. 예를 들어 데카르트는 동물은 '자동기계'에 불과하다고 간주하고, 동물들이 생체해부를 당할 때 보이는 고통스런 반응들은 진정한 고통이 아니라 그저 반사적인 동작에 불과하다고 보았다.

프랑스 작가이자 철학가 볼테르(본명 프랑수아 마리 아루에)는 우정에서 개가 인간보다도 뛰어난데, 이런 개를 감정이 없다고 여기면서 생체해부 실험을 하는 것에 강하게 반대했다. 오늘날에도 과학과 의학적 탐구라는 명목으로 동물 생체해부 실험은 계속되고 있다.

우리가 지금 고민해야 하는 것

현대사회에서는 철학을 고리타분하고 한가롭고 배부른 소리를 하는 것처럼 취급하는 태도가 만연하다. 그러나 인간의 건강과 생명 연장을 위해 동물 생체해부 실험이 여전히 계속되고 있는 것은, 현대사회가 여전히 데카르트주의 철학의 영향권에 있음을 웅변하는 셈이다.

첨단 과학기술의 발달속도는 상상을 뛰어넘는다. 자고 일어나면 또 뭔가 새로운 제품(그리고 무기들)이 세상에 나온다. 이런 비약적인 과학기술 발달의 성과물들은 인간 생활에 편리함과 안락함을 돕는 도구를 제공하는 것을 넘어, 먼 조상으로부터 물려받아 온 사고방식과 삶의 태도의 변화를 요구하며 압박하고 있다.

문제는 삶의 양식을 바꾸도록 압박하는 이런 급격한 변화들이 결국 우리를 어디로 이끌고 가는지 알 수 없다는 것이다. 또한 자신이 믿는 종교의 이름으로 다른 종교를 배격하고 탄압하는 광기 어린 맹목적 믿음은 종교분쟁과 갈등을 유발하고 있다. 인간 스스로가 제기하는 근원적인 물음과 마주하여, 철학과는 다른 방법론을 택한 과학기술이나 다른 태도를 택한 종교나, 모두 인간 사회를 불안에 떨게 만들고 있다. 이 지점에서 "우리가 진정으로 소중하게 생각해야 할 근원적인 가치와 원리들이 무엇인지 진지하게 되돌아보게 만드는" 철학의 역할이 빛을 발한다. "철학이야말로 바로 그러한 가치와 원리들을 가장 근본적인 차원에서 가장 철저한 방식으로 탐구해 온 학문"이기 때문이다(석기용, 『철학』, '철학의 가치', 9쪽).

조상 대대로 물려받아 온 것들 중에는 시대착오적이거나 고리타분해 보이는 것도 분명 있다. 하지만 인간의 삶과 사회에 도움이 되는 근본적인 지혜나 잃어버릴 수 없는 가치와 맞닿아 있는 것들도 많다. 이런 것들을 그저 옛것으로 치부하고, 오직 엄청난 속도로 혁혁한 성과를 올리고 있는 과학기술이나, 묻지도 따지지도 않는 맹목적인 종교적 신앙에만 매몰되는 자승자박은 자신이 사용하는 칼로 스스로를 베는 결과를 낳게 될 수 있다.

시대가 변하고 인간 사회의 삶의 양식이 바뀜에 따라 과거에 없었거나, 보이지 않던 새롭게 생각하는 방법의 논리적인 가능성이 등장한다. 예를 들어 사진과 영화가 발명됨으로써 이미지가 무엇이고, 언어와 이미지 사이의 관계가 무엇인지, 다중성을 갖는 기계 복제가 무엇인지 등에 대해 새롭게 사유할 가능성이 제기된 것처럼 말이다. 또한 컴퓨터가 발명되고 인공지능과 신경과학이 발달함으로써 계산기능과 지능이 무엇인지, 인간이 무엇인지를 새롭게 사유할 가능성이 대두된 것처럼 말이다.

철학의 문제들은 오래된 것이지만, 그 문제들을 다루는 방식은 늘 새롭게 바뀌어 왔다. 이런 점에서 철학을 과거에 속한 학문으로 단정 지을 수 없다.

참고 도서
팀 크레인(데이비드 파피뉴 외), 『철학: 더 나은 삶을 위한 사유의 기술』, 강유원 옮김, 유토피아, 2008.
석기용, 『철학』, 유토피아, 2008.

2

4차 산업혁명 시대, 사람은 무엇으로 사는가?

사람은 어떤 다른 동물보다도 탄생 이후 따뜻한 보살핌이 오래도록 필요하다. 망아지는 태어나자마자 혼자 힘으로 바로 설 수 있지만, 인간 아기는 오랜 기간 동안 보살핌을 받아야 살 수가 있다. 사회적 존재인 인간은 어른이 되어서도 관계를 맺는 것을 지향하고 관계 속에서 만족을 느낀다. 관계가 단절되고 소통할 상대가 없으면 심신에 문제가 생기기 시작한다. 더군다나 늙어 나이를 먹게 되면 몸을 운신하기가 어렵고 보살핌이 필요한 존재가 된다.

우리는 어떻게 살아가는가?

레프 톨스토이는 단편소설 〈사람은 무엇으로 사는가〉에서 인간을 살게 하는 것은 따뜻한 사랑과 배려, 보살핌임을 강조한다. 이 이야기에서 신은 천사에게 인간 세상에 내려가 세 가지 물음에 답을 찾아올 것을 명령한다.

러시아 화가 일리야 레핀이 그린 톨스토이의 이야기에 대한 삽화(1882). 톨스토이의 단편소설 〈사람은 무엇으로 사는가〉는 인간이 어떻게 살아야 하는지에 대한 원초적 물음을 던진다.

1. 인간의 안에는 무엇이 있는가?
2. 인간에게 허락되지 않은 것은 무엇인가?
3. 인간은 무엇으로 사는가?

날개를 제거당하고 지상으로 추락해서 벌거벗은 채로 떨고 있던 천사는, 한 늙은 부부를 만나 그들의 집에 머물면서 신이 내린 문제에 대한 답을 찾을 날을 기다린다. 톨스토이는 천사가 찾아낸 답이 다음의 세 가지라고 썼다.

1. 인간의 안에는 사랑이 있다.
2. 인간에게는 자신에게 무엇이 필요한지에 대한 앎이 허락되지 않는다.
3. 인간은 자기 스스로를 살피는 마음에 의해서가 아니라 다른 사람들의 돌봄과 사랑으로 사는 존재다.

톨스토이의 이야기에서는 인간의 '안'에 간단히 '사랑'이 있다고 하는데, 이 '사랑'은 인간의 긍정적인 심성을 대표하는 이름이다. 인간이 자기 심신을 돌보는 것만으로 오롯이 살 수 있다고 여기는 것은 착각일 뿐이다. 사실은 사랑에 의해 살아가는 것이며, 사랑과 삶은 불가분의 관계다. 사랑은 형제애(Brotherhood), 박애, 자비, 어질음(仁)이라 일컬어지는 것이다.

사람과 사람 사이

공자의 사상에서도 삶의 이상(理想)이 추상적인 관념이 아니라, 동료의 복리를 위하는 심오한 관심이 스며들어 있는 수양된 마음임을 강조한다. 이런 이상이 공자의 인(仁) 개념에 구현되어 있다. '인'이라는 글자는 사람(人)과 둘(二)이라는 글자로 이루어져 있는데, 다른 사람과의 상관관계를 강조하는 글자임을 알 수 있다.

안연과 자로가 공자와 함께 있었는데, 공자가 "각자의 소망을 말하여 보라."라고 하였다. 자로가 말하였다. "수레와 말과 가벼운 갓옷을 친구와 함께 쓰다가 해어지더라도 유감이 없고자 합니다." 안연이 말하였다. "자신의 능력을 자랑함이 없으며, 공로를 과시함이 없고자 합니다." 자로가 "선생님의 뜻을 알고자 합니다."라고 하자, 공자가 "늙은 이를 편하게 해주고, 친구에게는 미덥게 해주며, 젊은이를 감싸고자 한다."고 하였다. _『논어』, 공야장 편, '공자와 제자들의 소망' 중에서

공자의 '인' 원리는 본질적으로 인간과 인간의 관계에 관한 것이다. 실천적인 것이고 실천 가능한 도덕체계이며, 어떤 형이상학적이고 초자연적인 것의 도움 없이도 이해할 수 있는 것이다. 사람은 개별적으로 살 수 없고 타인과 관계를 가져야만 하며, 이를 위해서는 언어와 행위를 규제하는 규칙들을 따라야만 한다. 그래서 '인'은 공자의 사유체계 안에서 예(禮)라는 다른 중요한 개념이 된다. 공자에게 '예'는 극단을 피하는 삶의 방식과 이성과 감정이 조화를 이룬 상태로 이끄는 일종의 '행위의 평형 바퀴'다.

기독교의 형제애나 동양철학의 인 사상, 불교의 자비심 모두가 공동체와 사회에서 서로 다른 사람들이 각자의 차이를 인정하면서 더불어 사는 어울림을 강조한다. 사람의 마음에는 사랑이 있고, 사람은 자신이 정작 필요한 것이 무엇인지 모르는 유한한 존재이며, 사랑으로 살아가는 존재이기 때문이다.

로봇은 인간을 대신하게 될까?

80대 중반인 나의 어머니는 텔레비전을 볼 때마다 세상 참 좋아졌다고 하신다. 어머니의 어머니 세대가 소일거리를 찾아 긴긴 밤을 화롯불 주위에 둘러앉아서 이야기를 나누며 시간을 보내던 옛날에 비하면 정말 편하고 좋아졌다는 것이다. 하지만 자식들은 각기 모두 제 할 일에 바

쁘고, 어머니는 많은 시간을 혼자서 리모컨을 누르며 텔레비전으로 소일한다. 가까운 친지나 친구들과 밤새 속닥거리며 이야기를 나누던 삶보다 더 편해지긴 했는데, 더 좋아진 것인지는 잘 모르겠다.

우리는 스마트폰으로 걸어 다니면서 영상통화를 하고, 스마트워치로 영화와 텔레비전을 볼 수 있도록 조정하는 것이 익숙한 세상에 살고 있다. 어렸을 때 만화에서나 보던 장면들이 현실이 되었다. 이제 수첩에 정리해 둔 전화번호부는 물론 지도, 시계를 따로 챙길 필요가 없어졌다. 백과사전과 외국어사전, 메모지, 사진기도 스마트폰에 모두 들어있다. 이쯤 되면 SF영화에서 보여주던 슈퍼컴퓨터, 자율주행 자동차, 도우미로봇, 돌봄로봇, 로봇경찰 같은 것이 상용화될 미래가 멀지 않았으리라 짐작하는 것도 무리가 아니다.

4차 산업혁명 시대를 맞아 사람의 말을 알아듣고 반응하며 사용자 특성에 맞추어 다양한 서비스를 제공하는 감정인식로봇까지 등장했다고 한다. 양로원이나 요양원의 노인들은 스스로 몸을 가눌 수 없게 되었을 때, 로봇이 목욕을 시켜주거나 침대에서 들어 올려 이동시켜 주는 것에 더 만족스러워한다고 한다. 로봇에게 도움을 받는 것이 덜 수치스럽고 더 독립적인 느낌을 준다는 이유에서다.

영화 〈캐스트 어웨이〉에는 조난을 당해서 무인도에서 구조를 기다리는 인물 척이 나온다. 척은 사람이라고는 찾아볼 수 없는 절박하게 외로운 상황에서 구조될 날을 기다리는데, 배구공을 '윌슨'이라고 부르며 마치 사람인 양 말을 걸고 의지한다. 이처럼 배구공에도 감정이입을 하는데, 반려로봇이나 돌봄로봇이 호감을 주는 외모와 마치 내 말을 알아듣는 것처럼 마음을 읽는 능력까지 갖추게 되면 얼마나 더 애착을 느끼겠는가?

생텍쥐페리의 『어린 왕자』에서는 어린 왕자와 여우, 장미의 관계를 통해 서로가 서로에게 '길들여진다는 것'이 무엇인지에 대해 이야기한다.

폭발물 탐지와 해체 임무를 위해 만들어진 군사용 로봇에 병사들이 각별한 애착을 느끼는 것도 같은 맥락이다. 병사들은 자신의 목숨을 여러 번 구해주고 망가진 로봇에 각별한 애착을 느끼고, 다른 로봇으로 교체하지 말고 그냥 수리해 주기를 간청한다고 한다.

생텍쥐페리의 『어린 왕자』에서 여우가 어린 왕자에게 "너의 장미꽃을 그렇게 소중하게 만든 것은 네가 그 꽃에 들인 시간."이라고 알려주었듯, 비록 목숨을 구해주거나 만족스러운 돌봄 서비스를 제공해 주지 않았더라도 내 곁에 머물면서 함께 보낸 시간들이 그 대상에 애착하게 만든다.

그런데 톨스토이의 『사람은 무엇으로 사는가』에서 천사가 신에게 해답을 찾아오라는 벌을 받은 이유는, 인간에 대해 잘 알지도 못하면서 어설프게 도움을 준다고 오지랖을 부렸다가 일이 꼬이게 만들었기 때문이다. 마찬가지로 필요에 따른 로봇의 사용은 도움이 되지만, 인간의 정서적 삶에 적극적으로 개입하는 로봇이 상용화될 때 사람들 간의 관계는 어떻게 변하게 될까? 그것이 인간관계에 어떤 영향을 미칠지 알지 못한 채 도입되는 것이 문제다. 게다가 내 돈 주고 사서 사용하겠다는 것을 통제할 근거도 현재로서는 없는 것 같다. 하지만 반려로봇의 상용화는 요즘 사람들이 서로 무인도에 외따로 떨어진 것처럼 느끼고 있다는 의미이기도 하다. 배구공 윌슨에게 말을 걸고 정을 주는 척과 같은 심리 상태를 겪는 상황이 점점 만연해지고 있는 것이다.

참고 도서 및 영화

레프 톨스토이, 『사람은 무엇으로 사는가』, 윤새라 옮김, 열린책들, 2014.
로버트 저메키스, 〈캐스트 어웨이〉, 2001.

3

과학기술 만능 시대,
주객전도 현상이 만연해지다

일본 산업기술총합연구소(AIST)가 만들어 보급한 물범 모양의 로봇 파로(Paro)는 치매나 자폐증 환자의 치유를 돕는 반려로봇이다. 쓰다듬거나 목소리를 들려주면 반응하도록 설계되었다. 눈을 깜박이고 턱을 긁어주면 고개를 들고 부르는 소리에 반응하여 쳐다보기까지 한다. 임상적 효과가 입증되어 2002년 기네스북에 세계 최초의 심리치료로봇으로 등재되었다. 정신질환 때문에 말을 잃었던 아이가 이 반려로봇과 함께하면서 말문을 열었다고도 한다. 애완동물과 달리 알레르기 반응에 따른 거부감도 없고, 필요할 때면 언제나 투입할 수 있다는 장점도 있어서 비싸지만 인기가 좋다고 한다.

그런데 반려로봇의 등장은 예상치 못한 문제를 제기했다. 서비스를 제공받은 사람들이 기계장치에 불과한 로봇에 애착을 느끼고 감정이입을 하게 된 것이다. 정작 현실 속의 진짜 인간관계는 사막의 모래알처럼 건조하게 말라가고 거리가 벌어질지라도 말이다.

프로그램에 빠져드는 사람들

로봇은 점점 더 완벽하게 사람을 모방하고, 사람 같은 감정을 지닌 것처럼 작동하게끔 개발되고 있다. 레이먼드 커즈와일 같은 인공지능 연구자는 가까운 미래에 '기술적 특이점[1]이 올 것'이라고 예측한다. 사람과 구별하기 어려운 인공지능이 등장할 것이며, 이런 인공지능로봇을 의식을 가진 존재로 간주해야 할 것이라고 주장한다. 하지만 로봇이 감정을 갖거나 정서적 표현능력을 갖추었다고 말하는 것은 난센스다. 로봇의 내부에서는 아무런 감정적 변화도 일어나지 않는데, 그저 사람이 로봇에게 그런 감정이 있다고 믿고, 설계된 대로 작동하는 방식에 영향을 받는 것뿐이다. 로봇이 내 마음에 쏙 들게끔 작동하고 적절하게 반응하는 까닭에 마치 내가 이해받는다는 느낌이 드는 것이며, 이는 내 마음에서 일어나는 현상일 뿐이다.

컴퓨터 공학자 조지프 와이젠바움은 1966년 '일라이자'라는 컴퓨터 심리상담 프로그램을 개발했다. 그는 일라이자가 그저 적당하게 반응하고 공감하는 시늉만 할 뿐인데, 상담받는 사람들이 그 프로그램에 빠져들고 진지한 관계를 맺으려는 것을 보고 큰 충격을 받았다. 그는 기계가 사람을 기만(?)하여 사람들로 하여금 교감(?)을 느끼게 하는 상황에 대해 고민하고, 이후 정보화기술과 인공지능의 주요 비판자로 나서게 된다.

와이젠바움과 함께 일라이자에 대한 사람들의 반응을 관찰했던 과학자 셰리 터클은 기계나 로봇과의 관계에 빠져드는 사람들의 태도와

---

1 기술적 특이점(technologicla singularity)은 IT기술 발전이 가속화하여 인류의 지성을 합친 것보다 더 뛰어난 초인공 지능이 등장하는 시점을 의미한다.

심리를 연구하여 『외로워지는 사람들: 테크놀로지가 인간관계를 조정한다』라는 책을 출간했다. 터클은 인터넷이나 로봇을 통해 형성되는 유대감은 서로를 결속시키는 것이라기보다 정신이 팔리게 만드는 연결일 뿐이라고 주장한다. 문제는 로봇이 아니라 사람의 태도이고, 사람들이 다른 사람과 대화하기를 기피하는 것이 더 근본적인 이유라는 것이다.

사실 오해나 실망 없이 만족스런 인간관계를 유지하는 데는 많은 노력과 섬세한 정성이 필요하다. 현대사회에는 서로 고립되어 다른 사람에게 시간과 마음을 쓸 여유가 없는 사람들이 늘어나고 있다. 터클은 일라이자 프로그램에 빠져든 이들은 일라이자를 좋아하면서 감정적으로 무겁고 버거운 짐을 덜고 진짜 인간관계에서 벗어날 수 있다는 환상에 빠졌고, 이런 환상은 주위 사람들을 믿지 못하는 마음에서 비롯되었다고 말한다.

영화 〈그녀〉에서 주인공 시어도어는 감정을 연기하도록 설계되었을 뿐인 프로그램 '사만다'와 마치 사람과 통화하듯 대화를 주고받다가 사랑에 빠지게 된다. 사랑에 빠지는 것이 대개는 상대방을 사랑한다기보다 자기 자신 속의 심리적 심연에 빠지는 경우가 많기는 하다. 그런데 프로그램인 사만다는 시어도어와 통화 중일 때 동시에 8316명과 통화 중이며, 그중 641명과 시어도어처럼 사랑에 빠져 있음을 밝힌다.

동시 연애 중인 641명 중에서 1명이라니, 가두리 양식장에서 관리되는 물고기의 처지와 다를 것이 무언가? 만일 주인공 시어도어가 사만다와의 통화가 가두리 양식장 식으로 설계되고 운영되는 프로그램임을 미리 자각하고 있었다면, 그녀에게 사랑의 감정을 느꼈을까?

소설이나 영화를 볼 때, 우리는 허구인 줄 알면서도 캐릭터에 감정

연구결과 사람들은 반려로봇에 애착을 느끼고 감정이입을 한다. 인간이 진정 인간다워지는 속성은 무엇일까?

이입을 하며 울고 웃는다(무인도에 표류한 고독한 사내가 배구공인 줄 모르고 '윌슨'이라고 부르며 애착을 쏟은 것이 아닌 것처럼). 미학에서 '허구의 역설'이라고 불리는 지극히 인간적인 현상이다. 이런 감정은 진짜 감정이라기보다는 '의사-감정'에 빠지는 경우라고 봐야 할 것이다. 역설과 아이러니한 상황에 빠지는 것은 인간에게는 다반사다.

사람 같아지는 로봇, 로봇 같아지는 사람

사교와 돌봄 기능을 대신할 반려로봇은 우리가 사람과의 관계에서 피하기 어려운 정서적 부담을 회피할 방도를 제공한다. 반려로봇 같은 감성형 로봇은 관계에서 타자와 상호주관적인 영향을 주고받는 관계방식을 택할 것인가, 아니면 모든 것을 내가 통제하면서 원하는 감정만을 누리는 새로운 관계방식을 택할 것인가라는 물음을 던진다. 하지만 이런 새로운 관계방식에서 경험하게 되는 감정은 의사-감정일 뿐이며,

로봇과의 관계는 겉보기에는 교감처럼 보이지만, 사실은 상호교류가 없고 의무도 없는 제품 사용 관계일 뿐이다.

돌보는 일을 로봇에게 위임하게 되면, 그 일을 맡긴 사람에게도 불가피하게 변화가 일어난다. 다른 사람을 보살피고 돌보는 일을 내려놓는 것은 인류의 오랜 삶의 방식과 의무를 내려놓는 것이다. 공감과 돌봄은 힘들고 수고롭지만, 우리가 진정 인간다워지는 본질적인 속성이다. 이런 돌봄의 짐을 로봇에게 위임하고 자유로워진다면, 원래 인간이 가지고 있던 진정한 공감과 감정이입 능력을 상실할 수 있다. 로봇은 점점 인간 같아지는데, 인간은 점점 로봇 같아질 수 있다. 영화 〈블레이드 러너〉에서처럼.

고민할 필요도 없던 문제들이 발생하다

결국 우리의 판단과 결정을 로봇과 인공지능에 위임하게 되는 상황에서 발생하는 문제가 기술보다 더 어려운 문제다. 자율주행 무인자동차의 예를 들어보자. 무인자동차가 상용화되면, 혼잡한 도로에서 사방의 교통신호와 차선에 신경을 곤두세우며 피곤하게 운전할 필요가 없어질 것이다. 하지만 더 이상 운전자가 자동차를 운전할 때 느끼는 주도권과 자유로움을 만끽할 수는 없을 것이다.

또한 사고가 발생했을 경우 운전자, 자동차 제조사, 부품업체, 소프트웨어 업체, 지도 서비스 업체, 통신 서비스 업체 등이 연루된 복잡한 논란으로 이어질 수 있다. 운전자의 통제 아래서 운행되었을 경우에는 그저 개별적 사고일 뿐이던 것이 시스템과 소프트웨어가 맞물려 있는 구조적 사고가 되어버리기 때문이다. 더군다나 우리가 운전하다가 사고를 냈을 경우 의도한 것이 아니라 몰랐거나 우연이나 실수였을 경우정상 참작의 여지가 있지만, 로봇과 인공지능에 운행을 위임했을 경우에는 이런 여지가 없어진다. 따라서 자율주행 자동차 상용화를 위해서는 다양한 상황에 대한 연구와 대응 방안, 사회적 합의가 널리 형성되어야 한다. 도로교통 관련 법규 제정도 필요하다. 자율주행 자동차가 상용화되지 않는다면 고민할 필요도 없던 골치 아픈 문제들이 줄줄이 생기는 것이다.

이 지점에서 왜 우리가 각 운전자의 통제에 맡겨 개별적 책임을 지게끔 할 수 있는 우연과 무작위의 여백이 있는 세계, 즉 '자연세계'를 벗어나서 필연과 작위의 '인공세계'로 반드시 들어가야만 하는지 의문이 생길 수밖에 없다.

참고 도서 및 영화

구본권, 『로봇 시대, 인간의 일』, 어크로스, 2015.

스파이크 존즈, 〈그녀〉, 2013.

4

팬데믹 시대, '나는 누구인가'라는 물음

2020년 봄, 세계보건기구(WHO)는 코로나-19의 팬데믹[2]을 선언했다. 조금만 지나면 일상으로 복귀하겠거니 했지만, 질병관리청은 코로나 19 이전 세상으로 돌아가기는 어려울 것이라는 진단을 내놓았다. 어째서 이런 일이 벌어진 것일까? 전문가들은 화석연료 과용과 마구잡이 개발로 인한 생태계 교란, 지구환경 변화를 공통 원인으로 들기도 한다.

팬데믹이 일어나기 3년 전인 2017년, 인도의 환경운동가 반다나 시바는 이제 인간이 지구의 몸살을 경험하며, 모두가 평등하게 고통을 경험하는 시간을 겪게 될 것이라고 예견했다. 제레미 리프킨은 팬데믹의 발생이 기후 변화와 생태계 파괴로 서식지를 잃은 생물이 대대적인 이주를 하고 있는 증거라고 주장했고, 닉 보스트롬은 핵무기 개발, 이윤

2 팬데믹(Pandemic)은 세계보건기구가 선포하는 감염병 최고 경고 등급이다. 세계적으로 감염병이 크게 퍼지는 상태를 말한다.

추구로 가속화하는 과학기술 연구 속에 대재앙을 부를 위험이 도사리고 있었다고 했다. 유발 하라리는 일상적인 규칙들이 중단되고 불가능이 일상이 되어버린 이 시간을 역사적인 변화의 연결고리를 건너는 시간으로 보고, 이미 한참 전에 했어야 할 개혁들을 감행하고, 불의한 구조들을 바로잡을 수 있는 시간이라고 진단했다(안희경, 〈7인의 석학에게 지속가능한 미래를 묻다: 오늘부터의 세계〉, 경향신문, 2020. 6. 25.).

우리의 정원은 우리가 가꾸어야 한다

독일의 17세기 합리주의 철학자 라이프니츠는 신이 무한히 많은 '가능세계' 중에서 특별히 지금 여기의 우리 세계를 창조하기로 선택한 것이라고 보았다. 또한 신이 다른 세계가 아니라 바로 이 세계를 창조한 데는 반드시 이유가 있을 것이라고 생각했다. 아울러 지금의 이 세계가 모든 가능한 세계 중에서 최선이라고 믿었다. 라이프니츠 철학에서 신은 완전무결한 존재다. 만약 지금의 이 세계가 모든 가능한 세계 중 최선이 아니라면, 그것을 존재하게 한 신의 완벽한 신성이 훼손되는 것이니, 지금의 이 세계가 최선의 세계일 수밖에 없다는 것이다.

1755년에 포르투갈 리스본에서 끔찍한 지진이 발생하여 수천 명이 목숨을 잃었다. 볼테르는 『캉디드』(1759)에서 '팡글로스'라는 허구적 인물을 내세워서 이 세계가 모든 가능 세계 중에서 최선의 세계라고 말하는 라이프니츠 철학 이면의 종교적 낙관주의를 비판했다. 신이 전지전능하고 선한다면 왜 이 세계에서 리스본 지진과 같은 끔찍한 일이 벌어지고, 고통과 악이 판을 치는가? 완전무결하고 선한 신에 대한 종교적 믿음과 고통과 악의 문제는 양립 가능한 것인가? 볼테르는 라이프니츠가 철학적 독단으로 이 세계가 최선의 세계일 충분한 이유가 있

1755년 리스본 지진으로 폐허가 된 항구. 배들을 압도하는 불길과 쓰나미가 보인다. 볼테르는 『캉디드』에서 라이프니츠의 철학적 독단을 비판하며, "우리의 정원은 우리가 가꾸어야 한다."고 강조한다.

을 것이라는 어이없을 정도로 태평한 태도를 보여준다는 점을 노골적으로 비판한 것이다.

볼테르는 "우리의 정원은 우리가 가꾸어야 한다."라는 모토로 『캉디드』를 마무리한다. 그렇다고 볼테르가 무신론자였던 것은 아니다. 하지만 그는 신성은 도덕적 무정부주의를 막고 관용과 우애의 사상을 지탱해주는 힘일 뿐, 공동체의 정원 가꾸기 같은 구체적이고 실질적인 일은 그 공동체 성원들의 책임이라는 것을 강조했다(『철학: 더 나은 삶을 위한 사유의 기술』, 유토피아, 2008, 430~432쪽).

내가 나의 정원을 가꾸는 일보다 '우리의 정원'을 가꾸는 일이 더 어렵고, 한 사람이 열 발자국 전진하는 일보다 '열 사람이 한 발자국 전진하는 일'이 더 어렵다. 팬데믹이라는 전 세계적 재난과 맞닥뜨려서 각 나라, 각 공동체가 그동안 어떤 가치를 우선시하고, 어떤 것을 도외시해 왔는지가 표면으로 드러나고 있다. 감염 예방을 위해 비대면과 비접촉이 예사가 되어버린 이 시간, 조용히 자신이 누구인지 되물으면서 반성하고 소통하는 노력이 필요하다.

물음이 없다면 배움도 없다

나는 어떻게 살아야 할까? 어떤 길로 가야 하는가? 어떻게 하면 이 생애를 성공적으로 살아갈 수 있을까? 이때 다음과 같은 물음이 중요한 축이 된다.

> 내가 할 수 있는 것은 무엇인가?
> 내가 하고 싶은 것은 무엇인가?
> 내가 해야만 하는 것은 무엇인가?

나는 정말로 무엇을 하고 싶은지, 할 수 있는 것이 무엇인지, 무엇을 해야만 하는지. 즉 역량과 소망, 해야만 하는 것들을 가늠하는 가운데 '나는 도대체 누구인가'라고 반성하게 된다. '나'라는 말을 붙잡고서 무엇을 하는 사람인지, 어디로 가는 중이었는지 끊임없이 되새김하는 것이 내가 나를 돌아보고 반성하는 일이다. 그런 반성과 성찰 없이는 자기 스스로에 대해 착각하거나 남들의 의견을 자기 생각인 양 받아들이면서 세상이나 상황에 끌려가는 삶을 살게 되기 쉽다. 그렇기 때문에 자기성찰은 매우 중요하다.

그런데 주의하고 경계할 점이 있다. 나를 돌아보면 거기에 있는 것은 나의 이미지[아상(我相)]이다. 보통 내가 나를 보는 눈도, 남들을 파악하는 눈도 어려서부터 키워진다.

하지만 내가 나를 보는 눈은 정확하지 않다. 왜냐하면 나 스스로 자신이 이러저러하다고 생각하지만 정작 마땅치 않은 것, 껄끄러운 것, 부끄러운 것은 애써 보려 하지 않기 때문이다. 자신과 솔직하게 마주하기보다는 변명과 방어로 회피하기 십상이다.

또한 내가 남들을 보는 눈도 생각보다 정확하지 않다. 남들을 이러저러하다고 생각하고 좋아하거나 싫어하지만, 대개는 자신이 남에게 투사한 기대와 환상이 합쳐진 결과이거나 다른 사람들의 편견을 그대로 받아들인 결과이기 십상이다.

따라서 여차하면 바깥으로 달아나는 시선을 되잡아 돌려서 제대로 돌아보려고 노력하는 것이 중요하다. 평소에도 자기 눈 속의 들보는 보지 못하면서 남의 티끌 가지고 왈가왈부하고 있는 것은 아닌지 경계할 일이다.

아울러 나를 돌아보았을 때, 거기에 있는 나의 이미지를 '나'라고 확신하며, 자기 이미지를 고정하고 집착하는 것[아집(我執)]은 좋지 않은 결과를 가져온다. 그 이미지를 나의 속성이라고 착각하게 되기 때문이다. 이를 테면 '나=성공한 사람', '나=실패한 사람'이라고 생각하기 시작하면, 성공이나 실패를 나의 속성이라고 생각하게 되고, 뚱딴지 같이 거만하고 잘난 체하는 마음이 들거나 괜스레 주눅 들기 시작하기 때문이다.

하지만 나라는 존재는 그렇게 속성을 부여할 수 있는 실체가 아니다.

> 우리는 자기 자신이 있고, 그다음에 그로부터 비롯된 가깝고 먼 온갖 관계들이 있는 것이라고 생각하기 쉽다. 그러나 그렇지 않다. 그것은 동시적인 것이다. 우리는 관계 속에서 태어나고, 관계 속으로 던져지

며, 관계 위에 존립해 있다. 관계에 앞서 자아가 선재하는 것이 아니다. 나는 곧 관계다. _이수태, 『어른 되기의 어려움』 중에서

"너 자신을 알라!" 고대 그리스 델포이의 아폴론 신전에 새겨져 있었다고 알려진 경구다. 그런데 카이레폰은 델포이 신전에서 "소크라테스보다 더 지혜로운 사람은 없다."는 신관의 신탁을 받고 이를 친구인 소크라테스에게 전했다(즉, 소크라테스의 '나는 내가 알지 못한다는 것을 안다'는 '무지의 지'가 최고의 지혜라는 것이다). 소크라테스는 정말 그 신탁이 맞는지 궁금해하면서 아테네에서 지혜롭다는 자들, 뭔가 적어도 한 분야에 대해서 알고 있다고 하는 자들을 만나 대화를 청했고, 그 물음과 답을 담은 대화들을 그의 제자 플라톤이 『대화편』이라는 책으로 남겼다.

만일 내가 나를 알고 있다고 생각한다면, 굳이 내가 누구인지 물음을 던지는 일이 없을 것이다. "너는 누구냐?"라는 질문을 받아도 그저 부모가 지어준 이름으로 답하면 된다고 생각하고, '나는 진정 누구인가'라는 물음이 떠오르지 않을 것이다. 자신을 더 알아야 한다는 생각이 들지도 않을 것이며, 자기 자신을 조용히 들여다볼 생각도 하지 않을 것이다. 또한 만일 내가 'X가 무엇인지' 안다고 생각한다면, 굳이 그것이 무엇인지 물음을 던지는 일이 없을 것이고, 답을 더 찾으려는 노력도 하지 않게 될 것이다. 대개는 자신에게 편하거나 기존에 있던 선입견만으로 만들어진 답에 만족하고 말 것이다. 하지만 더 이상의 물음이 없다면 더 이상의 배움도, 앎도 없다.

참고 도서

팀 크레인(데이비드 파피뉴 외), 『철학: 더 나은 삶을 위한 사유의 기술』, 강유원·김영건·석기용 옮김, 유토피아, 2008.
한형조, 『왜 동양철학인가』, 문학동네, 2000.

5

철학의 역사성, 나의 철학하는 삶

철학의 임무 중에 'X가 무엇인지'를 개념적으로 정의하는 일이 있다. 철학적 물음들은 우선 X란 무엇인지를 묻고 그것을 정의하는 형식을 취하곤 한다. 그래서 '과학'이 무엇인지를 따지는 과학철학, '예술'이 무엇인지를 따지는 예술철학, '언어'가 무엇인지를 따지는 언어철학 등이 대학교 철학과의 커리큘럼 중 한 축을 이룬다.

정의(定義)는 어떤 것이 X이기 위한 필요충분조건을 따지는 것이다. 예를 들어 X를 예술이라고 하면, 예술이 되는 데 필요하고 충분한 조건을 따진다. 이는 매우 골치 아픈 작업이다. 그래서 그저 X가 어떤 존재인지 탐구하는 대안적인 길을 택하기도 한다. 이를테면 예술을 '어떤 것의 모방'이라고 한정하게 되면 그에 따라 '예술모방이론'을 체계화하게 될 것이며, '감정의 표현'이라고 정의하면 '예술표현이론'을 체계화하게 된다.

철학함이란?

그렇다면 철학이란 무엇인가? 마찬가지의 원리가 철학의 정의에도 적용된다. '철학이 무엇인가'에 대한 대답은 그것을 따지는 사람의 전 생애에 걸친 '철학함의 맥락' 속에서 구할 수밖에 없을 터다. 그래서 프랑스 현대철학자 질 들뢰즈조차도 『철학이란 무엇인가』(1991)의 서문에서 "노년에 접어들 무렵에 와서야 철학이란 무엇인가라는 질문을 비로소 제기할 수 있는 듯하다."는 말을 했다.

평생 철학 강의를 하고, 철학책을 내고, 철학적 담론에 참여하는 삶을 영위해 온 철학자조차도 생의 막바지가 가까워서야 '도대체 내가 그동안 해왔던 '철학'이란 것이 무엇이었을까?'에 대해 회고적 반성의 맥락 속에서 답하려 한 것이다. 마치 한 사람이 노년에 접어들어서 자신의 삶을 되돌아보고, 나는 도대체 누구인가를 되물을 때처럼 말이다.

누구나 생각은 하지만, X란 무엇인가를 묻고 해명하려면 개념적인 숙고가 필요하다. X의 자리에는 과학, 예술, 언어처럼 큰 범주뿐 아니라 사랑, 우정, 용기, 국가, 지능, 인공지능, 로봇, 인간 등 개념화할 수 있는 건 뭐든지 올 수 있다. 예를 들어 플라톤의 『향연』은 에로스가 무엇인가를 다룬 대화록이다. 개념은 심사숙고하기 위한 사유의 도구고, 철학은 이같이 예부터 개념을 형성하고 다듬거나 분석하는 일을 주요 업무로 해왔다.

여러분에게 X란 무엇인가?

나에게는 철학함, 즉 X가 영화였다. 나는 동양의 철학사상적 맥락 속에서는 사진이나 영화 같은 매체들이 발명 혹은 발견될 수 없었을 것이라는 생각이 들었다. 반면 플라톤의 『국가론』에 나오는 동굴의 비유에는 이미 오늘날의 영화관과 같은 형태가 제시되어 있었다. 『영화란 무엇인가』를 썼던 앙드레 바쟁도 영화의 발명에 우선적인 것이 기술보다는 그에 대한 관념이었을 것이라고 지적한 바 있다. 그렇다면 서양철학 맥락 속의 무엇이 사진과 영화라는 매체를 발명하도록 했을까?

미학자 조요한의 〈동양의 아름다움과 서양의 아름다움〉, 철학자 김혜숙의 〈영화의 존재론〉이라는 글들에서 나의 의문을 푸는 단서를 발견했다. 그것은 예술이 모방, 고대 그리스 말로 '미메시스(mimesis)'에 기초하며 실재를 반영하는 것이어야 한다는 생각이었다. 플라톤은 진실로 실재하는 것은 이데아뿐이며, 우리 일상의 현실 속에서 발견되는 사물들은 그 이데아의 그림자, 모방일 뿐이라고 생각했고, 그 생각을 '동굴의 비유'를 통해서 표현했다.

이와 같이 현실 속 사물과 닮은 재현에 가치를 부여하는 고대 그리스로부터 이어진 서양의 미메시스(모방) 전통이 르네상스 신고전주의의 발흥, 원근법의 발명, 사진과 영화 등 다양한 기계 매체들의 발명에 영향을 미쳤다.

17세기 서양에서 이루어진 렌즈 및 원근법, 각종 광학도구의 발명과 서양철학의 근대 인식론은 무관하지 않다. 렌즈의 발명은 망원경, 현미경 같은 광학도구의 발명을 유도했고, 고대 서양철학에서 제기되었던 문제, 즉 눈에 보이는 현상과 실재하는 것 사이에 제기되었던 문제들을 되살려 낸 것이다.

내가 보기에, 서양의 미메시스 예술 전통의 총아와 같은 매체가 영화다. 영화는 예술을 현실의 모방으로 보았던 서구의 미적 전통에서 기술의 뒷받침을 통해 발명된 매체다. 영화는 소설의 독자가 소설 읽기 경험에 몰입해 있을 때 경험하게 되는 허구세계의 뒤집어진 상대역 같은 이미지를 관객에게 제공하는 독특함을 지닌다. 그런데 많은 예술과 영화 이론들이 회화나 문학에 적용해 왔던 것과 같은 방식으로, 영화 이미지의 본성과 서사 및 서술자에 대해 논의해 왔던 것이 문제였다. 영화는 움직이는 실사 이미지와 서사가 결합되어 있다. 따라서 만드는 사람의 의도에 따라 사실성을 견지할 수도 있고, 허구성을 구현할 수도 있다. 영화는 만드는 사람이 다큐멘터리로 만들 수도 있고 픽션 영화로 만들 수도 있다. 거기에다 영화는 문학작품 독자의 몰입해서 읽는 경험을 뒤집어 놓은 상대역 같은 꼴로 조형적으로 구현되어 있다. 따라서 영화를 관객 경험의 직접성과 지각적 경험에 초점을 맞추어, 심적 구축물로서 설명하는 접근방식은 왜곡된 결론과 오류를 낳을 수밖에 없다. 그와 같은 접근방식은 영화가 오로지 기록물이라거나, 아니면 오로지 픽션, 혹은 환영일 뿐이라는 과장된 결론으로 이어지게끔 유도하기 때문이다. 영화 매체에 대한 그릇된 이해는 영화가 어떻게 예술성을 성취하는지에 대해서도 그릇된 설명을 제공할 수밖에 없다.

영화는 사진 슬라이드 쇼도 아니고 연극을 고스란히 기록한 것도 아니다. 복제기술을 사용해서 제작되는 매체지만, 영화도 예술성의 지극한 경지를 성취해낼 수 있으며, 이는 다른 예술들과 마찬가지로 영화예술작품도 상호주관적인 소

통수준에서 성취되어야 하는 것이다.

결국 영화 관객과 작품(대상) 간의 관계에만 초점을 맞추어 왔던 여태까지의 영화에 대한 접근방식에는 한계가 있다. 영화는 작품과 창작자(감독)의 의도, 감상자(관객)의 경험이 세 가지 축을 이루는 구도에서야 제대로 해명될 수 있다. 이런 접근방식은 플라톤이 『국가론』에서 시인이 이야기하는 방식으로 '미메시스'와 대비하여 제시한 바 있었던 '디제시스(diegesis)' 개념을 빌어 와서 '디제시스적인 접근방식'이라고 할 수 있을 것이다. 미메시스가 다른 사람을 따라하는 것, 즉 '모방'이라면, 디제시스는 자기의 목소리로 말하는 것, 즉 '주체의 목소리'라고 할 수 있다. 나는 미메시스 전통의 총아로서 발명된 영화에서 그것의 예술성은 디제시스적인 수준에서 성취될 수 있을 뿐이라는 관점을 철학적으로 더 발전시키려고 노력 중이다.

4차 산업혁명 시대는 '미메시스의 시대'가 아니라 '디제시스의 시대'라고 할 수 있다. 나의 목소리를 내며 생각하는 주체가 되어야 한다. 다른 사람을 따라하기보다 나에 대한 확고한 신념이 필요한 시대다. 물론 자기의 목소리를 내기 전에 나는 누구인지, 무엇을 좋아하는지를 먼저 알아야 하는 것이 수순이다. 이것은 첨단과학의 시대인 오늘날 철학을 공부해야 하는 이유이자, 철학이 인간 사회에 필요한 당위성이기도 하다. 여러분의 X는 무엇인지 생각해 보는 계기가 되었으면 한다.

참고 도서

플라톤, 『국가』, 박종현 옮김, 서광사, 1997.

김혜숙, 『칸트: 경계의 철학, 철학의 경계』, 이화여자대학교 출판부, 2011.

그레고리 커리, 『이미지와 마음: 영화, 철학, 그리고 인지과학』, 김숙 옮김, 한울, 2007.

내가 어떤 사람인지 알기 위해 다른 사람의 말을 듣는 것은, 나의 신발을 만들기 위해 다른 사람에게 내 발 크기를 묻는 것과 같다.

4장

자아의 발견

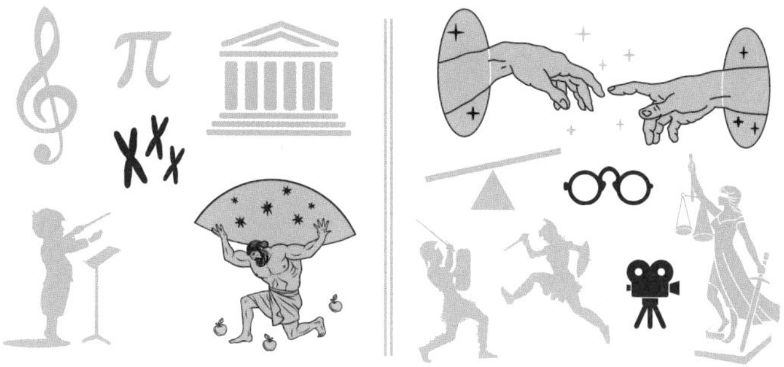

한현숙 | 환경, 차별과 차이 등 시대적 화두를 문학으로 이해하고 치유하며 해답을 찾고자 노력하는 인문학자다. 서울대학교에서 영문학 박사학위를 취득했다. 서울대학교, 이화여자대학교 등에서 강의했으며, 현재 중앙대학교에서 강의하고 있다.

1

넌 누구니?: '나'를 찾아서

제임스 조이스의 『젊은 예술가의 초상』

무슨 놈의 이름이 그러니?

스티븐 디덜러스

기초반

클롱고우스우드 학교

샐린스 마을

킬데어

아일랜드

유럽

세계

우주

한 소년이 지리책 여백에 길게 적은 장소들과 이름을 바라보며 생각에 잠겼다. 아래에서부터 거꾸로 읽어 올라가니 자신의 이름이 나왔다. 요전 날, 같은 반 아이가 그의 이름을 물었다.

"넌 이름이 뭐니?"

"스티븐 디덜러스야."[1]

"무슨 놈의 이름이 그러니?"

소년은 자기 이름의 진정한 의미를 찾기 위해 고민하기 시작한다. 그의 이름은 바로 그 자신이기 때문이다. 자기가 진정 누구인가라는 물음을 붙들고 방황하는 사이, 아이는 자라서 청년이 되었고, 긴 씨름 끝에 마침내 이름의 의미를 깨닫게 된다. 그때서야 비로소 자신이 무엇을 원하는지, 어떻게 살아갈 것인지를 결정할 수 있게 되고, 이어서 길을 떠난다. 그가 바로 제임스 조이스의 소설 『젊은 예술가의 초상(*A Portrait of the Artist as a Young Man*)』의 주인공 스티븐 디덜러스다.

"넌 이름이 뭐니?" 혹은 "넌 누구니?". 우리는 지금껏 살면서 꽤 여러 번 이런 상투적인 질문을 만나고, 그때마다 별생각 없이 답했을 것이다. 그런데 어느 날 갑자기 "넌 누구니?"라는 질문이 매우 특별한 의미로 내면에서 울리는 순간을 만나게 된다. 여느 날처럼 학교 갈 준비를 하며 욕실 거울 앞에 서있는 아침일 수도 있고, 지루한 수업시간 중 우연히 창밖을 내다보던 어느 오후일 수도 있고, 성적표 때문에 부모님께 한 소리 듣고 뒤척이던 한밤중일 수도 있다.

아마도 여러분은 이미 이러한 물음과 씨름을 시작했을 수도 있겠다.

'정말 나는 누구일까?'

---

1 스티븐 디덜러스(Stephen Dedalus)는 기독교 순교자 스테판(St. Stephen)과 그리스 신화에서 미노스 왕의 미궁을 만든 장인 다이달로스(Daidalos)를 결합한 이름이다.

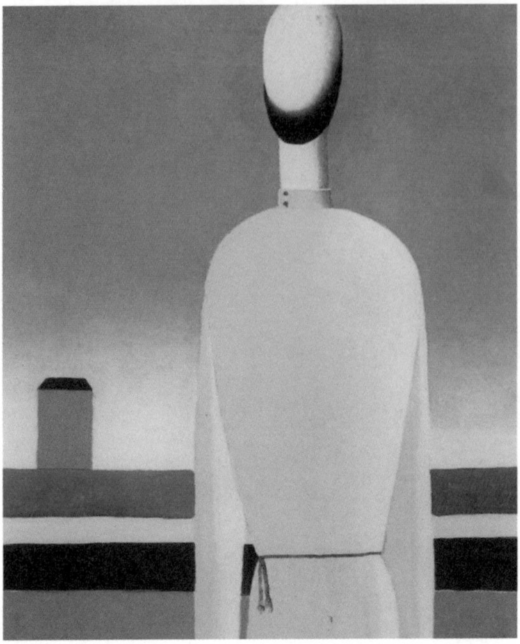

제임스 조이스의 『젊은 예술가의 초상』에서 주인공 스티븐 디덜러스는 혼란 속에서 '나는 진정 누구인가?'라는 질문에 직면한다. 러시아 화가 카지미르 세베리노비치 말레비치의 〈노랑 셔츠의 몸통〉(1928~32 작품).

늘 그랬듯이 나는 그냥 나일 뿐인데, 도무지 적절한 답이 떠오르지 않는다. 하지만 너무 당황하거나 낙심할 필요는 없다. 물음의 시작이 답을 찾기 위한 출발점일 수 있다. 또한 이 질문과 씨름한 사람이 내가 처음도 아니다. 스티븐 디덜러스가 그랬던 것처럼, 고전 속 수많은 주인공들의 이야기는 이 질문에서 시작되었다. '나는 진정 누구인가?' 사실 이 답을 찾기 위한 여정이 그들 이야기의 전부라 해도 과언이 아니다.

여러분이 같은 질문을 던지고 있다면 이미 이 소설의 주인공이다.

나를 지키기 위한 싸움

나를 찾는 과정은 내 안의 나를 지키는 동시에, 아직 여리고 어린 나를 만들어 가는 과정이기도 하다. 이는 흙 속에 심은 씨앗을 지키며 기다리는 과정과 아주 유사하다. 그때 누군가 공기와 바람과 햇볕을 가로막거나 물 주는 것을 방해한다면 그 씨는 어떻게 싹트고 자랄 수 있겠는가? 그 씨앗이 자라 꽃을 피우고 열매를 맺기까지 기다려 주지 않는다면, 도대체 씨앗의 정체가 무엇인지 어떻게 알 수 있겠는가? 그래서 씨앗의 성장과정은 그것을 지키기 위한 싸움과 인내의 연속이다.

스티븐 디덜러스는 기숙형 초등학교인 클롱고우스우드에 다니던 시절, 어느 날 선생님으로부터 호된 체벌을 받는다. 라틴어 수업시간, 시력이 약한 스티븐은 깨진 안경 때문에 쓰기 과제를 면제받은 상황이었다. 그런데 마침 수업을 감독하러 나타난 학감인 도란 신부는 "너는 누구냐? 왜 다른 애들처럼 쓰고 있질 않지?" 하고 묻는다.

"디덜러스입니다."라고 대답한 스티븐은 자신의 상황에 대해 설명하지만 학감은 애초부터 그의 말이나 사정에는 관심이 없었다. "너는 누구냐?"는 질문은 사실 어린 스티븐을 향한 질문이라기보다는, 학감 자신이 설정한 기준과 규칙을 벗어난 것에 대한 비난이었을 뿐이다. 그저 스티븐이 다른 애들과 똑같이 규칙으로 정해진 일을 하고 있느냐만이 그의 관심사였다. 학감은 스티븐을 '속임수나 쓰는 게으른 녀석'이라고 성급하게 단정해 버리고, 급우들 앞에서 호되게 손바닥을 때린 후 꿇어앉아 벌을 받도록 한다. 스티븐은 '도대체 무슨 근거로 속임수를 쓰고 있다고 함부로 단정한 것인지' 마음속으로는 격렬히 저항하지만, 그 자리에서는 그저 손바닥을 내민 채 울음을 터뜨릴 수밖에 없었다.

하지만 스티븐은 이 날을 자신의 인생에서 기억할 만한, 참으로 의미심장한 사건으로 만들고 만다. 이처럼 부당하고 불공평하고 잔인한 처사는 도저히 견딜 수 없다고 되뇌며 교장선생님을 찾아간 것이다. 그리고 교장선생님에게 부당함을 호소하여 잘못이 없음을 시인받고, 학감의 이후 체벌을 막아줄 것에 대한 확답을 얻고 교장실을 나온다. 스티븐은 어리고 매우 소심하고 내성적인 성격임에도, 결코 참을 수도, 참아서도 안 되는 일이 무엇인지를 본능적으로 깨달은 것이다. 잠깐이나마 환호하는 급우들에게 둘러싸여 영웅 대접을 받지만, 곧 혼자가 된 스티븐의 감정은 소설에서 "외로웠다. 그는 행복하고 자유로웠다."라고 표현된다. 누구에게도 함부로 규정되거나 강제되지 않는 개인, 하나의 주체로서의 개인으로 당당히 서기 위한 첫걸음을 떼며, 외로움과 행복과 자유로움이라는 다소 모순된 듯한 기분을 느끼는 것은 당연할 수도 있다.

그런데 이 대목에서 주목해야 할 점이 있다. 스티븐은 손바닥을 맞거나 무릎을 꿇고 앉아서 벌을 받은 것보다 급우들 앞에서 자신이 '속임수나 쓰는 게으른 녀석'으로 단정된 것을 더 부당하게 생각한다는 점이다. 비록 어리지만, 누구도 자기를 자기가 아닌 것으로 함부로 단정하고 재단하는 것은 잘못이며 견딜 수 없는 일임을 인식한 것이다.

스티븐이 부당함에 맞설 수 있던 동력은 그의 당당함에 있다. 당당함은 자신의 정직과 옳음에 대한 믿음에서 나온다. 교장실로 달려간 행동은 부당함에 단호히 맞서겠다는 의지의 발현이고, 그 결과 자신의 정당함을 인정받는다. 물론 이런 부당함에 맞서는 싸움은 이제 시작일 뿐이며 그 여정에 홀로 서있다는 막연한 느낌이 그를 외롭게 했는지도 모른다. 그러나 분명한 것은 이 싸움이 행복감과 자유로움을 가져다주었다는 것이다.

자기 존재의 참된 의미를 발견하다

씨앗은 싹을 틔우고 자람에 따라 자신의 정체를 드러낸다. 자란다는 것

"이리 와, 디덜러스! 부스 스테파누메노스! 부스 스테파네포로스!" 스티븐은 기이한 이름을 예언처럼 듣게 된다. 그리고 바닷가 이미지에서 자신이 섬겨야 할 게 예술임을 깨닫게 된다. 비로소 자기 내면의 목소리가 확실하게 들리는 순간이다.

은 결국 자신을 찾아가는 일, 즉 자신이란 존재의 참된 의미를 발견해 가는 과정이다.

집안의 몰락으로 다니던 학교를 그만두고 우여곡절 끝에 새로운 중학교에 입학하는 등 혼란과 갈등의 시기를 통과하던 스티븐은, 한때 엇나가기도 하고 몹시 방황하지만, 차츰 신앙도 생기고 학업에도 정진하게 된다. 그러던 어느 날 일생일대 선택의 기로에 선다. 학업이 뛰어나고 신앙 활동도 모범적이었던 스티븐에게 교장선생님이 사제가 될 것을 제안한 것이다.[2]

---

2 스티븐이 다니는 아일랜드 학교는 가톨릭계 학교로 대부분의 교사가 신부다.

'나는 누구인가'라는 물음은 반드시 어느 시점에 이르면 '나는 무엇을 할 것인가', 혹은 '무엇을 해야 하는가'의 문제와 만나게 된다. 바닷가에서 혼자 생각에 잠겨있던 스티븐은 친구들이 이름을 가지고 놀리고 야유하면서 자신을 부르는 소리를 듣는다.

"이리 와, 디덜러스! 부스 스테파누메노스! 부스 스테파네포로스!"[3]

그런데 그 순간, 스티븐은 오히려 주체의식이 더 뚜렷해지면서 자신의 기이한 이름을 하나의 예언으로 듣게 된다. '디덜러스'라는 이름에서 예술가의 장인을 섬기도록 타고난 운명을 받아들인 것이다. 또한 새의 형상을 닮은 한 남자와 바닷가에 서있는 아름다운 소녀의 이미지에서 자신이 섬겨야 할 것이 다름 아닌 예술임을 깨닫는다.

스티븐이 오랫동안 자신 안에서 속삭여 왔던 내면의 소리를 비로소 확실하게 듣는 순간이었으며, 유년기와 소년기에 어렴풋하게만 의식했던 자신의 숙명 같은 것을 확연히 깨닫는 순간이었다. 스티븐은 사제가 아닌 예술가의 길을 가기로 선택한다.

참된 자아, 즉 자신의 존재에 대한 깨달음 이후, 스티븐은 대학에 진학하여 공부를 마치고 자신이 원하는 예술가의 삶에 적합한 세상을 향해 나아가고자 조국 아일랜드를 떠난다. 물론 결심을 실행하기까지는 결코 쉽지 않았다. 그가 조국과 종교를 버리고 떠날 수밖에 없었던 이유는 그것이 자아를 찾아가는 길을 가로막았기 때문이다. 떠남은 자신의 정체성을 이미 규정짓고 있는 틀에 대한 저항이자, 자신을 억압하고 가로막는 기존 제도와 가치체계에 대한 저항이다. 자칭 민족주의자인

3 부스 스테파누메노스(Bous Stephanoumenos)는 '스티븐의 황소 영혼', 부스 스테파네포로스(Bous Stephaneforos)는 '희생을 위해 화환을 쓴 황소'라는 뜻이다.

친구에게 스티븐은 다음과 같이 말한다.

> 이 나라에서는 한 사람의 영혼이 탄생할 때 그물이 그것을 뒤집어씌워 날지 못하게 해. 너는 나에게 국적이니 국어니 종교니 말하지만, 나는 그 그물을 빠져나가 도망치려고 노력할 거야.

우리는 누구나 자신의 삶을 원하는 방향으로 창조하고자 하는 당연한 욕구와 권리가 있다. 그런 의미에서 우리 모두는 예술가다. 우리 삶의 주인은 우리 자신이다. 누구도 함부로 우리 자신을 규정하고 억압하도록 내버려 두어서는 안 된다. 성별에 따른 사회적 기대나 고정관념에도 얽매이지 말고, 각자가 지닌 고유한 개성과 자신만의 장점을 자유롭게 표현할 수 있어야 한다. 스스로에게 당당해지고 거짓되지 않으며, 스스로의 존엄성을 지키고, 자신의 참된 의미를 스스로 발견하며, 우리가 원하는 삶의 방향을 찾아서 나아가야 한다.

함께 보면 좋은 고전

제임스 조이스, 『젊은 예술가의 초상(*A Portrait of the Artist as a Young Man*)』, 1916.

2

모자 거꾸로 쓰기: 그래도 너의 길을 찾으라

제롬 데이비드 샐린저의 『호밀밭의 파수꾼』

모든 것이 너를 위해 펼쳐져 있다.
길은 네 앞에 곧게 뻗어있다.
가끔 보이지 않을 때도 있지만
길은 분명히 그곳에 있다.
길이 어디로 이어지는지 모를지라도
그 길을 따르라.
그것은 준비된 길이며
네 앞에 펼쳐진 한 줄기 유일한 길이다.

_ 오논다가 부족, 〈너의 길〉 중에서

대기업의 고문 변호사인 아버지와 교양 있고 세련된 어머니, 할리우드 영화 대본작가로 잘나가는 형, 오빠를 진심으로 걱정하는 예쁘고 똑똑한 여동생, 뉴욕의 안락한 고급 주택. 이른바 남부러울 것 없이 모든 것을 누리면서 최고의 사립기숙학교에 다니는 미국의 한 고등학생이 있다. 그는 아무런 부족함이 없어 보이는데도 학교생활에 적응하지 못하고, 낙제와 유급·퇴학을 반복하며 이 학교 저 학교로 옮겨 다닌다. 세 번째 학교인 펜시고등학교에서마저 낙제로 인해 퇴학을 당하자, 차마 부모님이 계신 집으로 돌아가지 못하고 3일간 뉴욕의 거리를 헤매다 결국에는 캘리포니아 요양병원에 입원하게 된다. 열일곱 살의 이 아이가 바로 반항아의 대명사, 『호밀밭의 파수꾼(*The Catcher in the Rye*)』의 주인공 홀든 콜필드다. 도대체 무엇이 문제였을까?

우리는 때로 다 그만두고 어디론가 도망치고 싶은 기분이 들 때가 있다. 도대체 나는 뭐가 문제일까, 스스로도 설명할 수 없는 혼란스러움에 빠져 도무지 헤어나올 수 없을 것 같은 절망감도 종종 느낄 것이다. 지금부터 나누려는 홀든의 이야기는 어쩌면 바로 여러분의 이야기일 수 있겠다.

모자 거꾸로 쓰기

홀든이 가장 잘 쓰는 말은 가짜, 사기 혹은 사기꾼을 의미하는 '포니(phony)'라는 단어다. 어른들의 위선과 거짓, 물질주의와 탐욕, 이기심에 상처 입은 홀든은 1940~50년대 당시 미국 사회의 물신주의와 물질적 성공지향주의를 신랄하게 비판하고 거부한다.

홀든의 눈에 비친 어른들의 세계는 그야말로 거짓과 위선, 물질주의와 탐욕으로 미쳐 날뛰는 세상이다. 물론 이것은 학교 바깥 세계만의 이야기가 아니다. 학교도 학부모의 옷과 신발에 따라 태도를 달리하는 속물적이고 위선적인 모습의 교장선생님, 이런 어른들의 세계를 그대로 닮아가는 아이들로 가득하다. 그러한 세상으로부터 자신을 보호하기 위해서인지, 혹은 맞서기 위해서인지 홀든은 늘 빨간 사냥모자를 푹 눌러쓴다. 그것도 모자챙이 뒤로 가도록 거꾸로.

홀든의 주변 학교 친구들은 물질적 성공을 위해서라면 꿈이나 가치관 따위는 아무래도 상관없다고 여긴다. 그 아이들의 목표는 하나같이 좋은 집, 좋은 차, 많은 연봉과 아름답고 잘생긴 배우자와의 안락한 삶이다. 학교는 그러한 삶을 위한 발판쯤이라고나 할까? 홀든이 더는 학교에 남아있을 수 없던 이유가 바로 거기에 있다.

홀든은 그러한 통속적인 가치에 아무런 의미를 둘 수 없었을 뿐더러, 자신이 정말 좋아하는 것들에 대해 함께 이야기하고 나눌 친구 하나 없는 학교에 정을 붙일 수도 적응할 수도 없었다. 감명 깊게 읽은 책에 대해서도, 백혈병으로 죽은 사랑하는 동생 앨리에 대해서도, 그 아이의 야구장갑에 적힌 시에 대해서도 함께 이야기할 친구가 없는 학교에서 상처만 입을 뿐이다. 홀든은 하루라도 빨리 학교를 떠나기로 결정하면서 "여기서는 너무 슬프고 외로웠다. 그래서 난 떠나기로 결심했다."라고 말한다. 빨간 사냥모자를 거꾸로 쓰고 한겨울 거리로 나서는 홀든의 뒷모습은 무척이나 쓸쓸하고 애처롭다.

"사실은 두렵고 혼란스러워"

거의 다 자란 듯 훤칠한 키에 새치까지 있어서 짐짓 나이를 속이며 버젓이 성인 행세를 하지만, 홀든은 아직 고등학생 티를 벗지 못한 사춘기 소년에 불과하다. 겁나는 것이 하나도 없는 듯 호텔이나 거리에서 부딪히는 사람들에게 짐짓 허세를 부리지만, 홀든이 겪는 가장 큰 고통은 두려움이다. 무엇보다도 자신 안에서 일어나는 변화가 두렵고 혼란스럽다. 자신이 더는 아이가 아닌 것은 분명한데, 아직은 온전한 어른

제롬 데이비드 샐린저의 『호밀밭의 파수꾼』 초판(1951) 표지.

도 아니다. 한편으로는 자신도 모르는 사이 자신이 혐오하는 어른으로 변할까 봐 두렵기도 하다.

사실 그의 주변에는 제대로 보살펴 줄 어른이 없었다. 낙제 때문에 학교를 떠날 수밖에 없는 상황에서 그나마 친분이 있던 역사 선생님에게 마지막 인사를 하러 간다. 상황이 막막하고 두려웠던 홀든은 선생님으로부터 어떤 식으로든 위로를 받고 싶었다. 그저 '괜찮아'라는 한마디가 절실했다. 하지만 선생님은 인생이란 게임에는 정해진 규칙이 있기 마련이라며, 그 규칙을 지키지 않은 홀든을 나무란다. 홀든의 시험 답안지를 코앞에 들이밀며 낙제점을 줄 수밖에 없던 이유를 해명하는

데 급급해한다. 또한 홀든의 상황을 너무 걱정하는 바람에, 홀든이 오히려 일흔의 선생님을 위로하고 나오는 웃지 못할 상황이 되어버린다.

부모님도 선생님도 그 누구도 어른다운 역할을 제대로 해주지 못하기에, 홀든은 어른이 된다는 것이 어떤 것인지조차 알지 못한다. 어른들이 제시하는 당대의 통속적 가치에 동의할 수 없음에도, 대안이 될 어떠한 가치도 배우지 못했기에 혼란스럽고 두렵기만 한 것이다.

홀든이 '변하지 않는 것'에 병적일 정도로 집착한 이유도 바로 두려움 때문이다. 특히 뉴욕 센트럴파크 자연사박물관에 전시된 이집트 미라에 집착하는데, 미라는 썩지 않고 늘 그대로이기 때문이다. 또한 어린 동생 피비로 대표되는 아이들의 순수함을 세상의 모든 속된 것들로부터 지켜주고자 안간힘을 쓴다. 적어도 아이들만은 어른들과는 달리 거짓되거나 속물적이지 않을 것이라는 믿음에서다. 홀든이 하고 싶은 일은 변호사나 과학자가 되는 그런 류의 것이 아니다. 호밀밭에서 노는 아이들이 위험한 낭떠러지 쪽으로 달려가다 떨어지는 일이 없도록 지키는 파수꾼이 되는 것, 그것이 홀든이 하고 싶은 유일한 일이다.

자아 성찰의 실패

홀든의 두려움과 혼란스러움을 가중한 것은 외로움이다. 홀든은 끊임없이 누군가와 소통하기를 갈망하지만, 결국 사람들과의 의사소통에 실패하고 극심한 외로움에 시달린다. 어른인 척, 센 척하지만 사실은 사랑과 관심이 필요했던 것이다. 홀든은 펜시 고등학교를 뛰쳐나오던 날부터 줄곧 뉴욕 센트럴파크 연못에 있는 오리들이 추운 겨울이 되어 물이 얼면 어떻게 될지 걱정한다. 추위에 갈 곳 없을 오리의 처지를 바로 자신의 처지와 동일시한 것이다.

홀든은 극심한 외로움에도 불구하고 그 누구와도 자신의 문제를 솔직하게 이야기하지 못한다. 여자친구 샐리나 학교 선배와의 만남에서 보듯 그러한 시도가 전혀 없었던 것은 아니지만, 그때마다 속마음과는 다른 행동을 함으로써 결국 소통은 실패로 끝난다. 의사소통 실패의 원인은 무엇이었을까? 이 모든 문제에 대해 자신의 결함이나 책임은 없었을까?

홀든은 아이도 어른도 아닌 자신의 정체성에 혼란을 겪으며 이중적인 태도를 보인다. 성적인 순수함에 집착하면서도 한편으로는 성적인 호기심에 조바심치고 고통스러워한다. 또한 어른들이나 주변 친구들에 대해서는 날카로울 정도로 비판적인 시각을 가지고 있으면서도, 정작 자신에 대해서는 놀랍도록 쉽게 정당화한다. 어떤 면에서는 자아성찰이 부족하다고도 할 수 있는데, 자신과 솔직하게 대면하지 못하고 회피하려고만 한다. 어른들의 거짓과 위선을 비난하면서도 자신도 비슷한 태도를 보이고 있음을 깨닫지 못하거나 알아도 인정하려 들지 않는다.

홀든은 『젊은 예술가의 초상』의 스티븐처럼 수줍음 많고 소심하고 내성적이다. 스티븐과 가장 큰 차이점이라면 스스로에게 솔직하지 못하다는 점이다. 자신에 대한 실망과 낮은 자존감을 허세로 감추려 하고 계속 거짓말로 거짓말을 덮으려 한다. 자신이 가장 비판하던 가식과 사기로 매 순간을 이어가는 것이다. 안타깝게도 이미 여러 학교를 전전하면서 많은 상처를 입은 그는 거짓으로 인해 자신을 더욱 고통스럽게 만든다. 이렇게 거짓 속에서 느끼는 외로움은 행복감이나 자유와 공존할 수 없을 뿐더러, 주체적인 개인으로 세워줄 힘이 없기에 자기부정으로 이어지고 마음과 육체 모두 병들게 한다.

인정하기, 그리고 앞으로 나아가기

그나마 홀든이 의지할 수 있던 것은 이전 학교의 앤톨리니 선생님이다.

그는 홀든이 만난 유일한 어른다운 어른이다. 기숙사 창에서 뛰어내려 피투성이가 된 학생을 자기 외투로 감싸 안고 보건실로 달린 적도 있다. 앤톨리니 선생님은 학교에서 퇴학당하고 뉴욕 거리를 방황하다 찾아온 홀든을 반갑게 맞아 주었고, 그의 상황을 듣고서는 어느 정신분석학자의 글을 적어 준다.

> 미성숙한 인간의 특징이 어떤 이유를 위해 고귀하게 죽기를 바라는 경향이라면, 성숙한 인간의 특징은 동일한 상황에서도 묵묵히 살아가기를 원한다는 것이다.

어떠한 경우든 묵묵히 견디어 살아내야 함을 우회적으로 충고하며 홀든이 가야 할 길, 하고 싶은 일을 찾기를 당부한다. 그러고는 다시 학교로 돌아갈 것을 조심스럽게 조언한다.

> 이제 네가 가야 할 길을 찾아야 할 날이 머지않았어. 네가 가고 싶은 길을 찾고 나면 가장 먼저 해야 할 일이 학교에 들어가는 일이어야 할 거야. 그러지 않으면 안 돼. 넌 학생이니까. 어쨌든 넌 지식을 사랑하니까.

그러나 앤톨리니 선생님과의 관계마저 혼란스럽게 어그러지게 된다. 결국 홀든은 모든 관계맺음을 포기한 채, 아는 사람이 아무도 없는 먼 곳으로 떠나기로 결심한다.

이때, 홀든의 도피와 일탈을 멈추게 붙든 것은 누이동생 피비다. 자신도 학교를 그만두고 오빠와 함께 떠나겠다고 짐을 꾸려 왔다. 홀든은 그런 피비를 보며, 아이같이 무모한 자신의 모습을 발견하고 앤톨리니 선생님의 충고를 비로소 이해하기 시작한다. 그리고 누이동생의 진심 어린 염려와 사랑을 받아들이면서 자신 또한 인정하고 받아들이기 시작한다.

홀든은 공원에서 회전목마를 타는 피비를 바라보며, 이제는 훌쩍 커버려서 더는 회전목마를 탈 수 없는 자신의 모습을 받아들인다. 피비가 회전목마에서 떨어질까 너무나 걱정하다가 어느 순간 떨어져도 할 수 없다고 인정하기까지 한다. 시간의 흐름, 성장의 과정에서 겪을 수밖에 없는 일들, 그로 인한 변화를 인정하기 시작한 것이다.

우리가 당장에 이해할 수 없는 일들, 도망치고 싶은 순간들도 우리 삶의 한 과정일 수 있다. 어떠한 형편에 처해 있든, 삶에서 무슨 일이 일어나든, 결국 우리는 자신의 삶을 보듬고 차곡차곡 살아내야 한다.

차가운 바람이나 세찬 빗줄기를 조금은 막아줄 수 있는 모자 하나쯤 준비해도 좋다. 단호하게 모자를 꾹 눌러 쓰고 나아가기를 바란다. 때론 거꾸로 써도 좋다. 그래도 묵묵히 여러분의 길을 찾아 나아가라. 보이지 않을 때도 있지만 길은 분명히 거기에 있기에!

함께 보면 좋은 고전
제롬 데이비드 샐린저, 『호밀밭의 파수꾼(*The Catcher in the Rye*)』, 1951.

3

내 삶의 주인 되기: 선택의 자유와 역사의 짐 감당하기

로이스 로리의 『기억 전달자』

대평원을 만드는 데 필요한 것은 클로버 하나 벌 한 마리,
클로버 하나, 그리고 벌 한 마리.
그리고 꿈.
벌이 별로 없다면,
꿈만 있어도 될 거야.

_에밀리 디킨슨

요즘 들어 조너스는 자신의 감정을 정확하게 설명할 수가 없다. 겁도 나고 불안하기도 하지만 '걱정스럽다' 쪽이 더 정확한 표현일 수도 있겠다. 올해 열한 살인 조너스는 곧 있을 12월 기념식에서 자신의 직위, 즉 직업을 부여받을 것이고, 그것을 위한 훈련이 시작될 것이다. 자신에게 어떤 직업이 부여될지 긴장되고, 원하지 않는 직업이 부여되면 어쩌나 염려스럽기도 하다. 하지만 그럴 가능성은 매우 낮다. 그동안

아이들의 성장과정과 교육과정을 지켜보고 세심하게 관찰해 온 마을의 최고 어른들이 처음부터 완벽하게 들어맞는 적성을 찾아 직업을 부여해 줄 것이기 때문이다.

누구나 미래에 어떤 삶을 살아가게 될지, 어떤 직업을 갖게 될지 불안하고 염려스러울 때가 있을 것이다. 그런데 만약 조너스의 마을에서처럼 적성에 가장 잘 맞는 직업을 누군가가 정해주고 훈련까지 시켜준다면 어떨까? 그편이 실패할 확률도 낮고 더 안정적이니 바람직한 것일까?

안정, '늘 같음' 상태

조너스는 이른바 완벽한 행복을 실현한 미래의 어느 마을에 살고 있다. 사람들은 모두 예의 바르고 정확한 단어를 골라 사용하려고 애쓴다. 다른 사람을 비난하거나 탓하기보다 이해하고 배려하려고 노력한다. 공동체에 적합한 사람이 되도록 모든 행동은 표준화했다. 차이를 드러내 다른 사람을 불안하게 하는 일은 무례한 짓이라고 여기는데, 사실 이 공동체에는 차이를 드러낼 요소가 애초부터 없다.

모두가 똑같은 집에서 똑같은 물품을 지급받아 똑같은 방식으로 살아간다. 네 살부터 여섯 살까지는 등에서 잠그는 재킷, 일곱 살부터는 앞 단추가 달린 재킷 등 나이에 따라 모두 같은 옷을 입는다. 아홉 살이 되어야 자전거를 탈 수 있고, 열 살이 되면 여자아이들은 단발, 남자아이들은 짧게 쳐서 귀가 드러나는 머리 등 같은 방식으로 성장해 가야 한다. 피부색이나 언어의 차이 또한 없기에 그에 따른 차별이나 갈등, 분란의 여지도 존재하지 않는다. 유전과학자들은 혹시라도 존재할 개인들의 '다른 부분'을 없애려고 끊임없이 애쓴다.

로이스 로리의 『기억 전달자』에서 사회는 안정상태, '늘 같음'을 유지하려고 한다. 안전한 대신 개인들의 '다른 부분'은 끊임없이 견제되고 사라진다. 이 속에서 유일한 기억 전달자로 뽑힌 주인공 조너스는 어떤 선택을 할까?

이 사회의 가장 큰 특징이자 미덕인 '안정상태'는 바로 이 '늘 같음' 상태를 유지하려는 철저한 통제로 인해 가능하다. 이 사회에는 색깔 자체가 존재하지 않는다. 불안정한 날씨를 통제하기 위해 햇볕을 포기하면서 색깔들도 사라져 버린 것이다. 고통이 전혀 없는 완벽한 사회를 위해서는 어떠한 종류의 실수나 잘못도 없어야 한다. 따라서 실수나 잘못을 야기할 수 있는 모든 인간적인 것들도 통제한다.

감정의 고통을 없애기 위해 인간이 가진 다양한 감정들도 제거했다.

사랑이란 감정을 배제하고, 인간의 성욕 또한 약으로 통제함으로써 결혼이나 출산도 통제한다. 직업과 마찬가지로 배우자도 개인의 선택이 아니라 국가가 결정한다.

아이는 산모 직위를 가진 여성들이 출산해 남자아이 하나, 여자아이 하나를 각 가정에 배정한다. 한 해 출생하는 아이의 숫자나 성비까지도 엄격하게 제한한다. 쌍둥이나 장애아, 몸이 약하거나 이상행동으로 '부적격' 판정을 받은 아기들과 일정 연령에 이른 노인들, 사회의 법을 준수하지 않은 이들은 모두 '임무해제'라는 이름 아래 사회로부터의 영원한 격리, 즉 안락사로 제거한다. 이를 통해 장애인, 인구과잉, 범법 문제가 모두 해결되는 셈이다.

하지만 얼핏 이상적인 세계처럼 느껴지는 이곳은 조금만 들여다봐도 뭔가 석연치 않은 구석이 있음을 알게 된다. 이 사회에서 선택할 수 있는 것이라고는 아무것도 없다. '안정'이라는 최고의 가치와 선택의 자유를 맞바꾼 것이다.

선택의 자유 누리기

조너스는 이 세계가 뭔가 잘못되었다고 느낀다. "모든 게 똑같으니까 선택할 게 아무것도 없잖아요."라고 항변도 한다. 하지만 다른 한편으로는 배우자나 직위를 잘못 선택할 경우 굉장히 끔찍한 일이 벌어질 수 있으니 선택의 자유를 제한해야 한다는 입장을 이해하려 애쓴다. 그럼에도 조너스는 친구들이 아무 활력도 없는 생활에 아주 만족한다는 사실에 종종 이해할 수 없는 분노를 느낀다.

인간의 실수를 막기 위해 처음부터 실수가 생겨날 조건을 없애는 것이 바람직한가? 실패하지 않도록 처음부터 완벽하게 들어맞는 적성을 찾아주는 것은 바람직한가? 완벽하게 맞는 적성이 과연 존재하느냐의 문제를 차치하고서라도 말이다. 선택의 사라짐은 어떤 면에서 자유의 사라짐을 의미한다. 처음부터 실수나 잘못된 선택을 할 여지를 없애는 것과, 실수와 실패의 변수가 존재하더라도 선택의 자유를 갖는 것 중 인간은 어느 경우에 더 행복할까?

조너스는 또래 친구들과는 다르게 좀 특별한 직위인 '기억 전달자' 혹은 '기억 보유자'의 역할을 부여받는다. 언제부터인가 이 공동체는 과거의 모든 기억을 오직 단 한 사람에게만 맡기고, 자신들은 그것과 무관하게 살아가기로 결정했다. 공동체의 '기억 전달자'로 선출된 그날부터 조너스는 마을 사람들 누구에게도 허용되지 않았던, '무례함을 저질러도 괜찮다. 거짓말을 해도 된다.'는 등의 특권을 부여받고 당황한다. 하지만 곧 그 특권의 의미가 실제 그렇게 해도 좋다는 것이 아니라, 마을 사람들에게는 허용되지 않는 것, 즉 선택의 자유가 자신에게 허용된 것임을 깨닫는다.

조너스는 스스로 선택할 수 있는 존재가 되면서 비로소 다양한 인간적 감정에 눈뜨기 시작한다. 이는 물론 기존의 '기억 전달자'로부터 과거 인류의 삶에 대한 기억을 전달받으면서 배운 것이다.

그동안 조너스는 자신에 대해 깊이 생각해 볼 기회가 없었을 뿐만 아니라, 자아 정체성이나 자기성찰이라는 개념 자체가 요구되지 않는, 아니 오히려 금기시되는 사회에서 살아왔다.

조너스의 마을에는 거울이 거의 없다. 거울을 갖는 것은 금지다. 어쩌다 거울이 있는 곳에 가도 조너스는 거울에 자신을 비추어 볼 생각이 들지 않았다. 그런데 이제는 개별적이고, 유일무이하고, 자부심 넘치는 존재가 되는 기쁨이 어떤 것인지 알게 되었다. 상실과 외로움의 고통은 아프지만, 동시에 고독이 주는 즐거움도 이해하게 되었다. 비로소 자기 자신을 알고, 자기 삶의 주인이 된 것이다. 원하는 것을 선택할 수 있는 자유, 선택에는 고통이 따를 수 있지만 그 고통까지도 선택할 수 있는 자유 앞에 섰을 때, 비로소 인간은 자기 삶의 주인이 될 수 있다.

조너스는 자신이 진정으로 원한 것이 고통스러움까지도 선택할 수 있는 자유였다는 것을 깨닫는다. 이런 자유를 포기한 채 그저 안정된 삶의 쳇바퀴 속에 머무는 친구들에게 화가 날 정도다. 선택의 자유가 없는 세계는 늘 똑같은 무미건조한 세계, 활력이 없는 삶의 연속이다.

물론 폭력, 가난, 편견, 불의가 애초부터 없는 안정된 세계란 모두가 바라마지 않는 세계다. 하지만 평등은 동일함이나 획일화와는 다른 개념이다. 진정한 평등은 차별과 배제가 없는 삶을 의미하는 것이지, 차이가 없는 삶을 의미하는 것은 아니다. 차이를 전제로 하지 않는 평등은 이미 그 안에 무서운 폭력을 내재하고 있다. 이는 엄청난 폭력과 통제에 의해 모든 차이를 지웠을 때만 가능하기 때문이다. 차이는 진정한 평등을 이루기 위한 전제조건이다. 차이는 다양성의 바탕이며 차이를 통해 개성이 드러난다. 다만 차이를 차별의 근거로 삼아서는 안 된다.

차별을 없애기 위해 모든 차이를 없애고 다양성의 여지를 일체 남기지 않는 것(인간에게 그럴 권리가 있느냐는 차치하고), 이렇게 다양성이 배제된 사회에는 과연 어떤 미래가 존재할까? 조너스는 공동체가 실수나 실패가 없는 세계를 위해 무엇을 포기해야만 했고, 그 영원한 안정세계를 만들기 위해 무엇을 맞바꾸었는지를 비로소 이해하기 시작한다.

조너스의 용감한 선택, 기억의 짐 감당하며 미래로 나아가기

조너스는 기억 전달자로 훈련받으며 과거로부터 인류가 지녀온 모든 기억들을 전수받는다. 이 세계에서는 이미 사라진 지 오래인 한겨울 하얗게 나풀대던 차가운 눈송이들, 봄날의 따사로운 태양 빛과 푸른 하늘, 여름날의 초록빛 대지와 싱그러운 바람, 강과 바다, 온갖 빛깔의 찬란한 꽃들과 동물을 포함한 아름다운 자연의 기억들뿐만 아니라 끔찍한 전쟁과 배고픔을 비롯한 온갖 고통스러운 기억들까지도 물려받는다.

그 훈련과정은 이전의 기억 전달자였던 로즈메리라는 아이가 스스로 임무해제(안락사)를 신청할 만큼이나 힘들고 고통스럽다. 그런 고통에도 불구하고 기억(과거 혹은 역사)을 간직해야 하는 이유는 기억이 인간에게 지혜를 줄 수 있는 유일한 방법이기 때문이다. 지혜는 필요하지만 고통은 직면하고 싶지 않기에 마을 사람들은 기억 전달자를 선출했다. 기억을 전수받은 한 사람이 필요한 순간마다 자신들의 조언자가 되어주기를 바란다. 마을에는 생활에 필요한 지침서 외에는 그 어떤 책도 존재하지 않지만, 오직 기억 전달자의 방에만 온갖 책이 넘치는 것도 같은 이유다. 책은 과거의 기록이자 수십 세기에 걸친 인류의 지식이며 유산이다.

조너스는 자신이 맡은 임무가 무엇이며, 자신의 역할이 공동체에 얼마나 중요한지 잘 안다. 하지만 어떤 색깔과 느낌도 존재하지 않는, 선택할 수 있는 것이라곤 전혀 없는, 모든 것이 일색화된 자기 마을에서 탈출하기로 결심한다. 덜 안정적이고 더 위험할 수는 있지만, 더 멋진 어떤 세계나 삶이 있으리라는 희망 때문이다. 기억 전달자의 역할을 포기하고 달아나면, 자신이 간직한 기억들이 모두 풀어 헤쳐져 마을 사람들 각자의 몫으로 돌아갈 것이고, 그 결과 사람들은 큰 혼란과 고통을 겪게 될 것을 알면서도 말이다. 이 선택은 순전히 이기적인 목적에서만은 아니다. 어떻게든 공동체가 달라져야 한다고 생각하기 때문이다.

조너스는 자신이 느낀 감정이나 색깔을 마을 사람들도 알아야 하며, 자신이 보유한 기억은 모두에게 돌아갈 필요가 있다고 생각한다. 각자는 자신의 기억을 통해 지혜를 얻을 수 있어야 한다고.

조너스는 모두가 잠든 밤, 아버지의 자전거를 훔쳐 가브리엘을 태우고 멀리 달아난다. 분명 공동체의 규칙에 어긋나는 행위지만, 가브리엘을 구하기 위한 유일한 방법이라고 판단하고 이 길을 선택한다. 가브리엘은 지난 1년간 조너스 가족이 돌봐온 아기인데 유난히 예민하고 잘 울어서 부적격 판정을 받아서 결국 그다음 날 임무해제하기로 결정되어 있었다. 조너스는 이제 더는 공동체가 정한 규칙에 갇히지 않고, 자신의 판단에 의해 자신이 옳다고 생각하는 일, 자신이 원하는 일을 선택하고 감행한 것이다.

멀고 험난하고 참으로 위험하고 고통스러운 길이다. 예상 밖의 일이나 불편함이나 이상한 사건이 전혀 벌어지지 않는 삶, 색깔도 고통도 과거도 없는 삶을 뒤로하고, 조너스는 페달을 힘껏 밟는다. 그 길에서 가브리엘을 지키지 못할까 두려워하고, 불안과 공포, 추위와 굶주림으로 인해 자신의 선택을 잠깐 후회하기도 한다. 그렇지만 그곳에 계속 머물렀다면 평생 다른 것에 굶주릴 것임을 잘 안다. 조너스가 난관 앞에서도 앞으로 나아가게 한 힘은 바로 '아무 느낌 없는 삶으로 돌아가고 싶지 않다.'는 강한 의지다.

조너스는 힘든 순간마다 자신이 전수받은 따스한 기억들을 떠올린다. 더는 기억을 소환할 수 없고, 더는 견딜 수 없을 것 같은 바로 그 순간, 마침내 눈 덮인 언덕 꼭대기에 다다른다. 조너스는 기억을 끄집어내 썰매를 찾아내고 가브리엘과 함께 언덕 아래로 신나게 미끄러져 간다. 그 아래는 가장 따뜻하고 아름다운 장면이 기억 속에 남아있는 곳

이다. 가족들이 모두 한 방에 둘러앉아 추억을 만들며 사랑을 나누던 곳. 불편할 것이지만 분명 더 멋진 삶이 기다리고 있다. 어쩌면 사랑이란 살아가는 데 위험한 방식일지도 모른다. 그러나 조너스는 그런 삶을 선택한다. 조너스가 다다른 그곳은 그의 과거와 미래가 함께 어우러진 곳이다.

과거가 없으면 미래도 없다. 각자가 삶의 주인이 되기로 선택한 현재의 우리를 지지하고 지혜를 주는 것은 바로 과거의 기억이다. 오늘 각자가 내딛는 한걸음은 미래의 우리를 향한 것이다. 우리는 조너스처럼 과거와 미래를 모두 품고, 스스로 선택한 새로운 삶을 향해 열심히 페달을 밟고 있는 여행자다.

함께 보면 좋은 책
로이스 로리, 『기억 전달자(*The Giver*)』, 1993.

4

되고 싶은 나: 고결한 인간

찰스 디킨스의 『위대한 유산』, 마크 트웨인의 『허클베리 핀의 모험』

셰익스피어만큼이나 사랑받는 19세기 영국 소설가 찰스 디킨스의 『위대한 유산(*Great Expectations*, 1860)』의 주인공 핍, 그리고 미국의 셰익스피어라 불리는 마크 트웨인의 『허클베리 핀의 모험(*The Adventures of Huckleberry Finn*, 1885)』의 주인공 허클베리 핀(이하 '허크'로 줄임)의 이야기를 통해 '성장' 혹은 '성숙'에 관하여 함께 나누어 보려 한다. 두 작품 모두 지속적으로 대중적인 사랑을 받았는데, 디킨스의 『위대한 유산』은 여러 번 영화화되기까지 했다. 마크 트웨인의 『허클베리 핀의 모험』 또한 미국 중·고등학교에서 가장 빈번하게 읽히는 책이고 우리에게도 꽤나 친숙한 작품이다.

두 주인공 모두 불우한 환경에서 자랐으며, 우여곡절 끝에 일종의 여행을 하게 되고 그 과정에서 깨달음을 얻고 자신의 약점을 극복해 가는 성장소설이라는 공통점이 있다. 일찍 부모를 여읜 핍은 나이 많은 누나와 매형의 손에서 자랐는데, 굳이 표현하자면 그의 삶은 우울하고 불행한 쪽이었다. 허크는 있으나 마나 한 아버지의 방치 아래 고아나 마찬가지로 자라다가 아버지의 위협을 피해 달아난다.

소설 전체에서 핍을 움직이는 동인은 이른바 '신사'가 되고자 하는 신분 상승의 욕구, 궁극적으로는 현재보다 더 나은 삶을 추구하려는 희망이다. 핍은 가난한 시골 마을 대장간에서 순박하고 선량하지만 글도 읽지 못하는 매형 조와 함께 사는 것이나, 기껏해야 대장장이가 될 자신의 미래에 만족하지 못한다. 우연히 접한 상류층의 삶을 동경하게 되고, 거기서 만난 소녀를 좋아하게 되면서 계급적 열등감에 시달리며 우울하고 불행한 사춘기를 보낸다. 그러던 중 기적처럼 찾아온 뜻밖의 행운으로 신사 교육을 받기 위해 런던으로 떠난다.

한편, 『허클베리 핀의 모험』의 허크가 뗏목을 타고 미시시피강을 따라 도망친 일차적 동인은 살아남기 위한 생존욕구다. 하지만 그 중심에는 무엇에도 얽매이지 않고 가장 자기다운 자유로운 삶을 살겠다는 강한 의지가 작용한다고도 볼 수 있다.

핍의 진정한 신사 되기

핍이 살던 19세기 영국 사회에서 일반적 의미의 '신사'란 생계를 위해 굳이 노동할 필요가 없을 만큼 일정 수준 이상의 수입이나 재산을 소유한 사람으로서 적당한 교육을 받고, 세련된 교양과 예의범절을 갖추고, 명예를 소중히 여기며, 존경할 만한 도덕성과 인격을 지닌 사람을 말한다. 그러므로 당대 현실에서 '신사'라는 계급은 당연히 세습재산이나 귀족 혈통에 의해 계승되던 사회적 신분이었다.

하층계급 출신의 핍은 이름 모를 후원자로부터 지원을 받는다. 그는 약속된 유산과 런던에서 받게 될 교육과 교양을 바탕으로 자신도 '신

『위대한 유산』에 실린 프란시스 아서 프레이저의 삽화(1877).

사'가 될 수 있으리라는 기대를 갖는다. 그러나 막상 런던에 도착하여 사교계의 이른바 '신사'들과 어울리면서 사치와 낭비벽에 빠지고, 오히려 소박하고 순수하던 시절의 진실성마저 상실하고 속물적인 인간으로 전락해 버린다. 런던으로 찾아온 매형 조를 부끄럽게 여기는가 하면, 어린 시절 그가 잠깐 도움을 준 적이 있던 죄수 메그위치를 다시 만나자 강한 혐오감을 내비친다. 사람을 오직 그 신분과 외모로만 판단해 버린 것이다.

핍은 마침내, 자신을 후원해 준 진짜 은인이 죄수 메그위치이며, 자신이 이른바 '신사 교육'을 받는다는 명목으로 낭비해 버린 돈이 그의 힘겨운 노동을 통해 주어진 것이었음을 알게 된다. 이를 계기로 핍은 자신이 부끄럽게 여겼던 매형 조는 물론, 혐오스럽게 여겼던 죄수 메그위치조차 자신보다 더 나은 인간이라는 사실을 깨닫는다. 이후 핍은 변하게 된다. 메그위치의 탈출을 돕고, 그가 탈출에 실패하자 재판받고 병으로 사망할 때까지 그 곁을 지키며 점차 도덕성을 회복해 간다.

재정적 타격은 물론 그동안의 시련으로 몸과 마음이 다 무너져 한동안 열병을 앓았던 핍은, 자신을 극진하게 간호해 주었을 뿐 아니라 빚까지 해결해 주고 떠난 조를 생각하며 자신이 그동안 얼마나 배은망덕한 인간이었는지 다시금 깨닫는다. 조야말로 진정 '고결한 인간(gentle man)'으로 칭할 만한 사람임을 인정하며, 진정한 '신사(gentleman)'란 물질과 외모가 아닌 인간다움에 기초하는 것임을 비로소 이해하게 된다.

허크의 문명사회 탈출기

한편, 허클베리 핀의 이야기도 문명, 교양, 종교, 인간의 진정한 양심에 대한 물음을 제기한다. 허크는 미국 남부의 가난한 백인 소년이다. 술주정뱅이에 부랑자인 아버지에 의해 거의 방치되자, 마을의 더글라스 과부댁이 양자로 삼아 이른바 '교양 있는' 사람으로 만들려고 교육을 시킨다. 허크는 그 갑갑한 격식을 견디지 못하고 도망치다가 때마침 나타난 아버지에게 붙들려 매질과 위협을 당하고, 이를 피해 달아나다 우연히 도망 노예 짐을 만난다. 둘은 홍수에 떠밀려 온 뗏목을 타고 미시시피강을 따라 함께 탈출의 여정에 오른다.

허크와 짐이 탈출하려는 곳은 이른바 문명세계다. 인간을 짐승처럼 대우하는 야

만적인 노예제도가 버젓이 자리하고 있으면서도, 멀끔한 문명의 얼굴을 하고 있는 지극히 모순적인 사회다[미국 남북전쟁(1861~65) 이전의 남부사회에는 흑인 노예제도가 존재했다].

핍의 런던 생활과 마찬가지로, 미시시피강을 따라 겪게 되는 허크의 경험 또한 일종의 산교육이다. 허크는 뗏목을 타고 미시시피강을 따라 내려가면서 강변 마을들에서 겪는 끔찍한 경험을 통해 각성하고 성장한다. 형제애를 강조하는 설교를 들으러 교회에 가면서도 버젓이 총을 들고 있는 모순적인 모습, 허울뿐인 가문의 명예를 위해서 살인도 불사하는 극악함, 유산상속 과정에서 적나라하게 드러나는 인간들의 탐욕과 무지 등을 보며, 귀족이나 학식을 갖춘 '교양인'들의 위선과 악을 경험한다.

반면에 허크는 도망 노예인 늙은 짐에게서 오히려 참 인간적인 면모를 발견하게 된다. 핍이 죄수 메그위치와 대장장이 조와의 관계 회복을 통해 도덕성을 회복한다면, 허크는 흑인 노예 짐과의 인간적 유대를 통해 도덕성을 회복한다고 할 수 있다.

사실 허크는 어쩔 수 없는 상황이라 짐과 함께 뗏목을 타고 달아나지만, 흑인 노예인 짐을 백인인 자신과 동등한 인간으로 바라보지는 않았다. 어느 날 짙은 안개로 인해 짐과 허크가 서로 헤어지는 사고가 발생하게 된다. 짐이 너무나 걱정하면서 찾아헤매다 지쳐 뗏목 위에서 잠시 잠든 사이에 허크가 돌아오고, 잠에서 깬 짐은 부둥켜안고 좋아서 어쩔 줄 몰라 한다. 그러자 허크는 장난기가 발동하여 안개도 사고도 헤어짐도 없었고, 그저 꿈을 꾼 것뿐이라고 짐을 바보 취급하며 놀린다. 이에 짐은 인간의 진심을 거짓말로 조롱하는 사람은 쓰레기 같은 인간이라고 꾸짖는다. 허크는 자신의 행동을 수치스러워하면서 비열

함을 인정하고 사과한다. 허크의 심경을 소설은 다음과 같이 기술한다.

> 내가 검둥이한테 가서 내 머리를 숙이고 사과하기로 결심하기까지는 15분이나 걸렸습니다. 그러나 마침내 나는 이 일을 해내고 말았지요. 나중에 가서도 그에게 사과한 것을 후회한 적이 없습니다. 이 일이 있고부터는 다시는 그에게 비열한 장난을 치지 않았습니다. 만약 짐이 그렇게까지 마음 상할 줄 알았더라면, 아마 처음부터 그런 장난을 치지 않았을 겁니다.

허크의 경우에는 인간성 회복에서 미시시피강이라는 대자연의 치유력이 좀 더 큰 영향력을 미친다. 강을 통한, 즉 자연과의 교감을 통한 인간성의 회복이 두드러지게 그려진다. 작가 마크 트웨인은 미시시피강을 개인의 양심과 인간 사회의 도덕성을 시험하는 장소로 보고 있다.

사실 허크는 짐과 함께 뗏목을 타고 도망치는 내내 마음이 편치 않

다. 노예제도 아래 남부사회에서 흑인 노예는 주인의 사유재산과 다름 없었다. 허크는 노예의 탈출을 돕는 것은 절도행위와 마찬가지라는 것을 알았기에 종종 양심의 가책으로 괴로워한다.

그러던 어느 날 짐이 백인에게 잡혀 위기에 처하게 되고, 허크는 짐에 대한 걱정과 지금껏 탈출을 도와온 행동에 대한 죄의식 내지 양심의 가책으로 심하게 갈등한다. 결국에는 "좋아, 난 지옥으로 가겠어." 하며 짐의 주인에게 고발하려고 썼던 편지를 찢어버리고 그를 구하기로 결심한다. 사회가 구속하는 양심이나 법에 따라 행동하기보다는 자신의 직관에 따른 참다운 양심을 따르기로 선택한 것이다. 이는 마크 트웨인 자신이 언급한 바 '자연의 건전한 마음'과 '잘못 훈련된 사회의 병든 양심' 사이의 갈등에서, 마침내 미시시피강 한가운데에서 병든 양심이 온전히 회복되고 자연의 건전함이 승리로 귀결되는 장면이라 할

미국의 화가 루이스 헨리가 그린 뉴올리언스에서 본 미시시피 강의 모습. 허크는 미시시피 강에서 양심을 온전히 회복하고 성장한다. 자연은 그때나 지금이나 인간을 회복시키고 성장케 한다.

것이다.

허크는 예상치 않게 친구 톰 소여[4]를 만나고, 우여곡절 끝에 짐은 자유의 몸이 된다. 사실 짐은 노예주였던 왓슨의 유언으로 이미 해방된 상태였다. 그런데 톰이 이 사실을 숨긴 채 모험심과 재미를 이유로 '노예 탈출 대소동'을 벌이며 그를 놀잇감으로 삼았던 것이다. 미시시피강을 벗어나 결국 도착한 곳은 톰과 같은 백인들이 여전히 주인이 되는 세상이었다. 허크는 그런 세계에 더 이상 머무를 이유가 없었다. 허크는 더글라스 아주머니의 양자로 돌아가기를 거부하고 새로운 곳을 찾아 떠난다.

내 신발은 내 발에 맞게

핍과 허크의 성장과정이 각각 다르고, 둘의 선택이 다소 다를 수 있다. 각자는 각자의 상황에서 각자의 방식으로 성장한다. 그럼에도 핍과 허크에게서 공통적으로 발견되는 가장 중요한 것이 있다. 그것은 '인간다움'을 잃지 않고, 그 인간다움을 가장 아름답게 구현하는 방식으로 나아갔다는 점이다.

북미 원주민들 사이에 전해져 오는 지혜의 말이 있다. "내가 어떤 사람인지 알기 위해 다른 사람의 말을 듣는 것은, 나의 신발을 만들기 위해 다른 사람에게 내 발 크기를 묻는 것과 같다."(조셉 부루착, 『그래도 너의 길을 가라』, 85쪽)라는 재미있는 비유다. 다른 사람의 말을 듣고 만든 신발이 내 발에 들어맞을 리 없다. 나를 가장 잘 아는 사람은 바로 나 자신이기에, 내 길은 내가 찾아갈 수밖에 없다.

---

4 마크 트웨인의 또다른 소설 『톰 소여의 모험』의 주인공이다.

스티븐, 홀든, 조너스, 그리고 핍과 허크. 우리의 주인공들 모두가 그랬듯, 여러분 각자는 자기 이름의 의미와 자신이 원하는 길, 자신이 원하는 더 나은 삶을 찾아 나아가길 바란다. 여러분 자신의 선택을 믿고, 자신만의 방식으로 나아가는 데 그들의 이야기가 도움이 되었기를 바란다. 물론 책 몇 권 읽었다고 해서, 어느 날 갑자기 삶 전체가 변화된다든가, 혹은 지금까지의 삶의 방향을 완전히 바꾸기는 쉽지 않을 것이다. 다만, 여러분 각자 본연의 모습을 찾아가는 데 조금이나마 도움이 되고, 이를 계기로 내면이 좀 더 단단해지고 삶의 결이 다양하고 풍요로워질 수 있기를 소망한다.

함께 보면 좋은 고전

찰스 디킨스, 『위대한 유산(*Great Expectations*)』, 1860.
마크 트웨인, 『허클베리 핀의 모험(*The Adventures of Huckleberry Finn*)』, 1885.

더 읽으면 좋을 글

조셉 부루착, 『그래도 너의 길을 가라』, 홍주연 옮김, 북스넛, 2012(1994).
메리 올리버의 시, 〈여행(The Journey)〉.

"내 생각은 달라. 계속 써야 중요해지는 거야." 그러니 이제부터 손가락을 움직여 뭐라도 써보는 것은 어떨까. 세상 한 귀퉁이에서 벌어지고 있는 당신의 작은 이야기들을.

5장

원작과 함께 영화 읽기

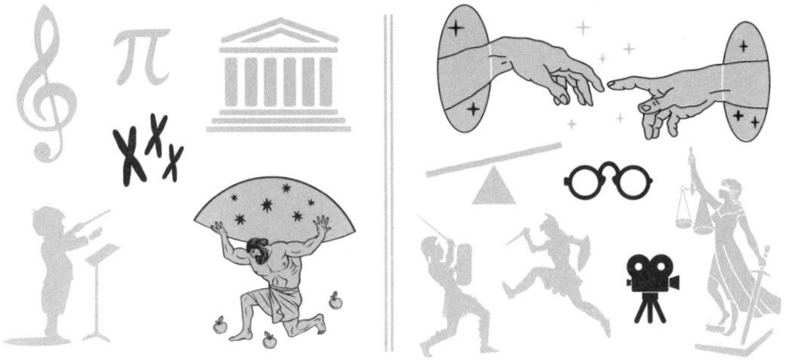

최은 | 영화는 좋은 선생이자 인생에 주어진 선물이라고 믿는 영화평론가다. 중앙대학교에서 영화이론 박사학위를 취득했다. 현재 영상문화연구소 필름포스의 대표로 기고와 방송을 통해 대중과 만나고 있다.

1

꿈꾸는 '개츠비'들을 위한 위로의 한마디

프랜시스 스콧 피츠제럴드의 『위대한 개츠비』와 바즈 루어만 감독의 〈위대한 개츠비〉

1922년, 뉴욕의 신흥 부자들이 사는 동네에서는 주말마다 초호화 파티가 열린다. 초대장 없이 누구나 참석할 수 있는 이 파티는 제이 개츠비(레오나르도 디카프리오 분)라는 백만장자가 여는 것인데, 막 이사하여 그의 옆집에 살게 된 닉 캐러웨이(토비 맥과이어 분)는 개츠비가 과거에 자신의 사촌 데이지(캐리 멀리건 분)와 사귀었던 사이임을 알게 된다.

데이지는 부유한 가문의 톰 뷰캐넌(조엘 에저튼 분)과 결혼했지만, 톰은 마을에 정부를 두고 있고, 데이지는 전혀 행복해 보이지 않는다. 5년 만에 데이지 앞에 나타난 개츠비는 신분과 재산의 차이로 놓칠 수밖에 없었던 그녀를 되찾고 싶어 한다. 그가 만을 사이에 두고 데이지의 저택이 마주 보이는 건너편에 집을 마련한 것과 주말마다 파티를 여는 것은 오로지 데이지를 다시 만나기 위해서다.

작가 피츠제럴드와 금주법 시대의 개츠비

1896년생인 프랜시스 스콧 피츠제럴드(1896~1940)는 미국 중서부 미네소타주의 세인트폴에서 태어났다. 작가를 꿈꾸며 프린스턴대학에 입학했으나, 1차 세계대전에 참전하기 위해 중퇴하고 입대했다. 남부에서 군사훈련을 받았는데, 이때 그는 앨라배마주 대법원 판사의 딸인 젤다 세이어를 만났다. 둘은 곧 약혼했으나, 명문가 출신인 젤다는 별로 내세울 것 없던 이 젊은 군인에게 "나를 부양할 남자를 찾는다."고 말하며 파혼을 선언한다.

피츠제럴드는 제대 후 자전적인 소설 『낙원의 이편』(1920)으로 큰 성공을 거두고 결국 젤다와 결혼했다. 두 사람은 유럽 여러 국가를 여행하며 호화로운 생활을 즐겼는데, 이 비용을 지불하기 위해 그는 평생 짧은 소설과 시나리오 각색이나 수정작업 같은 돈 되는 일에 매달려야 했다. 그럼에도 늘 빚을 안고 살았고, 일찍이 얻은 알코올 중독과 병고 끝에 40세의 나이에 어느 호텔에서 심장마비로 생을 마감했다. 젤다는 신경쇠약과 잦은 발작에 시달리다가 말년을 정신병원에서 보내던 중 병원에 화재가 발생해서 피츠제럴드 사후 8년 만에 사망했다.

가난한 집안 태생의 개츠비와 명문가 데이지의 사랑 이야기에서 우리는 작가 자신의 경험을 엿볼 수 있다. 피츠제럴드가 『위대한 개츠비(*The Great Gatsby*)』(1925)를 발표한 1920년대 중반, 미국은 1차 세계대전 이후 신흥강대국으로 부상하면서 경제와 문화, 스포츠, 과학기술과 예술 전반에 걸쳐 고도의 성장과 번영을 누리고 있었다. 하지만 이와 동시에 곧 발생할 경제위기(1929년 대공황)를 비롯한 총체적인 불안과 혼란의 싹도 키워내고 있었다.

피츠제럴드는 자신과 작품의 주인공들처럼 중서부 출신이면서 작가

지망생이었지만, 성공에 대한 야망을 품고 월스트리트에 진출한 젊은이 닉 캐러웨이를 화자로 삼았다. 닉은 영화 초반 보이스오버 내레이션(화면에 나타나지 않는 화자의 목소리)을 통해 젊은이들이 전국 각지에서 월가로 모여들었고, 금주법으로 알코올이 금지되었지만 술값은 더 싸져서 사람들은 흥청망청 즐기게 되었다고 증언한다.

번영의 정점에서 쇠락이 준비되고 있는 이 모순의 시대에 개츠비는 짧은 기간에 성공한 사업가로 다시 데이지 앞에 나타난다. 무일푼의 서민 사내가 갑부 신사가 되기에 5년은 충분했을까?

피츠제럴드는 그 시절이라면 그럴 수 있었다고 말한다. 월스트리트에서 '합법적으로' 주식투자를 해서 성공하든지, 불법적인 경로로 술과 약물을 거래하는 암흑가와 결탁하든지. 다만 개츠비에게는 두 경로가 별개의 것이 아니었던 것 같다. 시카고에서 자꾸 걸려오는 전화와 '울프샴'이라는 암흑가 거물과의 거래 등에서 개츠비의 성공이 합법적인 것과는 거리가 있음을 암시한다.

그런데도 '위대한' 개츠비라고 말하는 것이 괜찮을까? 개츠비는 정말로 위대한가? 데이지를 향한 사랑 때문인가? 그것은 혹시 반어법이었을까?

안에 있으나 밖에 있었던 인물, 닉

영화에서 개츠비를 '위대하다'고 선언하는 인물은 닉이다. 닉은 원작에서도 화자 역할을 하는데, 그는 어린 시절부터 아버지에게서 들어온 말을 이렇게 전한다. "누군가를 비판하고 싶을 때는 이 점을 기억해 두는 게 좋을 거다. 세상의 모든 사람이 다 너처럼 유리한 입장에 서있지는 않다는 것을." 닉은 아버지의 가르침에 따라 사람들을 쉽게 판단하

1926년 개봉된 파라마운트사의 영화 〈위대한 개츠비〉의 로비 카드.

지 않는 성품으로 자란다. 판단을 유보하는 것, 그것은 절대 진리와 신의 존재에 대해 회의하던 20세기 지식인들의 태도이기도 했다.

흥미롭게도 바즈 루어만의 영화 〈위대한 개츠비〉(2013)는 매우 신중한 성격에, 최악의 경우라도 조금 우유부단할 뿐인 닉을 정신병원에 보내는 것으로 이야기를 시작한다. 영화 초반에 닉은 알코올 중독과 공황장애, 불면증과 우울증을 진단받고, 의사로부터 글을 써보라는 제안을 받는다. 그렇게 개츠비의 이야기가 영화 속 이야기로 서술된다.

닉은 세상에서 가장 매력적인 웃음을 지닌 신비한 인물 개츠비를 어디까지 믿어야 하나 의심쩍어 하면서 관찰한다. 그러다 어느 순간 자신이 타인의 '비밀을 지키는 자'가 되어 있다는 사실을 발견한다.

가장 먼저 그는 톰 뷰캐넌과 정비공 윌슨의 아내 머틀의 부적절한 관계를 눈감아 주는 역할로 개츠비와 데이지의 세계에 애매하게 개입하기 시작한다. 그리고 이내 개츠비와 데이지의 비밀을 지켜줄 뿐 아니라 그들의 재회를 돕기까지 한다. "그해 여름 나는 두 번째로, 안에 있으나 밖에 있었다."라고, 두 사람을 위해 자리를 피해 밖에 나와있던 닉은 말한다.

첫 번째로 그가 "안에 있으나 밖에 있었던" 것은 톰과 머틀의 아지트에서 광란의 파티를 즐기던 밤이었다. 그는 그 환락의 세계에 환멸을 느끼며 동시에 매료되었다고 고백한다. 영화는 이 장면을 술에 취한 채 톰의 아파트 창에서 도시를 내려다보는 닉 자신을 점잖은 차림을 한 또 다른 닉이 거리에서 올려다보고 서있는 것으로, 따라서 안에도 있고 밖에도 있는 닉을 한 화면에 담는 것으로 재치 있게 표현했다. 1920년대 중반 미국 사회와 환락의 세계 안과 밖에 걸쳐있으면서 작가 자신이 느낀 환멸과 매혹이기도 했을 것이다.

관찰자로서 이야기를 다 마친 후 닉은 자신이 쓴 글의 제목을 '개츠비'라고 타이핑한다. 그러고는 잠시 서성이다가 다시 원고로 돌아가 손글씨로 제목 앞에 "위대한(The Great)"을 덧붙인다. 따라서 영화 〈위대한 개츠비〉는 본디 사람들을 쉽게 판단하지 않는 성향을 지녔던 닉이 관찰자였다가 마침내 평가자가 되는 이야기로 피츠제럴드의 원작을 다시 읽어낸 작품이라고 할 수 있다. 그런가 하면 원작과 영화에서 모두 평가자 이상의 역할을 부여받은 인물이 또 있다. 바로 '닥터 애클버리의 눈'과 그를 닮은 노인이다.

심판자의 눈: "신께서는 다 아시지"

톰과 데이지의 공간인 이스트에그와 개츠비의 웨스트에그가 있는 롱아일랜드에서 유흥지인 타운으로 가는 길목에는 '잿더미 계곡'이라 불리는 노동자들의 공간이 있다. 윌슨의 정비소와 주유소가 있는 지역이기도 하다. 이곳에는 한때 유명했던 안과의사 '닥터 애클버리'의 거대한 광고판이 서있는데, 낡고 방치되어 이제는 흉물이다.

큰 안경을 쓴 '애클버리의 눈'은 영화에서 최소한 아홉 번 이상 메시지를 담은 이미지로 등장한다. 이를테면 무언가 의심스럽거나 진실이 필요할 때, 카메라는 어김없이 이 '눈'을 쓰윽 훑고 지나간다. 예컨대 개츠비가 노란 차에 처음 닉을 태우고 타운으로 나들이를 갈 때, 머틀이 개츠비의 차에 치어 사망할 때와 같은 장면들이다. 그중 가장 중요한 것은 윌슨이 개츠비를 죽이려고 결심하는 부분이다.

톰의 계략으로 머틀을 죽게 한 것이 개츠비라고 믿게 된 윌슨은 서랍에서 총을 꺼내며 이렇게 말한다. "신께서는 다 아시지(God sees everything)." 이때 카메라는 윌슨의 집에서부터 위로 치솟아 잿더미 계곡 위에 세워져 있는 애클버리의 눈을 클로즈업한다. 닉의 시선은 관찰자이면서 최선을 다해 평가할 뿐이지만, 모든 것을 알고 있는 이 시선은 진실의 눈이며 심판자의 시선이다. 그렇다면 과연 신은 개츠비를 어떻게 볼 것인가?

개츠비의 파티에서 닉이 만난 한 노인에 주목해 보면 대략 알 수 있다. 올빼미를 닮은 이 신사는 사람들이 자신을 보고 '애클버리의 눈'을 닮았다고 말한다고 한다. 그런데 원작에서 이 노인은 단 두 번 등장한다. 한 번은 영화에서도 나오듯이 개츠비의 서재에서다.

"세상에, 이 모든 게 다 진짜 책들이라니."

소설 『위대한 개츠비』에서 노인은 이렇게 말했다. 그런데 영화에서는 이렇게 말한다.

"개츠비는 허상이요. 존재하지 않아요."

원작에서 이 노인은 개츠비가 실재이고 '진짜'임을 증명한다면, 영화에서는 반대로 주장하는 셈이다.

한편 이 신사가 원작에서 두 번째로 등장하는 장면은 개츠비의 장례

피츠제럴드 작품의 주요 주제는 아메리칸드림이다. 『위대한 개츠비』 또한 그 연장선상에 있다. 그림은 미국 국채를 광고하는 1917년 포스터 중 일부. 배에 탄 이민자들과 자유의 여신상이 보인다.

식이다. 그는 닉에게 그 많던 개츠비의 식객들이 다 어디로 갔냐고 묻는다. 닉이 모두 가버렸다고 말하자 올빼미 신사는 "불쌍한 놈."이라고 중얼거린다.

영화에서 이 신사는 장례식에는 등장하지 않는다. 이 노신사를 통해 작가 피츠제럴드가 말하고 싶었던 것은 허상이나 헛된 희망이 아니라 냉혹한 현실이고, 어쩌면 신의 시선으로 보았을 때 비로소 보이는 연민이었을 것이다. 모든 것을 아는 신은 개츠비를 불쌍히 여긴다.

하지만 영화는 노신사를 장례식장에 다시 불러들여 동정하는 대신, 닉의 원고에서 우리가 보았듯이, 역시나 '위대한' 개츠비를 최종 판단으로 삼기로 한다. 영화의 닉은, 그러니까 루어만의 영화는 적어도 개츠비를 불쌍하게 기억하고 싶지는 않았던 것 같다. 심지어 여기서 디카프리오가 연기하는 개츠비는 윌슨의 총에 맞아 죽어가면서도 데이지를 생각하며 미묘하게 웃고 있다. 마지막 순간에 그는 만 건너편 데이지네 선창가의 초록색 불빛을 응시한다. 최악의 순간에 그가 끝까지 붙들고 있던 희망이다.

개츠비는 (왜) 위대한가?

오랫동안 피츠제럴드의 『위대한 개츠비』는 20세기 초 '좌절된 아메리칸드림'의 상징이었다.

따지고 보면 개츠비는 범죄자나 옛사랑에 집착하는 남성이기 전에 성실한 청년이었다. 하지만 그의 성실함은 그에게 약속된 땅을 곧바로 안겨다 주지는 않았다. 열일곱 살에 집을 나와 우연히 전복한 요트를 만나 갑부 노인의 생명을 구해주었고, 그에게 아들처럼 사랑받았지만, 그는 이전의 소설들에서 흔히 그랬듯이 노인의 양자가 되지도 못했고 큰 재산을 상속받지도 못했다. 단지 부자들의 말투와 매너를 익혔을 뿐이다.

근면성실하면 반드시 성공한다는 아메리칸드림, 그리고 착하게 살면 신이 복을 내릴 거라는 근본주의적인 믿음도 모두 그를 비껴갔다. 습득한 매너로 부자들을 흉내낼 수는 있었지만, 개츠비는 그들과 섞일 수 없었고, 톰과 데이지의 세계에서 그가 합법적으로 획득할 수 있는 땅은 없었다. 밑바닥부터 시작한 그가 성공하는 것은 불법과 범죄와의 결탁이 아니면 불가능한 일이었다고, 피츠제럴드는 냉정하게 고발한다.

반면 손에 먼지 하나 묻히지 않고 타인을 짓밟는 일이 가능할 뿐 아니라, 부와 지위를 유지하는 조건으로 서로의 배신과 악행을 묵인하는 톰과 데이지의 세계는 웬만하면 중립을 지키는 닉이 보기에도 "썩어빠진" 것이다. 그래서 닉은 마지막에 개츠비에게, "저들은 모두 썩었어. 저들 모두를 합한 것보다 네가 더 훌륭해."라고 말한다.

한편으로 개츠비의 '위대함'이란 절대성이 무너진 시대, 20세기가 제안하는 상대적인 평가였다고 볼 수 있다. 그가 세련되지는 못했지만 처음부터 끝까지 성실했고, 순수한 사랑 때문에 희생하는 인물이었다는 점도 중요하다.

하지만 그보다 영화는 개츠비가 매일같이 노려보던 선창가의 초록색 불빛에 더 큰 의미를 두고 있는 것처럼 보인다. 닉이 아는 한 "희망에 대한 촉수가 가장 예민한 사람"이었던 그는 죽어가면서까지 데이지를 생각했고, 데이지가 자신에게 오리라는 기대를 버리지 않았다.

그러므로 피츠제럴드를 재해석한 영화 〈위대한 개츠비〉를 따라 우리는 이렇게 말할 수 있다. 어려운 시절을 견디는 동안, 여전히 꿈을 꾸고 심장이 멎는 순간까지 희망의 초록 불빛을 응시한다면, 당신은 위대하다.

함께 보면 좋은 고전

프랜시스 스콧 피츠제럴드, 『위대한 개츠비』, 김욱동 옮김, 민음사, 2009.
프랜시스 스콧 피츠제럴드, 『위대한 개츠비』, 김영하 옮김, 문학동네, 2009.

함께 보면 좋은 영화

잭 클레이튼, 〈위대한 개츠비〉, 1974.
로버트 마르코비츠, 〈위대한 개츠비〉, 2001.
바즈 루어만, 〈위대한 개츠비〉, 2013.

2

여성이 쓰고 만든 여성들의 이야기

루이자 메이 올컷의 『작은 아씨들』과 그레타 거윅의 〈작은 아씨들〉

마치 가의 네 자매 중 둘째 조(시얼샤 로넌 분)는 뉴욕의 한 잡지사에 원고를 들고 찾아간다. 〈주간 볼케이노〉의 편집장 대쉬우드(트레이시 레츠 분)는 짧고 자극적이고, 교훈적인 내용은 삭제하고, 여자 주인공은 반드시 죽거나 결혼해야 한다는 조건을 붙여 조의 원고에 20달러를 지불한다. 조는 자신의 단편을 익명으로 출간하기로 한다. 소원하던 대로 글을 파는 작가가 되고 프레드리히 바에르 교수(루이 가렐 분)와의 의미 있는 만남이 막 시작되려던 즈음, 조는 베스(엘리자 스캔런 분)가 위독하다는 연락을 받고 고향인 메사추세츠 콩코드로 향한다. 몸이 약한 베스는 7년 전에도 심하게 앓은 적이 있다.

한편, 조 대신 마치 대고모의 유럽여행에 동행하게 된 에이미(플로렌스 퓨 분)는 파리에서 원하던 그림 공부를 하고 있고, 로리(티모시 살라메 분)의 가정교사였던 존 브룩(제임스 노턴 분)과 결혼한 메그(엠마 왓슨 분)는 두 아이의 엄마가 되어 있다. 로리는 조에게 청혼했다가 거절당했고, 상심해서 방황하다가 떠난 유럽여행 중에 에이미를 만난다.

작가가 된 둘째 딸, 루이자 메이 올컷

1832년, 펜실베이니아주의 저먼타운에서 출생한 루이자 메이 올컷(1832~88)은 작품의 배경인 메사추세츠 콩코드에서 어린 시절을 보냈다. 네 자매 중 둘째였고, 일찍부터 글을 써서 가족을 부양했다는 점도 『작은 아씨들(*Little Women*)』의 조와 닮았다. 베스처럼 실제로 올컷의 바로 아래 동생 엘리자베스는 피아노를 잘 쳤고 성홍열로 요절했다. 넷째 동생 애비게일 메이는 에이미처럼 그림을 잘 그렸으며, 언니 애나의 성격도 메그와 비슷했다고 한다. 단, 프레드리히 교수와 결혼하는 조와 달리, 루이자는 평생 독신이었다.

루이자의 아버지 에이머스 브론슨 올컷은 당대 지식인이었던 랄프 월도 에머슨과 헨리 데이비드 소로 같은 인물들과 함께 '초월주의'를 실천하고 실험하는 사상가였는데, 현실적으로 가계에 전혀 도움이 되지 않았다. 그래서 어머니인 애비게일 메이 올컷은 삯바느질과 청소, 하숙과 같은 일들로 생계를 책임져야 했다. 동시에 애비게일은 여성 참정권운동과 인권운동에 앞장서는 활동가였는데, 루이자도 노예해방운동과 여권운동에 적극적으로 참여했다. 병을 얻어 한 달밖에 일하지 못했지만, 남북전쟁 때 종군간호사로 자원해서 입대하기도 했고, 1868년에는 '뉴잉글랜드 여성참정권협회'에 가입하고 향후 콩코드 지역의회 선거를 위해 등록한 최초의 여성이 되었다.

초월적인 신앙과 이상을 추구하면서도 동시에 인종차별과 같은 현실의 고통에 눈감기를 거부했던 루이자의 삶은 그의 작품세계에 잘 녹아 있다. 루이자는 조처럼 생계를 위해 선정소설이나 단편들을 쓸 때조차도 여성과 흑인, 소외된 존재 들의 삶에 특별한 관심을 보였다. 예컨대 남북전쟁이 한창이던 시기에 쓴 단편 〈병원 스케치〉(1863), 〈나의 콘트라밴드〉(1863), 〈한 시간〉(1864)에서는 인종차별과 노예해방 문제를 다루었고, 당대 유행이던 선정소설이라 할 수 있는 〈가면 뒤에서, 또는 여자의 능력〉(1866) 같은 작품에서는 가진 것 하나 없는 여성이 스스로의 지혜와 모략으로 원하는 것을 성취하는, 오늘날의 시선으로 보아도 상당히 급진적인 이야기를 흥미진진하게 펼쳐놓는다.

'작은 아씨들', 세 명의 작가

그렇다면 루이자 메이 올컷에게 큰 명성을 안겨준 소설 『작은 아씨들』은 어떨까? 선량하고 사랑스러운 자매들이 등장하는 이 이야기는 급진적이기보다는 언뜻 암울한 시기를 견디게 하는 예쁜 동화처럼 읽힌다. 지난 세기 동안 이 작품이 전 세계에서 수많은 영화와 드라마로 만들어져 사랑받아 온 이유이기도 하다.

하지만 배우이자 작가 출신 감독으로서, 자신의 두 번째 연출작으로 〈작은 아씨들〉을 선택한 그레타 거윅에게 이 작품은 훨씬 특별한 의미를 지닌 것처럼 보인다. 실제로 거윅은 어린 시절부터 『작은 아씨들』을 수없이 읽었고, 그때마다 조에게 자신을 동일시해 왔다고 밝혔다. 하지만 그는 시간이 지날수록 19세기 여성작가로서 올컷이 지닌 급진적인 면모에 더 감동하게 되었다. 그는 영화에서 이 부분을 더 깊이 다루기로 한다.

2019년에 제작된 영화 〈작은 아씨들〉에서 우리는 세 명의 작가를 만날 수 있다. 원작자인 루이자 메이 올컷과 그가 창조한 조세핀 마치(조), 그리고 그들을 재해석한 그레타 거윅 감독이 그들이다. 특별히 이 세 번째 작가는 그간 평범하게 해석되어 온 인물들에게도 입체적인 성격을 부여한다. 재능 있는 네 자매는 물론이고, 영화에 나오는 여성들이 모두 꿈을 가진 여성들이었다는 점을 강조한다. 작은 아씨들과 엄마, 그리고 마치 대고모까지도. 그들은 각자 나름의 방식으로 최고로 강인했다. 그러니까 죽음으로 생을 마감한 베스조차도.

질투하고, 사랑하고, 아프면서도 꿈을 꾸는 여성들

원작에서 메그는 온갖 화려한 물건들로 가득한 예쁜 집을 갖고 싶다고 말했고, 조는 이렇게 말했다. "모두가 조 마치를 기억하게 할 거야."

베스의 꿈은 모두가 안전하게, 한 집에서 사는 거였다. 에이미는 세계 최고의 화가가 될 거라고 했고, 마지막으로 로리는 오페라를 쓰고 원하는 대로 사는 것이 꿈이었다. 소설의 결말에서 이들 중 꿈을 완전하게 이룬 사람은 아직 아무도 없다. 하지만 그들은 끝까지 희망을 갖고 있었다. 그레타 거윅은 어쩌면 이 꿈들을 완결하겠다고 결심했을 것이다.

작가가 된 조의 이야기부터 시작해 보자. 영화 〈작은 아씨들〉은 자신의 원고를 들고 대쉬우드의 〈주간 볼케이노〉 사무실 앞에서 망설이는 조의 뒷모습으로 시작한다. 마지막 신에서는 인쇄소가 딸린 자기 소유의 사무실에 서있는 조의 뒷모습을 비슷한 이미지로, 다만 한결 밝은 톤으로 보여준다. 조는 곧 앞을 향해 돌아서는데, 영화는 창밖을 내다보며 미소를 짓는 정면의 얼굴로 진짜 마감을 삼았다. 바로 앞 장면에서는 조의 사무실에서 붉은 가죽 장정의 『작은 아씨들』이 인쇄되고 있었는데, 따지고 보면 이것은 판권을 넘기라는 대쉬우드의 제안을 조가 거절했기 때문에 가능했다. 시얼샤 로넌이 연기하는 조는 호탕하게 말했다.

"500달러(판권료)는 넣어두세요. 내 책은 내가 가질게요."

또 그는 인세를 올려달라며, 이렇게 주장한다.

"내 주인공들을 결혼시키는데 그 정도는 받아야겠어요."

실제로 루이자 메이 올컷은 인세를 직접 흥정해서 높은 값을 받아냈고 책의 판권을 본인이 소유했다.

한때 조의 원고를 불태울 만큼 즉흥적이고 어렸던 에이미는 영화 〈작은 아씨들〉에서 가장 생생하고 입체적인 인물로 성장한다. 에이미와 조는 어려서부터 서로 질투하고 경쟁해 온 자매 관계를 섬세하게 연기한다. 조는 에이미가 항상 모든 것을 다 갖게 되고 자기밖에 모른다고 생각한다. 반면 에이미는 항상 조에게 밀려 2인자의 설움을 겪는다고 느낀다. 조에게 거절당한 로리가 사랑을 고백하자, 에이미는 말한다.

"평생 조에게 밀려 살았어. 난 대역은 싫어."

그리고 제도의 한계와 모순 속에서 사는 당대 여성들에게 결혼이 왜 '거래'일 수밖에 없는지, 로리에게 단호하게 설명한다. 조가 작품 속 주인공들을 결혼시킬 것인지 말 것인지를 놓고 출판사와 거래를 했다면, 에이미는 현실에서 직접 그렇게 할 수 있다고 말하는 여성이었던 셈이다.

메그는 어떤가? 혹시 메그는 꿈을 포기하고 주저앉은 대표적인 여성이 아닌가? 약간의 사치를 동경하면서 가끔은 불평도 하지만, 대체로 돈 몇 푼에 쩔쩔매는 삶에 만족하며 아이 둘을 키우고 있으니 말이다. 적어도 조가 보기에는 그렇다. 하지만 메그는 조에게 이렇게 말한다.

"내 꿈이 네 꿈과 다르다고 해서 중요하지 않은 것은 아니야. 난 집과 가족을 갖고 싶어. 기쁘게 일하고 싸워나갈 거야. 그걸 존과 같이하고 싶어."

이런 메그를 엠마 왓슨이 맡았다는 점이 중요하다. 2014년 유엔 다보스 포럼에서 연설하면서 화제가 된 엠마 왓슨은 이 시대의 대표적인 페미니스트 배우로 잘 알려져 있다. 메그의 이 말은 바로 그 엠마 왓슨이 이야기했기 때문에 더 특별한 의미를 갖게 된다. 뛰어난 배우이기도 한 감독 그레타 거윅은 어떤 배우에게 어떤 역할을 부여해야 최고의 시너지를 만들어 낼 수 있을지 정확하게 이해하고 있다.

그런 의미에서 엄마 마치 부인과 마치 대고모를 각기 존재감이 남다른 배우 로라 던과 메릴 스트립에게 맡긴 선택도 탁월했다. 마치 부인이 조에게 "넌 나를 닮았어."라고 말하는 장면이 특히 인상적이다. 그녀는 온화하고 다정한 지금의 성정을 지니기까지 40년이 걸렸다고 고백한다. 마치 부인으로서는 대단한 재산으로 일가를 이루는 것이 꿈의 완성이 아니라, 스스로의 인격이 성공의 증명이었다.

반면 메릴 스트립이 연기한 마치 대고모는 처음에는 고약한 부자 노인네로 보이지만 자매들이 꿈을 이룰 수 있는 가장 현실적인 매개가 되어준다. 대고모는 엄격하게 말하자면 '시어른'임에도 불구하고, 자신의 혈육인 마치보다 "남편 잘못 만난 마치 부인"에게 더 많이 공감하는 모습을 보인다. 정작 자신은 독신으로 살면서 "시집 잘 가야 한다."고 다그치고, 자매들에게 "네 엄마처럼 될 생각이냐."고 자주 묻는 것은 바로 그런 이유다. 대고모는 에이미에게는 유럽 유학 특전을, 조에게는 마지막 꿈을 이룰 공간인 플럼필드 저택을 선물한다.

베스의 꿈이 만들어 낸 유토피아

마치 대고모가 유산으로 물려준 플럼필드에 조는 학교를 세운다. 원작에서 조는 학교 이름을 자신과 프레드리히의 성을 따라 '바에르 학교'로 지었다. 백인 남자아이들을 위한 명문 사립학교인데 쿼드룬(흑인의 피가 4분의 1 섞인 백인)과 엄마가 없고 불우한 소년들까지 받아주는, 당시로서는 드물게 파격적인 학교였다. 로리의 할아버지인 로렌스가 이 아이들을 위해 장학금을 제공한다. 로리와의 경험 덕에 엄마 없는 소년들을 다루는 것은 조의 '전공'이나 다름없었다.

영화 〈작은 아씨들〉은 결말에서 이 학교를 '바에르 학교'가 아닌 '플럼필드 아카데미'라고 부르고, 소년들뿐 아니라 소녀들이 함께 뛰어다니는 생동감 있는 장면을 선보인다. 카메라가 무심히 훑고 지나가는 수업 장면들에서 흑인 여자아이들과 남자아이들, 백인 여자아이들이 드문드문 보이는 것이 압권이다. 150년 전에 노예해방을 위해 전장에 나가던 여성작가가 꿈꾸었던 유토피아의 최대치가 '쿼드룬'과 불우한 가정환경을 가진 소년들을 위한 학교였다면, 21세기 여성 감독이 그려낸 유토피아의 경계는 그보다는 훨씬 넓어지는 것이 당연하지 않겠는가.

그들이 무엇을 가르치고 배우는지도 중요하다. 연기에 남다른 재능이 있던 메그는 연극을 가르치고, 음악은 독일인 프레드리히가 가르친다. 에이미는 그림 선생이 되었고 로리는 아기를 본다!

음악을 가르치는 것이 오페라를 꿈꾸던 로리가 아니라는 데 주목해 보자. 여기서 프레드리히는 조를 '구원'하고 돕기 위해 이 가족에 뛰어든 흑기사가 아니라, 마치 가문과 조의 세계를 완전하게 하는 역할에 더 맞아떨어지는 것으로 보인다.

영화 〈작은 아씨들〉은 프레드리히가 조를 만나러 왔을 때, 베스의 피아노를 연주하는 장면을 만들어 넣었다. 베토벤 피아노 소나타 8번 〈비창〉이다. 첫 회상 장면에서 베스의 테마로 사용된 바로 그 곡이다. 이렇게 해서 이 영화는 프레드리히에게 조를 가정에 안주하게 하는 보통의 남편이라기보다는, 베스의 빈자리를 메우고 꿈을 완성하는 존재이면서 완벽한 예술을 위한 퍼즐 같은 역할을 부여했다.

영화의 조는 이 모든 이야기를 책으로 써서 남긴다. 루이자 메이 올컷의 것이기도 한 조의 소설 『작은 아씨들』은 그렇게 빛을 보았다. 이것은 자기가 죽을 것을 알고 있던 베스가 남긴 꿈이기도 했다. 베스는 우리 이야기를 써달라고 부탁했고, 조는 약속을 지켰다. 더욱이 플럼필드 아카데미라는 유토피아적인 공동체는 "내 꿈은 모두가 안전하게 한 집에서 살면서 가족들을 돌보는 거야."라던, 베스의 꿈과도 일치한다. 영화 말미에 플럼필드의 마당에 모두 모여 함께 마치 부인의 생일을 축하하는 모습은 베스가 꿈꾸던 가족의 풍경이었다.

어떤 이야기를 쓸 것인가?

> **조:** 자매가 투닥대고 웃는 이런 글을 누가 읽겠어? 중요할 것도 없는 얘기잖아.
>
> **에이미:** 그런 글을 쓰지 않으니까 안 중요해 보이는 거지.
>
> **조:** 글은 중요성을 반영하지 부여하진 않아.
>
> **에이미:** 내 생각은 달라. 계속 써야 중요해지는 거야.

영화 〈작은 아씨들〉의 마지막 즈음, 에이미와 조는 이런 대화를 나눈다. 나라를 구할 만큼 중요한 메시지는 아닐지라도, 투닥거리며 웃고

울게 하는 사소한 이야기들에는 힘이 있다.

전쟁과 궁핍을 일상으로 겪은 루이자가, 가장 사랑하는 동생을 잃은 조가, 한때 고향을 떠나 낯선 도시를 헤맨 경험이 있는 그레타가 그렇게 부추긴다. 그러니 이제부터 입을 열고 손가락을 움직여 뭐라도 써보는 것은 어떨까. 세상 한 귀퉁이에서 벌어지고 있는 당신의 작은 이야기들을.

함께 보면 좋은 고전

루이자 메이 올컷, 『작은 아씨들』, 공보경 옮김, 윌북, 2019.
루이자 메이 올컷, 『초월주의의 야생귀리』, 서정은 옮김, 문학동네, 2014.
루이자 메이 올컷, 『가면 뒤에서』, 서정은 옮김, 문학동네, 2017(2013).

함께 보면 좋은 영화

조지 쿠커, 〈작은 아씨들〉, 1933.
머빈 르로이, 〈작은 아씨들〉, 1949.
질리언 암스트롱, 〈작은 아씨들〉, 1994.
그레타 거윅, 〈작은 아씨들〉, 2019.

3

뒤바뀐 여성과 남성의 미덕

제인 오스틴의 『에마』와 어텀 드 와일드의 〈엠마〉

하이베리의 하트필드에 사는 스물두 살 엠마(안야 테일러 조이 분)는 최근 자신의 가정교사였던 테일러(젬마 웰런 분)와 이웃의 웨스턴(루퍼트 그레이브즈 분)을 중매하는 데 성공했다. 엠마의 다음 목표는 교구 목사 엘튼(조쉬 오코너 분)이다. 마침 시내 기숙학교의 해리엇 스미스(미아 고스 분)를 알게 된 엠마는 엘튼과 해리엇을 맺어주기로 결심한다. 해리엇에게는 구혼자가 있었는데, 농부인 마틴이 해리엇에게 청혼하자, 엠마는 그를 거절하도록 해리엇을 교묘하게 부추긴다.

문제는 엘튼이 해리엇에게는 전혀 관심이 없고, 언감생심 엠마를 마음에 품고 있었다는 것. 엠마에게 거절당한 엘튼은 즉시 마을을 떠나 불과 몇 주 만에 유부남이 되어 돌아온다. 상당한 지참금을 지닌 호킨스(타냐 레이놀즈 분)가 엘튼 부인이 되었다.

한편 엠마를 어릴 때부터 지켜봐 온 나이틀리(자니 플린 분)는 엠마가 사람들에게 영향력을 미치며 즐거워하는 것이 못마땅하다. 30대 후

반의 신사 나이틀리는 돈웰 애비의 주인이며, 일찍 결혼해서 집을 떠난 엠마의 언니 이자벨라의 아주버니(남편의 형)이기도 하다. 웨스턴의 아들 프랭크와 마을의 수다쟁이 여인 베이츠(미란다 하트 분)의 조카 제인 페어팩스(앰버 앤더슨 분)가 하이베리에 방문하면서 인물들의 애정 관계는 더욱 복잡해진다.

연애담과 중매를 즐기던 비혼주의자, 제인 오스틴

영화의 원작인 『에마(*Emma*)』는 제인 오스틴(1775~1817)의 소설 중에서도 가장 많은 커플들이 사랑하고 오해하고 어긋나면서 복잡하게 연결되는 작품이다. 인물들을 넓게 펼쳐놓고 이리저리 엮어주고 누군가는 비밀리에 약혼하게 했다가 드디어 결혼시키며 행복해했을 작가의 모습은, 중매를 취미로 삼아 무료한 생활에 활기를 더하는 주인공 엠마에게서 살짝 엿볼 수 있다. 오스틴은 소설 『에마』에 대해 "나 말고는 아무도 좋아하지 않을 성격의 여성이 주인공인 작품이다."라고 말했다.

과연 엠마는 특별하다. 예쁘고 당차고 구김 없는 성격에 부자일 뿐 아니라, 당대 여성으로서는 물론 제인 오스틴의 주인공으로서도 드물게 결혼에 목을 매지 않는 인물이다. 엠마는 해리엇에게 이렇게 말한다.

"걱정 마, 해리엇. 난 가난한 노처녀가 되지는 않을 테니까. 사람들이 독신을 경멸하는 이유는 단 하나, 가난 때문이잖아! … 하지만 부유한 독신녀는 언제나 존경받고 다른 누구 못지않게 분별력 있는 기분 좋은 사람으로 여겨질 거야."

오스틴은 엠마를 통해 결혼제도가 가난한 여성들을 얼마나 비참하게 만드는지 역설적으로 보여주었다.

엠마처럼 제인 오스틴도 결혼할 생각이 없었지만, 그가 처음부터 결혼에 전혀 관심이 없었던 것은 아니다. 더욱이 제인은 엠마처럼 귀족도 아니었고 무료할 새도 없었다.

1775년 영국 남부 스티븐턴 교구 목사의 둘째 딸, 여덟 동기 중 일곱째로 태어난 제인 오스틴은 41세에 생을 마감할 때까지 여섯 편의 장편소설을 남겼다. 1815년에 발간된 『에마』 외에 『오만과 편견』(1813), 『이성과 감성』(1811), 『맨스필드 파크』(1814)가 생전에 출간되었고, 유작으로 『설득』(1817), 『노생거 사원』(1817)이 있다. 여기에 10대 시절에 쓴 중편 소설 『레이디 수전』(1794)을 포함한다면 총 일곱 권의 책으로 제인 오스틴을 만날 수 있다.

충분히 짐작할 수 있듯이, 18세기에 여성이 책을 낸다는 것은 쉬운 일이 아니었다. 버지니아 울프는 유명한 에세이 『자기만의 방』에서 "여성이 픽션(소설)을 쓰려면 일정한 수입과 자기만의 방이 있어야 한다."고 말했는데, 제인 오스틴에게는 수입도 자기만의 공간도 없었다.

당대의 많은 비혼 여성들이 그랬듯이, 제인 오스틴은 아버지 사망 후 친척 집을 전전하며 불안정한 생활을 해야 했다. 그나마 말년에 친척 집안의 상속자가 된 넷째 오빠가 마련해 준 초턴의 집에 정착한 것은 뒤늦게 찾아온 행운이었다.

어머니와 언니 카산드라와 함께 1809년에 초턴으로 이사해서 정착한 이후, 제인 오스틴은 생의 마지막 8년을 비로소 전업작가로 살게 된다. 생전에 오스틴은 익명으로 글을 썼는데, 네 번째 작품인 『에마』가 출간될 즈음 작가로서 명성을 얻어가던 중이었다. 하지만 안타깝게도 1816년부터 앓기 시작해서 다음 해 치료를 위해 두 달째 머물던 윈체스터에서 다시 돌아오지 못했다.

스무 살에 떠나보낸 첫사랑이 이루어졌다면 혹시 사정이 달랐을까.

언니 카산드라가 그린
제인 오스틴의 뒷모습
수채화(1804).

한때 제인 오스틴은 톰 르프로이라는 아일랜드 태생 법학도와 사랑에 빠졌다. 그런데 그에게는 부양해야 할 가족이 열 명이나 있었고, 그의 후견인인 친척이 오스틴을 달가워하지 않았던 것으로 알려져 있다. 짧은 만남을 뒤로하고 톰은 곧 결혼했고, 제인은 이후 넉넉한 재산을 가진 남성들에게서 두 번의 청혼을 받지만 모두 거절하고 비혼을 선택했다. 그리하여 오스틴은 스스로 창조한 세계에서 자신의 인물들에게 최고의 짝을 선물하는 것을 평생의 업으로 삼았다.

21세기의 엠마는 무엇이 다른가?

신데렐라 이야기 같기도 하고 천생 사랑 이야기이며 거의 모든 주인공이 결혼에 성공하는 제인 오스틴의 소설들은 전 세계 로맨스 영화들이 가장 사랑해 온 아이템이다. 덕분에 제인 오스틴은 출간한 전 작품이 영화로 만들어진 보기 드문 작가가 되었다. 기네스 펠트로 주연의 1996년 작 〈엠마〉를 비롯해서, 『에마』도 여러 차례 영화화된 대표적인 작품이다.

21세기 〈엠마〉의 연출을 맡은 어텀 드 와일드는 사진작가 출신 감독이고, 출연 배우들은 패션모델로 유명하다. 최근 '호러 퀸'으로 주목받고 있는 주인공 안야 테일러 조이는 〈보그〉의 모델이었고, 해리엇 스미스 역을 맡은 미아 고스는 '눈썹 없는 프라다 모델'로 불렸다. 프랭크 웨스턴과 비밀 약혼을 한 제인 페어팩스 역은 앰버 앤더슨이 연기했는데, 그는 피아노를 전공했고 '버버리 걸'로 유명하다. 나이틀리 역의 자니 플린은 영화 〈송 원〉(2015)에도 출연했던 실력파 뮤지션이다.

그리하여 영화화된 〈엠마〉에는 사상 최초로 '노래하는 나이틀리'가 나타났고, 나이틀리의 청혼을 받는 엄중하고 심각한 순간에 '호러 퀸'이기도 한 우리의 엠마는 갑자기 코피를 터뜨려, 자신이 출연했던 공포영화의 한 장면처럼 얼굴이 피범벅이 된다.

게다가 나이틀리가 등장하는 첫 장면에서 우리는 그의 얼굴을 보기 전에 나체의 뒷모습을 먼저 접하고, 엠마가 간간이 코르셋을 벗어던지고 치마를 들어 올리는 것을 보게 되기도 한다. 이런 장면들은 고전의 무게(코르셋 같은)를 잠시 벗어놓고 대중문화의 아이콘과 이미지를 최대한 활용해서 관객들과 소통하려는 영화 〈엠마〉의 익살스러운 구애 같기도 하다. 가장 대중적인 이야기로 당대의 독자들을 사로잡았던 제인 오스틴의 소설을 오늘날 대중문화의 기호들과 엮어서 재해석하는 시도로 보아도 좋겠다.

하지만 이 작품이 특별한 것은 그뿐만은 아니다. 어텀 드 와일드 감독의 〈엠마〉는 제인 오스틴이 어떤 부분에서 비판받아 왔고, 어떤 지점에서 한계를 보였는지, 충분히 학습되어 있는 성실하고 영리한 영화이기도 하다.

사실 21세기의 감수성으로 다시 읽자면, 소설 『에마』는 오늘날의 독자들을 불편하게 할 만한 여지를 갖고 있다. 첫째로 엠마가 전제로 하는 계급의식이 그렇고, 둘째로는 젠더 감수성의 측면에서 보이는 한계도 문제적이다. 어텀 드 와일드 감독의 영화 〈엠마〉는 이 부분들에 대해 조금 더 적극적이고 공격적으로 오스틴을 옹호하고 재해석하기로 한 것처럼 보인다.

제인 오스틴의 또 다른 작품 『오만과 편견』의 삽화. 1885년 C. E. 브록의 일러스트다. 『에마』, 『오만과 편견』 등 제인 오스틴의 작품들은 전 세계 로맨스 영화들이 가장 사랑해온 아이템들이다.

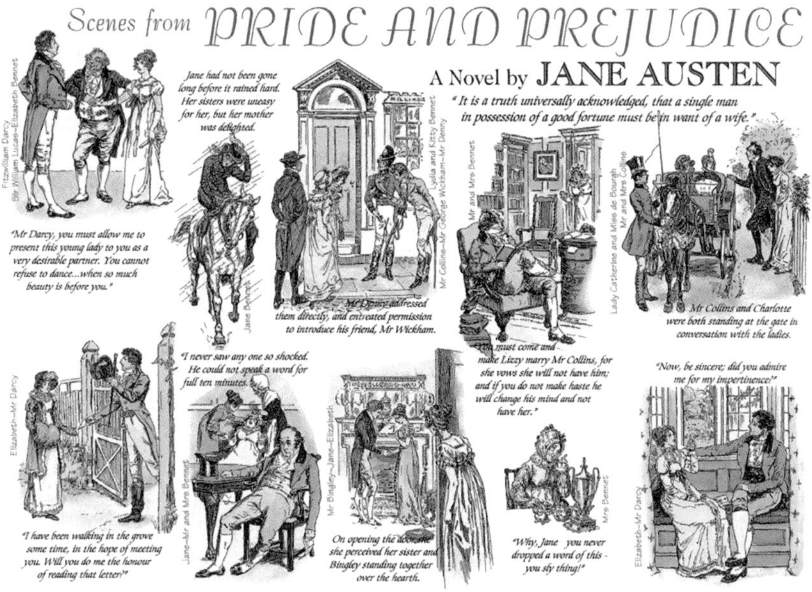

전복의 상상력: 여성과 남성의 미덕 바꾸기

먼저, 계급과 관련하여 사생아 신분인 해리엇을 에마가 어떻게 생각했는지부터 떠올려 보자.

엠마는 교구 목사 엘튼과 해리엇을 맺어줘야겠다는 의욕에 불탄 나머지, 해리엇이 어느 귀족의 사생아일 거라고 마음대로 단정한다. 신분과 상관없이 너는 사랑받을 만하다고, 해리엇을 격려하고 자존감을 북돋아 준다.

그런데 계급에 대한 엠마의 생각은 실상 모순적이고 한계를 가진다. 귀족의 사생아인 것으로 추정되는 해리엇이 교구 목사 엘튼과 결혼하는 것은 괜찮고, 부잣집에 입양되어 간 프랭크를 만나는 것도 괜찮지만, 원작의 표현대로라면 "오염되지 않은 혈통을 지닌" 나이틀리를 넘보는 것은 가당치도 않다고 생각한다. 그래서 마지막에 해리엇이 사랑하는 것이 프랭크가 아니라 나이틀리였다는 것을 알고 나서 엠마는 큰 충격에 빠진다. 그는 자신이 해리엇에게 쓸데없는 '헛바람'을 들게 했다고 생각하고 반성하기까지 한다. 하지만 그보다 더한 반성은 해리엇의 친부가 귀족이나 신사가 아니라 상인이라고 밝혀졌을 때 등장한다. 원작에서 제인 오스틴은 이렇게 썼다.

> 에마가 장담해 마지않던 훌륭한 집안 핏줄이란 결국 이 정도였다! … 나이틀리 씨, 혹은 처칠 집안한테, 심지어 엘튼 씨한테 어떤 연을 맺어줄 뻔했나! 사생아라는 오점은, 귀족 신분이나 부로 희석하지 않는 한 엄연히 오점으로 남았을 것이다. _『에마』, 민음사, 698쪽

그러고 보면 엠마는 어쩔 수 없는 19세기 귀족 여성이었고, 편견과

금기의 '선'을 갖고 있었다. 같은 이유로 제인 오스틴이 당대의 계급사회에 순응하는 작가였다고 말할 수도 있을 것 같다.

2020년의 영화 〈엠마〉는 바로 이 부분을 단단히 물고 늘어진다. 엠마는 영화 말미에서 자기가 분수에 넘치는 희망을 갖게 한 바람에, 해리엇이 농부 마틴을 거절해서 기회를 놓쳤다고 미안해한다.

나이틀리는 자신이 마틴을 설득해서 다시 청혼하게 하겠다고 말하는데, 엠마는 단호하게 거절한다. "아뇨. 제가 할게요." 엠마는 직접 마틴의 농가에 선물을 들고 찾아갔을 뿐만 아니라 해리엇의 친부와 가족들을 모두 하트필드에 초대하기로 한다. 소설 속 엠마였다면 상상하지 못할 일이다. 소설 속 엠마는 귀족이라면 사교모임으로 만날 수 있고, 빈민이라면 자선을 명목으로 방문할 수 있지만, 자작농인 마틴 가족 같은 부류와 교류하는 일은 없을 거라고 생각했기 때문이다.

더욱 인상적인 것은 영화에서 엠마가 마틴을 찾아가면서 자신의 방식대로 사과하지 않았다는 점이다. 엠마가 마틴에게 건넨 바구니에는 직접 그린 해리엇의 초상화와 거위 한 마리가 담겨 있다. 초상화는 엘튼이 사다 준 오르골 액자 대신 돌돌 말아 리본을 단 소박한 것이고, 거위의 경우는 해리엇에게 호감을 보일 때 마틴이 거위를 선물했다는 이야기를 기억한 것이다. 영화에서 엠마는 '귀족다운' 화려한 선물이 아니라, 투박하고 소박한 농부의 방식을 따라 선물을 준비한다.

요컨대 오스틴의 소설 속 엠마가 그랬듯, 영화에서도 엠마는 확실히 성숙하고 성장한다. 하지만 이 경우는 단지 반성만 하는 것이 아니라 책임지고 스스로 문제를 수습하고, 오스틴이 뛰어넘지 못한 계급의식의 한계까지도 넘어섰다는 점이 의미심장하다.

더 나아가 영화는 오스틴의 원작에서 급진성이 돋보이는 부분을 잘 찾아냈다. 영화에서 엠마는 나이틀리의 청혼을 받았을 때 고민하고 근심한다. 늙고 건강이 좋지 않은 아버지 우드하우스를 혼자 남겨둘 수 없다고 생각했기 때문이다. 나이틀리는 당장 "내가 들어가서 살면 되지."라고 말한다. "우리집으로 모셔오면 되지."가 아니라, 자기가 하트필드에 와서 살겠다고 말했다는 점이 중요하다. 나이틀리는 건강 염려증이 있는 우드하우스가 집 밖으로 나가는 것을 가장 두려워하는 사람이라는 것을 잘 알고 있었다. 여기서 엠마는 깜짝 놀라며 이 결정이 의미하는 바를 정확하게 짚어낸다.

"독립적인 생활과 자기 집을 포기하겠다고요?!"

오스틴의 원작은 책임감이 흔히 남성의 미덕이고, 가진 것과 자유를 포기해야 하는 것은 매번 여성이었던 시절에 쓰인 작품이다. 반면 2020년의 영화 〈엠마〉는 원작에 전복적인 상상력을 더하면서 오스틴의 이 급진적인 아이디어를 나름의 방식으로 강조했다. 그리하여 영화에서 엠마는 잘못을 기꺼이 책임지는 여성이 되었고, 나이틀리는 스스로 자유를 포기하는 남성이 되었다. 책임지는 성숙과 포기하는 사랑, 유쾌하고도 사려 깊은 일이다.

함께 보면 좋은 고전

제인 오스틴, 『에마』, 윤지관·김영희 옮김, 민음사, 2015(2012).

함께 보면 좋은 영화와 드라마

더글라스 맥그라스, 〈엠마〉, 1996.
디아뮈드 로렌스, 〈엠마〉, 1996.
줄리언 재롤드, 〈비커밍 제인〉, 2007.
짐 오핸런, BBC 드라마 〈엠마〉, 2009.
어텀 드 와일드, 〈엠마〉, 2020.

4

더 나은 세상을 꿈꾸다

빅토르 위고의 『레미제라블』과 톰 후퍼의 〈레미제라블〉

배고픈 조카를 위해 빵을 훔쳐 수감된 장발장(휴 잭맨 분)은 몇 번의 탈옥을 시도했다가 형이 가중되면서 흉악범으로 낙인찍힌다. 19년 만에 가석방되어 나왔으나 장발장은 어디에서도 환영받지 못한다. 미리엘 주교(콤 윌킨슨 분)의 집에서 뜻밖의 환대를 경험했으나, 은식기 세트를 훔쳐 달아나다가 붙잡힌다. 미리엘 주교는 은촛대까지 쥐어주며 용서를 베풀었고, 크게 감동한 장발장은 완전히 다른 삶을 살기로 결심한다.

수년 후 장발장은 '마들렌 시장님'이 되어 있었다. 그런데 장발장의 간수였던 자베르(러셀 크로우 분)가 그 지역 경감으로 부임해 오면서 긴 추격전이 시작된다. 한편 장발장의 공장에서 일하던 팡틴(앤 해서웨이 분)은 죽어가면서 자신의 딸 코제트(아만다 사이프리드 분)를 장발장에게 부탁한다.

성인이 된 코제트와 장발장이 다시 자베르와 마주친 것은 왕당파와 공화당파의 대립이 극심하던 해다. 혁명군의 젊은이 마리우스(에디 레드메인 분)는 코제트를 사랑하게 된다. 다시 자베르에게 쫓기는 신세가 된 장발장은 봉기가 있던 날, 자베르를 죽일 수 있는 기회가 있었으나 살려주고, 마리우스의 생명도 구한다. 장발장에게 은혜를 입은 자베르는 스스로 수치를 견디지 못하고 강물에 몸을 던지고, 마리우스와 코제트는 결혼한다. 장발장은 모든 것을 털어놓고 코제트를 마리우스에게 부탁하고, 미리엘 주교와 팡틴이 인도하는 가운데 영혼의 안식을 맞는다.

낭만주의 작가, 현실 정치인, 빅토르 위고

톰 후퍼가 연출한 영화 〈레미제라블〉은 “프랑스혁명 발발 후 26년, 국왕은 다시 왕위에 올랐다.”는 설명과 함께, ‘1815년’이라는 시대 배경을 알리는 자막으로 시작한다. 수도원에 숨어있다 나온 장발장과 코제트가 마리우스를 만나고 자베르에게 다시 쫓기는 때도 영화는 ‘1832년’이라는 시대를 명시한다. 빵 한 조각을 훔친 사내 ‘장발장 이야기’는 실상 대단히 정치적인 이야기이기도 하고, 역사적인 배경을 가지고 있다고 말하는 것처럼 보인다. 실제로 원작을 쓴 빅토르 위고(1802~85)는 당대 유명한 정치인이었고, 일생을 통해 프랑스 역사에 깊이 관여했다.

1802년 프랑스의 브장송에서 태어난 빅토르 위고는 나폴레옹 휘하의 장군이었던 부친을 따라 열여섯 살까지 이탈리아와 스페인 등지에서 살았다. 그는 일찍부터 정치활동을 시작했는데, 젊어서는 왕당파였으나 후에는 공화당파로 열렬한 민주주의자가 되었다.

『레미제라블(*Les Miserables*)』에서 할아버지가 왕당파이고 아버지가 나폴레옹 휘하의 장군이었으며 자신은 혁명파인 마리우스에게는 얼마간 빅토르 위고 자신의 모습이 새겨져 있다. 위고는 제2공화국에서 의회 의원을 지내기도 했는데, 1851년 루이 나폴레옹 보나파르트가 쿠데타를 일으키고 프랑스 제2제국이 수립되던 해(1852)에 황제(나폴레옹 3세)로 등극하는 제정정치에 반대했다가 벨기에로 망명한다. 빅토르 위고는 『레미제라블』을 이 시기, 망명 중에 집필했다.

영화 〈레미제라블〉이 주목하는 1815년은 왕정복고기가 시작되던 해다. 나폴레옹이 패망한 후, 대혁명으로 처형된 루이 16세의 뒤를 이어, 망명 중이던 루이 18세가 돌아와 부르봉 왕가를 재건한다. 한편 마리우스가 혁명에 가담한 1832년은 루이 필립 재임 시절이다. 이 시기 프랑스는 왕정과 공화정이 애매한 형태로 공존했는데, 공화당파 지도자 라마르크의 서거를 기점으로 공화당의 혁명군이 봉기를 일으켰다. 이를 '6월 봉기'라고 한다. 1832년 6월 5일부터 6일, 이틀에 걸친 봉기에서 주로 학생들이 중심이 된 혁명군은 군주제 폐지를 주장했다. 하지만 시민들의 참여가 저조했던 탓에 진압군 73명과 저항군 93명의 희생을 남기고 종결되었다.

낭만주의 시인이자 소설가로서, 또 정치인이자 휴머니스트로서 빅토르 위고는 이 작품에서 대혁명으로 왕을 끌어내렸지만 곧 왕보다 더한 황제가 등극했고, 황제가 쫓겨나고 다시 왕이 세워졌으나 세상은 여전히 비참할 뿐이었다고 고발한다. 1885년 폐렴으로 사망한 그의 유언장에는 가난한 사람들의 관 제작비로 5만 파운드를 남긴다고 되어 있었다. 가난하고 비참한 이들을 위한 연민과 죽은 자들에게 남긴 온정을 생각하면, 그가 산 자들의 인권과 삶의 질에도 틀림없이 관심을 두었을 거라고 짐작할 수 있다. 그의 장례식에는 유럽 전역에서 200만 명의 인파가 몰려들어 존경과 애정을 표했다.

노래로 다시 쓴 레미제라블

영화 〈레미제라블〉은 카메론 매킨토시가 제작한 동명 뮤지컬을 제2의 원작으로 한 작품이다. 1985년 런던에서 초연된 매킨토시의 뮤지컬은 대부분의 대사가 노래로 되어 있는 '성 스루(sung through)' 뮤지컬로 전 세계 40여 개가 넘는 국가에서 상연되었다. 영화 〈레미제라블〉에는 뮤지컬 원작의 곡들이 대부분 그대로 사용되었다. 주옥같은 노래들이 많은데, 그중 〈내일이 오면(One day more)〉은 여러모로 가장 인상적인 곡 중 하나다.

1832년 6월 봉기가 일어나기 직전, 혁명 전야에 거의 모든 등장인물들이 나와, 내일이면 있을 일들에 대해 각자 기대와 흥분과 두려움과 슬픔을 노래한다. 자베르를 다시 마주친 장발장은 코제트를 데리고 새로운 곳으로 떠나 내일부터는 완전히 다른 삶을 살겠다고 결심하고, 코제트는 마리우스와 헤어져야 할 날이라 슬프고 안타깝다. 혁명군의 리더 앙졸라는 내일이면 왕정이 무너지고 세상이 뒤집힐 것이라고 선언하고, 자베르는 혁명군 틈에 잠입해서 그들을 일망타진할 생각을 하고 있다. 사랑에 빠진 마리우스는 코제트와 혁명 사이에서 갈등하다가 혁명을 위해 남기로 결심하고, 마리우스를 사랑하는 에포닌은 그의 마음이 온통 코제트를 향해 있음을 알고 슬퍼한다. 그 와중에 에포닌의 부모인 사기꾼 테나르디에 부부는 혼란을 틈타 시체들을 뒤져 크게 한몫 잡겠다고 잔뜩 들떠있다.

한 노래에 담긴 이들의 기대와 긴장은 인물들이 각자 어떤 삶을 꿈꾸었는지를 잘 보여준다. 요컨대 어떤 이는 용서와 자비를, 어떤 이는 법이 우선하는 정의로운 세상을, 어떤 이는 혁명을, 어떤 이는 사랑을, 또 다른 이는 돈과 '한탕'을 꿈꾼다.

『레미제라블』 초판(1862)에 실린 에밀 베야드의 삽화. 가난한 소녀 코제트의 이 이미지는 『레미제라블』 전체 이야기의 상징이 되었고, 뮤지컬 포스터 등에서도 대표적으로 이용되었다.

현실 정치의 난국을 헤치며 낭만적인 이상을 추구하는 글을 썼던 작가 빅토르 위고에게 가장 절박했던 것은 아마도 자비를 잃지 않으면서도 정의를 이루어 가는 방법이었을 것이다. 작가는 주인공 장발장과 자베르를 통해 고민의 깊이를 더한다. 영화도 이 점을 잘 살려냈다.

장발장의 자비(사랑)와 자베르의 정의(법)

미리엘 주교를 만난 후 장발장은 생전 처음 경험해 본 자비와 용서가 세상을 완전히 바꿀 수 있다고 믿었을 것이다. 죄수 24601이었다가 '장발장'으로, 장발장이었다가 '마들렌 시장'으로, 마들렌 시장에서 '코제트 아빠'로 변모하는 여러 인생의 중요한 순간과 고비마다 장발장은 하나의 질문을 던진다. "나는 누구인가(Who Am I)?"

영화 첫 장면에서 자베르는 가석방으로 출소하는 장발장을 굳이 "24601!"이라는 죄수번호로 불러 세운다. "나는 장발장이다!"가 장발장의 답이었다. 반면, 경감이 된 자베르가 장발장을 내내 의심하다가 그를 닮은 다른 죄수가 구속되었다는 사실을 알고 사죄했을 때, 당황한 장발장은 스스로에게 묻는다. "나는 누구인가?" 그리고 답하기를 "24601!"이라고, 이번에는 그 옛날 죄수번호로 자신을 호명한다.

자베르가 부르는 죄수번호 24601과 장발장이 기억하는 24601은 같은가, 다른가? 장발장이 자기로 오해받아 붙잡힌 죄수를 위해 법정에 자진 출두하면서 외친 "나는 장발장이다!"는 자베르가 고함치는 "너는 장발장이야!"와 같은가, 다른가? 다르다면 어떻게 다른 것일까?

장발장과 자베르, 둘은 모두 '죄수 장발장'을 호명하지만, 장발장이 스스로 외친 죄수번호는 죄인이었던 과거의 자신을 자책하며 죄책감에 빠지기 위한 것이 아니다. 장발장은 자신이 죄인이라는 것을 기억하

프랑스 화가 외젠 들라크루아의 〈민중을 이끄는 자유의 여신〉(1830).

고 있지만, 그것은 이미 용서받은 죄인, 다시 말하면 미리엘 주교로부터 용서와 자비를 경험한 죄인으로서의 정체성이다.

반면 자베르가 호명한 죄인은 죽어 마땅한 흉악범이다. 자신이 누구인지, 적어도 자베르가 주장하는 것보다는 정확히 알고 있던 '용서받은 죄인' 장발장은 새로운 정체성으로 자신이 무엇을 해야 할지도 잘 알고 있다. 그것은 생명을 살리는 일이다. 장발장은 그렇게 위험을 무릅쓰고 마차에 깔린 포슐르방 영감을 살리고, 코제트를 살리고, 마리우스와 심지어 자베르의 생명까지도 살린다. 마들렌 시장으로서 그가 먹여 살린 수많은 생명들은 말할 것도 없다.

그렇다면 자베르는 자신이 누구인지 잘 알고 있었을까? 원작에서 빅토르 위고는 자베르의 출생에 대해 자세히 설명해 두었다. 자베르는 사기꾼인 부모를 둔 덕에 감옥에서 나고 자랐다. 즉, 자베르가 보고 자란 세상은 두 부류의 인간으로 이루어져 있다. 죄수복과 간수복, 법을 어긴 자와 법을 수호하는 자, 벌 받는 자와 벌주는 자. 따라서 자베르가 부모를 따라 범죄자가 되지 않고 간수가 되고 경감이 된 것은 어쩌면 감옥에서 자란 아이가 꿈꿀 수 있는 최고의 모델에 도달한 것이라고 볼 수도 있다. 장발장을 좇는 집요함에서도 볼 수 있듯이, 그는 평생 성실했고 신념에 따라 흔들리지 않은 사람이었다. 게다가 장발장이 신에게 기도했듯이, 자베르도 신앙을 갖고 악을 처벌하게 해달라고 기도하는 사람이었다.

빅토르 위고는 이를테면 장발장을 성자로, 자베르를 악당으로 단정하지 않는다. 오히려 그들은 모두 더 나은 세상을 위해 각자의 방식으로 최선을 다해 사는 사람들이다. 자베르의 최후는 그래서 더욱 안타깝다. 자신을 끈질기게 쫓아다니는 자베르에게 장발장은 거듭 "당신과 나는 같은 꿈을 꾸고 있다."고 알려주지만, 자베르는 그것을 인정하지 못한다.

요컨대 자베르는 자신이 누구인지 정확하게 알지 못했고, 그 때문에 다른 사람은 물론이고 자신의 생명을 살리는 일, 다시 말하면 수치심을 견디고 '살아남는 일'에도 실패한다.

사랑과 자비가 지닌 힘

자베르가 몰랐던 것은 그뿐이 아니다. 벌주는 자와 벌 받는 자 사이에

'용서하는 자'가 있다는 사실을 인정하지 못했고, 평생 자명한 것이었던 신념이 무너지는 것을 감당하지 못한다. 원작에서 자베르는 이렇게 말한다.

> 장발장은 그를 당황하게 하고 있었다. 그의 전 생애의 거점이었던 모든 자명한 이치들은 그 사람 앞에서 무너져 가고 있었다. 자베르에 대한 장발장의 관용은 그를 압도하고 있었다. … 그것은 숭배할 만한 것이었다. … 징역수에 대한 존경, 그런 것이 있을 수 있을까? … 그는 아무리 몸부림을 쳐도, 마음속으로 그 죄인의 숭고함을 인정하지 않을 수 없었다. 그것은 가증스러웠다. _『레미제라블 5』, 민음사, 254쪽.

결국 자베르는 "그놈과 나는 이 세상에 공존할 수 없어."라고 결론짓는다. 자베르가 정의로운 세상을 간절히 원한 것은 분명하다. 단, 그가 생각하는 정의란 '징벌적인 정의', 즉 법이 최대치인 정의였다.

낭만주의 시인이자 소설가였고, 왕정과 공화정, 쿠데타와 제정을 모두 경험한 정치인이자 한때 법을 다루는 의회 의원이었던, 그리고 가난한 사람들을 위한 관을 유산으로 남긴 작가 빅토르 위고가 더 나은 세상을 꿈꾸며 가장 하고 싶었던 말은 바로 이런 것이 아니었을까. 자베르가 믿었던 것과 달리, 법은 정의를 위한 최대치가 아니라 최소한의 장치라는 것, 자비와 정의가 공존할 수 없는 것은 아니라는 것, 결국 법은 약자를 위해 작동할 때 가장 정의롭다는 것 말이다.

영화 〈레미제라블〉은 바리케이트 위에 올라선 사람들의 대열에 장발장이 합류하는 장면으로 끝이 난다. 장엄한 희망의 노래 〈민중의 노래(Do You Hear the People Sing?)〉를 외쳐 부르고 있는 그들은 모두 죽은 자들이다. 마치 희생 없이는 희망이 있을 수 없다는 듯이. 그런데 그들 곁에 자베르의 자리는 없다. 자베르는 자신이 자비를 얻는 것도, 죄수에게 자비를 베풀어야 하는 상황도 견딜 수 없어서 그토록 바라던 정의로운 세상을 끝내 보지 못한 것 아닐까.

우리는 불확실성이 가득하고, 많은 사람들이 각자 정의롭지 않다고 느끼는 것들에 항의하며 거리로 나오는 데 익숙한 시대를 살아가고 있다. 그래서 자칫 광장에 모인 사람들 수만큼의 정의가 존재(또는 부재)하기 쉬운 세상에, 〈레미제라블〉이 전하는 희생을 담은 희망의 메시지는 우리 모두가 더욱 귀담아들을 만한 것이 되었다.

함께 보면 좋은 고전

빅토르 위고, 『레미제라블 1~5』, 정기수 옮김, 민음사, 2012.

함께 보면 좋은 영상 및 영화

닉 모리스, 〈레미제라블 25주년 기념 공연 실황〉, 2010.
톰 후퍼, 〈레미제라블〉, 2012.

5

혈연을 넘어서는 가족

위화의 『허삼관 매혈기』와 하정우의 〈허삼관〉

1964년 충남 공주에 사는 허삼관(하정우 분)에게는 일락(남다름 분), 이락(노강민 분), 삼락(전현석 분)이라는 세 아들이 있다. 아내인 허옥란(하지원 분)과 함께 소박하지만 단란한 가정을 꾸리고 살던 허삼관은 어느 날, 일락이 자신의 아들이 아니라는 소문을 듣는다. 사람들은 일락이 갈수록 마을의 부자 하소용(민무제 분)을 닮아간다고 수군거린다. 소문은 곧 사실로 판명되고, 지난 11년 동안이나 피를 팔아 키운 것이 남의 자식이었다는 억울함과 자괴감에 삼관은 일락을 모질게 대한다.

그러던 어느 날 부자 하소용이 중병에 걸렸다. 무당이 친아들이 굿에서 아버지를 간절히 부르면 나을 수 있다고 해서 하소용의 아내 송씨(전혜진 분)가 삼관네 집에 찾아온다. 그동안 무시하던 일락의 양육비와 교육비까지 책임진다며 부탁하자, 허삼관 부부는 마지못해 일락을 보낸다. 이 일을 계기로 허삼관은 오히려 일락을 자신의 아들로 완전히 받아들이게 된다.

얼마 후 일락은 하소용과 유사한 병을 얻어 서울의 병원으로 치료를 받으러 간다. 허삼관은 공주에서 서울까지 가는 여정에서 가는 곳마다 피를 팔아 치료비를 마련하지만, 무리한 채혈로 생명을 잃을 뻔하고 돈까지 잃고 만다. 결국 일락의 치료비는 허옥란이 신장을 제공해서 얻은 보상금으로 충당하게 된다.

피를 뽑아 판다고?

허삼관은 일생의 중요한 일이 있을 때마다 피를 뽑는다. 허옥란과 첫 데이트 비용을 마련할 때도, 일락이 동네 친구와 싸우고 와서 빼앗긴 살림살이를 찾아올 때도 피를 뽑으러 간다. 그리고 결정적으로 아들의 치료비를 마련하는 원정 매혈 여행을 하게 되기까지, 1950~60년대, 성실했지만 가진 것은 몸뚱이뿐이던 가장 허삼관에게 매혈은 여윳돈을 마련할 수 있는 가장 손쉬운 수단이자, 사실상 그가 아는 유일한 방법이었다.

실제로 한국에서는 1970년대까지도 직업적으로 공혈(供血)을 하던 사람들이 적지 않았다. 이들 중 상당수가 거주지가 분명치 않았고, 70퍼센트 이상이 생활고를 이유로 피를 팔게 되었다고 한다. 그보다 앞서 1956년에는 학비를 벌기 위해 매혈을 하고 나서 사망한 학생에 관한 기사가 큰 이슈가 되기도 했다.

영화 〈허삼관〉의 원작인 위화의 『허삼관 매혈기(許三觀 賣血記)』에는 허삼관의 친구 근룡이 주기적으로 피를 뽑다가 사망한 것으로 나온다. 한 번 헌혈하면 6개월 동안은 다시 할 수 없었는데, '혈두'라는 관리인이나 의사에게 뇌물을 주면 그보다 자주, 심지어 한 달에 몇 번까지도 피를 팔 수 있었다.

아직 유교사상이 뿌리 깊던 시절의 일이다. 피를 뽑아 파는 일은 부모가 주신 신체 일부를 포기하는 일이므로 천륜에 어긋나는 것이라는 인식이 있었다. 한국이나 중국이나 매혈은 의지와 관습과는 별개로 어려운 시절을 견디기 위한 서민들의 눈물겨운 분투였다.

중국 근현대사와 위화의 『허삼관 매혈기』

1960년생인 위화가 중국을 대표하는 세계적인 작가로 주목받게 된 것은 장이머우 감독이 영화 〈인생〉으로 칸에서 황금종려상을 수상한 1994년 즈음이다. 이 작품의 원작이 위화의 『살아간다는 것(인생)』(1993)이었다.

위화는 『허삼관 매혈기』(1996) 외에도 장편소설 『형제』, 『제7일』과 다수의 산문집을 썼는데, 그의 소설들은 모두 허삼관처럼 중국의 가슴 아픈 근현대사를 통과하는 개인을 집중적으로 조망한다. 특히 암울한 현실에도 불구하고 작가는 익살과 유머를 놓지 않는다. 『허삼관 매혈기』에서 피를 더 뽑기 위해 물을 몇 사발씩 들이켜고 사색이 되어 소변을 참는 사내들의 모습 등에서 볼 수 있는 것처럼, 차마 웃지 못할 비극의 순간에도 웃음을 얹어두었다.

위화가 어린 시절과 청년기에 경험한 중국 근대사의 핵심에는 모택동의 문화대혁명, 등소평의 개혁개방 같은 굵직한 사건이 있었다. 그리고 작가가 태어난 해는 대약진운동이 한창이던 시기였다.

1958년에 시작되어 1962년 초 실패로 막을 내린 중국의 대약진운동은 당대의 강국이던 영국을 뛰어넘고 미국을 따라잡자는 모토를 앞세운 농공업 진흥정책이었다. 사회주의혁명 후 농촌 곳곳에 용광로를 만들어 철 생산을 강제하고, 농촌의 현실을 무시한 채 집단농장을 밀어붙여 농민들을 공포와 기근으로 몰아넣었다. 약 3년 정도 지속한 이 운동으로 중국 전역에서 3000만 명에서 최대 5000만 명에 이르는 사람들이 아사했으며, 이 일로 모택동이 주석 자리를 내려놓게 된 큰 사건이었다. 허삼관과 마을 남자들이 가족을 부양하기 위해 피를 팔아야 했던 사정의 배경에는 이런 빈궁한 중국의 역사적인 모순이 깊이 개입되어 있다.

한편 1966년에 시작된 문화대혁명은 흔히 모택동이 대약진운동의 실패를 만회하기 위해 강행한 것이라고 해석한다. 부르주아 사상에 빠져있으면서 공산주의적인 생산체계에 전혀 기여하지 못하는 계급이나 정치인, 학자와 문화예술인을 비판하고 숙청하는 잔인한 분위기가 10년 동안이나 이어졌다. 겉으로 보아 그럴싸한 네 가지 인민의 권리가 주창되었다. 첫째, 자유롭게 말할 권리, 둘째, 자신의 견해를 발표할 수 있는 권리 또는 다른 사람과 단결할 수 있는 권리, 셋째, 대자보를 쓸 수 있는 권리, 마지막으로 논쟁을 할 수 있는 권리였다.

『허삼관 매혈기』에서 작가는 이렇게 기록한다.

> 문화대혁명이 무엇이냐? 개인적인 원수를 갚을 때 말이지, 예전에 누가 당신을 못살게 굴었다 치자고. 그러면 대자보를 한 장 써서 길거리에 붙이면 끝이야. 법망을 몰래 피한 지주라고 써도 되고, 반혁명분자라고 써도 좋아. 아무렇게나 써도 된다고. 요즘은 법원도 없고 경찰도 없다구. 요즘에 가장 많은 건 바로 죄명이야. _『허삼관 매혈기』, 푸른숲, 216쪽.

이는 허삼관이 허옥란에게 한 말이다. 그런데 얼마 후 삼락이가 집

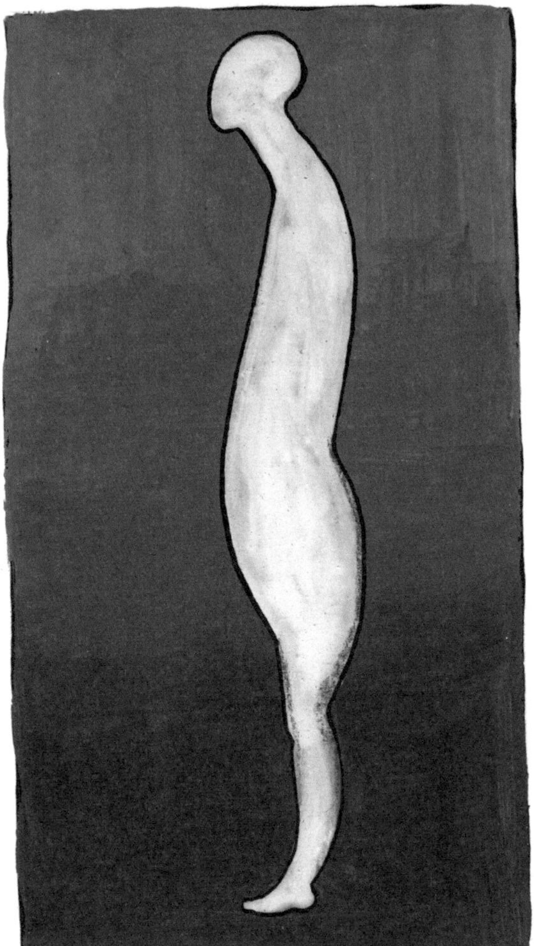

에 들어오며 이렇게 말하는 일이 생긴다. "대자보가 붙었는데 엄마 보고 화냥년이래요." 허옥란이 바로 그 '대자보 권리'의 피해자가 되어 '기생 허옥란'이라 쓰인 나무판자를 목에 걸고 마을 어귀에 서서 이른바 '비판투쟁대회'의 먹잇감이 된다.

모택동 주석의 말 한마디면 정책이 바뀌던 시절을 풍자하는 장면들도 인상적이다. 예를 들어 일락과 이락이 농촌으로 '학습' 차 배정받아 간 사건(지식 청년들은 농촌에서 배워와야 한다는 모택동의 지침으로, '상산하향'이라고 한다)이 대표적이다. 이락의 작업반장이 저녁을 먹으러 오겠다는데 변변히 대접할 것이 없자, 허삼관은 피를 팔아 술과 고기를 마련한다. 역시 시골로 배치받아 간 일락의 여비를 마련하기 위해 피를 판 지 한 달도 안 되었을 시점이라 곤란했으나, 혈두에게 통사정을 해서 삼관은 매혈을 강행한다. 삼관은 이때 오랜만에 만난 근룡이 매혈 후 사망했다는 사실을 뒤늦게 알게 된다.

이처럼 위화는 혁명투쟁과는 한참 거리가 있어 보이는 무지랭이 가족과 서민의 일상에 중국의 거대한 역사가 어떻게 상흔을 남겼는지 우습고도 처연하게 기록한 작가다. 『허삼관 매혈기』는 바로 그런 맥락에서 풍자와 해학의 결정체다.

반전 없는 드라마, '매혈기'보다는 '허삼관'의 영화

한국의 1960년대로 배경을 옮겨온 영화 〈허삼관〉에는 소설의 이런 배경과 인물이 정치적인 격동의 시기와 맞물리는 입체적인 감각은 훨씬 줄어들었다. 그보다 영화는 아버지로서 허삼관의 개인적인 갈등과 부성과 부자관계, 가족에 대한 시각에 중심을 둔 작품이 되었다.

이를 위해 영화는 첫째, 일락이 확실히 허삼관의 친자가 아니라는 사실을 여러 번 확인하고 강조한다. 예컨대 원작에서 '친자 아님'은 오로지 마을 부자 하소용과 일락의 '닮음'을 근거로 한 것이었다. 하지만 영화는 여기서 더 나아가 혈액형 검사를 통해 일락이 AB형임을 굳이 밝힌다. 허삼관이 매혈을 할 때나 하옥란이 신장을 기증하는 수술을 마친 병상에서 확인하는 그들의 혈액형은 각각 A형과 O형이다. 영화는 이처럼 혹시나 반전(예컨대 일락은 허삼관의 친자였다는 반전)을 기대하게 했다가 곧 그럴 가능성은 없다고 쐐기를 박는다.

둘째, 일락의 친부는 결국 병을 얻어 불쌍해지긴 하지만 얼마간 악역이어야 했다. 원작에서는 하소용도 그다지 부자가 아니었는데, 영화는 하소용이 미군부대의 물품을 빼돌려서 부자가 된 인물이라는 설정을 덧붙인다. 그래서 하소용을 '아버지'로 부르면서 그의 목숨을 위해 굿에 참여하는 것은 일락과 이 가족에게도 어느 정도 기회라고 볼 수 있다. 그런데 허삼관과 일락은 서로를 향한 애정으로 이 '유혹'을 저버린 것이므로 영웅적이다.

셋째, 일락의 병이 원작에서는 뇌염이었는데, 영화는 하소용과 비슷한 유전병인 것처럼 바꾸어 두었다. 이렇게 해서 허삼관은 아들을 살리는 문제 앞에서 다시 한번 자신이 친아버지가 아니라는 사실을 곱씹어야 하는 비극적 상황에 처한다.

넷째, 허삼관은 비교적 결백하다. 원작은 삼관이 옥란과 일락 때문에 심란해 있다가 임분방을 찾아가 둘이 동침한 것으로 되어 있지만, 영화는 일락이 "우리 아부지는 결백해요!"라고 증언함으로써 허삼관을 궁지에서 구한다. 이때부터 허삼관이 일락을 대하는 태도가 조금 누그러진 것이 사실이다.

마지막으로, 허삼관이 공주에서 동대문병원까지 먼 길을 피를 뽑으며 아들을 찾아갔지만, 결국 아들의 생명을 구할 돈은 허삼관의 피가 아니라 허옥란의 신장으로부터 나왔다는 설정도 의미심장하다. 이제 "내가 내 자식도 아닌 너 같은 놈 살리려고 피를 몇 번이나 뽑았는지 알아? 죽을 뻔했다고! 넌 내가 피를 팔아 살렸어!"라고 평생 떵떵거릴 수 있는 기회를, 영화는 허삼관에게 허락하지 않는다.

이와 같은 일련의 각색 장치들은 역설적으로 이 영화를 오로지 친자가 아닌 아들을 자기 아들로 받아들여 자기 자식만큼 귀하게 품게 되는 아버지의 이야기로 만들어 냈고, 결과는 꽤 성공적이었다.

혈연을 넘어서는 가족

앞서 1960년대 한국의 매혈에 대해 언급했던 것처럼, 하려고만 했으면, 영화의 배경인 한국사회의 1960년대에 대해서도 모택동과 등소평 시절의 중국만큼이나 할 말이 많았을 것이다.

하지만 영화 〈허삼관〉이 위화의 시대정신과 풍자정신을 영화로 옮겨오는 일 자체에 큰 관심이 있었던 것 같지는 않다. 예컨대 허삼관이 일락과 옥란이 있는 서울로 피를 팔며 이동하는 여정에서 만나는 헌혈소의 풍경들과 아귀다툼하는 사람들의 비참하고 냉정한 모습, 그리고 피를 파는 삼관 이웃들의 모습이 의미하는 바는 여전히 작지 않지만, 대약진운동의 궁핍과 문화대혁명의 잔인성에 비할 바는 아니다.

반면 2015년에 제작된 영화 〈허삼관〉의 미덕은 대안적인 가족을 제시한 한국 대중영화들의 계보 안에서 관찰하기 좋은 작품이라는 지점에서 빛을 발한다.

〈가족의 탄생〉(2006)과 〈좋지 아니한가〉(2007), 〈아내가 결혼했다〉(2008)와 같은 영화들처럼, 2000년대 들어 한국 대중영화들은 혈연과 부계 중심의 가족을 비트는 영화들을 만들어 냈다. 이 영화들은 모두 혈연 중심, 남성 가장 중심의 한국사회에 도전하는 인물들을 담고 있지만, '대자보를 붙이는' 방식으로 고발하고 투쟁하는 것이 아니라, 얼핏 어이없어 보이는 상황에 관객들을 초대해 놓고 "왜요? 이러면 왜 안 되는 거죠?"라고 묻는 식이다.

영화 〈허삼관〉이 피 한 방울 닿지 않은 아들을 목숨 걸고 사랑하게 되는 아버지를 통해 하고 싶은 이야기는 이처럼 한국사회에서 더 넓어진 가족의 의미라는 차원에서 확인되어야 할 것이다.

함께 보면 좋은 고전

위화, 『허삼관 매혈기』, 최용만 옮김, 푸른숲, 2015(1999).

함께 보면 좋은 영화

김태용, 〈가족의 탄생〉, 2006.
정윤철, 〈좋지 아니한가〉, 2007.
하정우, 〈허삼관〉, 2015.

개인의 삶에서 일어나는 일들과 상관없이 세상은 지속하고, 자연세계는 자신의 길을 간다. 우리는 그만 왕좌에서 내려와 우리 또한 자연의 일부임을 받아들이며 살아가야 한다.

6장

필환경 시대, 문학에서 길을 찾다

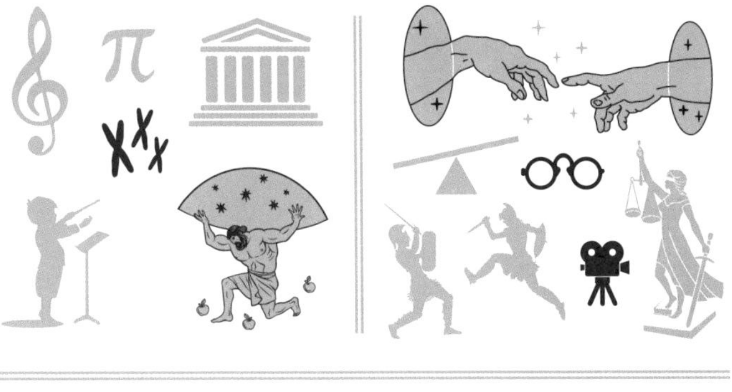

한현숙 | 환경, 차별과 차이 등 시대적 화두를 문학으로 이해하고 치유하며 해답을 찾고자 노력하는 인문학자다. 서울대학교에서 영문학 박사학위를 취득했다. 서울대학교, 이화여자대학교 등에서 강의했으며, 현재 중앙대학교에서 강의하고 있다.

1

우리가 잃어버린 것들

윌리엄 워즈워스와 메리 올리버의 시

자연으로부터 소외된 삶

많은 이들이 오늘날 우리가 겪는 대부분의 환경문제의 시작을 산업혁명으로부터 보며, 산업화된 사회의 자본주의적 삶의 방식에 문제제기를 해왔다. '자연 시인'이라 불리는 영국 낭만주의 시인 윌리엄 워즈워스 또한 산업혁명에 따른 환경오염과 자원고갈, 비인간화 등의 문제를 비판했고, 그 주요 원인을 '자연으로부터 소외된 인간의 삶'으로 규정했다. 워즈워스는 자신의 시를 통해 자연을 보는 새로운 시각을 제시함으로써 당면한 현실의 문제를 해결하고, 궁극적으로는 진정한 인간적 가치들을 회복하려 했다.

워즈워스는 인간은 본래 명랑하고 건강한 생명력을 지닌 존재라고 믿었다. 그에 따르면 우리를 둘러싼 사물이나 사람들과 공감하고 소통하는 능력이야말로 인간의 타고난 본성이다. 이러한 인간 본연의 특성들은 생명의 원천인 자연으로부터 유래되고 길러진다. 그런데 어느 순간 자연과의 연결고리를 잃어버림으로써 그 아름다움과 즐거움, 기쁨을 누리지 못할 뿐 아니라 인간 본연의 생기마저 소진해 버렸다고 탄식한다.

> 우리는 세상에 너무나 치우쳐: 늦게 자고 일찍 일어나
> 벌고 쓰느라, 우리의 힘들을 낭비해 버렸네.
> 우리의 것인 자연 속에서 아무것도 보지 못하나니.
> 달빛 향해 가슴을 드러낸 이 바다
> 내내 울부짖으려다가도
> 잠든 꽃들처럼 오므라든 바람.
> 우리만 이 모든 것들과의 조화에서 벗어나
> 자연에서 아무 감동받지 못하네.
>
> _윌리엄 워즈워스, 〈우리는 세상에 너무나 치우쳐〉 중에서

우리가 자연 속에서 아무것도 보지도, 누리지도 못하게 된 주된 원인은 세상일에 빠져 오로지 돈 벌고 소비하는 데만 몰두하기 때문이다. 일찍 일어나고 늦게 잠자리에 들며, 마치 공장의 기계부품처럼 일하는 데 지쳐 다른 것에는 관심을 쏟을 여력이 전혀 없다. 본래의 명랑함이나 생기는 사라지고, 감정은 메말라 서로에게 무관심하다. 일상의 교제는 황량하고, 사람들은 자연의 아름다움이나 경이로움, 그 모든 것에 마음을 닫아버렸다. 달빛과 바다, 바람과 꽃들은 서로서로 호응하며 조화를 이루는데, 오직 우리 인간만 도무지 자연으로부터 아무런 감동을 느끼지 못한다.

인간이 자연에서 멀어질수록 본연의 생명력을 잃어버리고, 삶은 무

미건조해지며, 인간의 분별력은 마비 상태에 가까울 정도로 무디어진다. 그 결과 자연과의 관계는 더욱 악화되고 인간은 더 불행해진다. 우리가 자연과 연결된 존재임을 잊는 것은, 그저 작은 몇 가지를 놓쳐버리는 정도가 아니라 우리의 전부를 잃는 것일 수 있다.

자연은 인간 삶의 원동력이자 성장의 어머니

워즈워스의 시에서 그려지는 자연은 언제나 인간의 가장 진실한 친구이며, 진정한 기쁨과 위로를 가져다주는 전달자다. 자연은 단지 우리의 탐닉의 대상만은 아니다. 젊은 날 자신이 여행했던 어느 강과 숲의 아름다운 풍경을 워즈워스는 다음과 같이 노래한다.

> 종종, 외로운 방에 홀로,
> 도시와 마을의 소음 한가운데서 지쳐있을 때,
> 그 풍경 덕에 감미로운 흥분을 느꼈다.
> 피를 타고 흘러 심장까지 느껴지는
> 나의 더욱 순결한 마음까지 흘러들어가
> 고요하게 회복시키는
> 굳이 억지로 기억하지 않아도 느껴지는 그 느낌.
> 선량한 사람의 생애 최고의 부분에,
> 작고, 이름 없는, 기억조차 못하는 친절과 사랑의 행동들에
> 결코 작거나 사소하지 않은 영향을 끼쳤을 그런 느낌.
> 나는 믿는다. 그보다 덜하지 않은
> 또 다른 선물도 그 풍경에 신세 지고 있음을.
> 더 숭고한 측면의, 축복의 기분

영국 화가 윌리엄 터너의 수채화 〈틴턴 수도원〉(1794).

그 기분 안에서는 이 알 수 없는 짐.

이 불가해한 세상의

무겁고 힘겨운 짐들이

가벼워지는 그 축복받은 기분을.

_윌리엄 워즈워스, 〈틴턴 수도원 몇 마일 위에서 지은 시〉 중에서

우리가 아름다운 자연과 맺은 소중한 경험들은 결코 사라지지 않는다. 시간이 흘러도 마음 깊은 곳에 남아 자신이 의식하지 못하는 사이

에 선하고 친절한 행동으로 우리를 이끌어 간다. 어느 여름 바닷가에서 보았던 멋진 일몰과 지난 겨울 산행에서 바라본 눈 덮인 아름다운 봉우리들이, 오늘 버스를 오르는 할머니의 무거운 짐을 들어드린 나의 작은 친절과 결코 무관하지 않다. 이처럼 자연과의 교감은 인간의 도덕적 성장까지도 가능하게 하는 마치 어머니와 같은 존재다.

설명할 수 없는 일들이 종종 벌어지곤 하는 이 세상에서, 도무지 해결하기 어려운 힘겨운 짐들의 무게에 짓눌려 있을 때, 우리 안에 간직하고 있던 아름다운 자연풍경이 떠오르면, 순간 그 짐이 왠지 가벼워지고 축복으로 바뀌는 기분이 들 때가 있다. 자연과 나눈 아름다운 경험이 바로 우리로 살아갈 수 있는 힘을 준다. 이것이야말로 우리가 자연에서 결코 멀어지면 안 되는 이유이며, 자연을 향해 소망을 간구하는 이유다.

자연은 자신을 사랑하는 이를
결코 배신하지 않음을,
평생 우리 삶을 기쁨에서 기쁨으로 이끄는 것이
자연의 특권임을 알기에,
우리 안의 마음을 고요와 아름다움으로 감동시키고
고상한 사고를 양식으로 채워주어
악한 혀들도,
성급한 판단이나 이기적인 사람들의 비웃음도
친절함 없는 인사도
그 어떤 일상의 삭막한 교제도
우리를 이기지 못하기를,
우리가 보는 모든 것은 축복으로 가득하다는 우리의 명랑한 믿음을 뒤흔들지 못하도록 해주길.

_윌리엄 워즈워스, 〈틴턴 수도원 몇 마일 위에서 지은 시〉 중에서

삶은 살아있는 모든 것들에게 달렸나니

미국에서 가장 사랑받는 시인 중 한 명인 메리 올리버 역시 우리의 삶은 자연과 단단히 연결되어 있음을 역설한다. 메리 올리버는 늘 산책하던 아름다운 숲이 어느 날 불타오르며 사라지는 장면을 마주하며 쓴 〈블랙워터 숲에서〉라는 시에서 상실의 아픔을 겸허히 받아들이며 자신의 이해를 넘어선 자연의 세계와 생명에 대한 존중과 애정으로 나아간다. 결국 이 세계에서 우리가 알아야 하는 것은 어떻게 살아가야 하는가일 뿐이다.

시인이 찾은 대답은 당혹스러울 만큼 간단명료하다. 우리가 이 세상에서 살아가기 위해서 세 가지를 할 수 있어야 한다고 특유의 담담한 소리로 가만히, 그러나 단호하게 힘주어 노래한다.

가장 우선적인 일은 "살아있는 모든 것을 사랑하기"이다. 사랑의 대상은 단지 인간만이 아니라 살아있는 모든 것이다.

이 세상에서 살아가기 위해서는

세 가지를
할 수 있어야만 하리.
살아있는 모든 것을 사랑하기

다음으로는 "그것들을 껴안기/ 너의 품 안에 꼭"이라고 당부한다.

윌리엄 터너의 〈고바로우 공원의 얼스 호〉(1819).

우리 자신의 삶이 바로 살아있는 그 모든 것들에 의존하고 있기에 모든 생명체 하나하나는 결국 소중한 나의 일부임을 이해하라고 한다.

하지만 그보다 더 중요한 것은 생명의 호흡을 자연의 방식과 리듬에 내어 맡기는 일이다.

그리고 비로소 놓아주어야 할
때가 되면
놓아주기.

인간의 관점으로 판단하거나 우리의 의지로 바꾸려 하기보다는 삶과 죽음이 공존하는 자연세계를 그대로 인정하고 받아들이는 자세를 요구한다.

2009년 '9.11 테러 희생자 추모식'에서 낭송되기도 한 〈기러기〉라는 시에서 메리 올리버는 상처 입은 인간의 영혼을 위로하며 치유하는 힘을 자연에서 찾으라고 노래한다.

세상은 개인의 삶에서 일어나는 일들과 상관없이 지속하고, 자연세계는 자신의 길을 간다. 인간들이 그 어떤 잘못이나 비극 속에서 울부짖으며 몸부림치고 있는 동안에도 "태양과 비의 맑은 자갈들은/ 풍경을 가로질러 움직이"며, "기러기들은 맑고 푸른 하늘 높이/ 다시 집으로 날아"간다.

> 착해지지 않아도 돼.
> 무릎으로 기어 다니지 않아도 돼,
> 후회하며 사막의 백 마일을.
> 너의 몸 그 부드러운 동물이
>
> 사랑하는 것을 그냥 사랑하게 내버려 두면 돼.

시인은 이렇게 속삭이며 흐느끼고 있는 우리의 등을 부드럽게 토닥이듯 감싸 안는다. 너무 애쓰지도 버둥거리지도 말고, 우리는 그저 이 세계를 살아가는 많은 생명체 중 하나로서 본성에 충실하며 삶을 살아가면 된다.

집을 향해 날아가는 기러기의 꽥꽥거리는 소리가 들리지 않는가?

> 기러기들처럼 너를 소리쳐 부르잖아, 꽥꽥거리며 달뜬 목소리로

이 세상 모든 것들 속에
너의 자리가 있다고.

자연의 외치는 소리에 귀 기울여보라. 모든 생명체가 하나의 가족을 이루는 그 자리가 바로 인간이 있어야 할 자리라는 외침이다.

이제 우리는 인간 중심성에서 벗어나 우리 또한 동물 중 하나임을, 자연의 일부임을 받아들이며 살아가야 한다. 여전히 인간의 관점에서 자연과 다른 생명체를 바라볼 수밖에 없는 한계를 완전히 벗어나기는 어렵겠지만, 이제 적어도 그 오만함에서 벗어나려는 첫걸음을 떼야 할 때가 아닐까? 함께 사는 생명공동체요, 자연공동체라는 마음가짐만 갖는다면, 우리가 직면한 문제에 대한 답은 그리 멀리 있지 않을 것 같다.

함께 읽으면 좋은 시
윌리엄 워즈워스의 시, 〈우리는 세상에 너무나 치우쳐〉, 〈틴턴 사원 몇 마일 위에서 지은 시〉.
메리 올리버의 시, 〈블랙워터 숲에서〉, 〈기러기〉.

2

경제발전과 진보 신화에 경종을 울리다

헨리 데이비드 소로의 『월든』

항해 도중 조난하여 무인도에서 살다 기적적으로 돌아온 모험 이야기의 주인공 로빈슨 크루소에 대해서는 잘 알고 있을 것이다. 자급자족하면서 10여 년 동안 무인도에서 살았던 기이한 이야기를 자서전 형식으로 풀어놓는 대니엘 디포의 소설 『로빈슨 크루소』의 주인공 말이다.

1845년 어느 여름날, 미국의 콩코드라는 지방에 로빈슨 크루소 같은 삶을 스스로 선택한 한 사람이 있었다. 그는 숲속으로 걸어 들어가 집을 짓고, 밭을 일구며, 혼자 힘으로 2년 이상을 살았다. 바다에서 난파를 당한 것도 아니요, 산속에서 조난을 당한 것도 아닌데, 그는 왜 스스로 숲으로 걸어 들어갔을까? 그것은 이른바 '근대 문명'이란 방식들을 뒤로하고, 인습에 얽매이지 않고 자신만의 힘으로 살아내는 것이 과연 가능한지 실험하기 위함이었다.

미국의 사상가이자 작가인 헨리 데이비드 소로는 자신의 이 실험적 삶의 기록을 『월든(*Walden*)』(1854)이라는 저서로 남겼다. 자연을 마구

파헤치며 철로를 건설하고, 숲을 베어 내고 야생동물들을 무작위로 사냥하며, 이른바 개발과 진보의 이름으로 무엇이든 가능했던 시대에 소로는 다른 방식의 삶을 시도했다. 당대 사람들이 '경제발전'과 '기술진보'라는 한 방향으로 너나없이 달려갈 때, 그는 멈춰 서서 우리가 과연 옳은 방향으로 나아가고 있는지, 이 방향이 궁극적으로 더 나은 삶을 가져다줄 것인지를 묻고자 했다.

간소하게, 간소하게 살라!

소로가 몸소 실천을 통해 우리에게 권고하는 삶의 방식은 간소한 삶이다. 오늘날의 미니멀리즘과도 어느 정도 닮았다. 소로는 경제발전과 기술진보라는 이름으로 자행하는 수많은 행위들이 우리 삶을 얼마나 낭비하게 하는지 강력하게 비판한다.

> 우리의 인생은 사소한 일들로 흐지부지 헛되이 쓰이고 있다. … 간소하게, 간소하게, 간소하게 살라! 제발 바라건대, 여러분의 일을 두 가지나 세 가지로 줄일 것이며, 백 가지나 천 가지가 되도록 두지 마라.

그림자나 허식이 아닌 진정 가치 있는 삶은 무엇인지 묻는 것이다. 이는 근대 자본주의 방식의 근간이 되는 '소유'와 '부'의 개념에 대한 근본적 문제제기다. 소로는 이 글 곳곳에서 '부요(富饒)함은 어떤 상태를 말하는가', '진정한 의미의 소유란 무엇인가', 그리고 '우리는 과연 무엇을 소유해야 하는가'를 끊임없이 질문한다.

> 나는 흔히 시인이 어느 농장의 가장 값진 부분을 즐기고 물러나는 것

데이비드 소로가 살았던 미국 매사추세츠 콩코드 숲. 월든 연못은 1만~1만 2000여 년 전 빙하가 형성한 곳이다.

> 을 보았는데, 이때 무뚝뚝한 농부는 그 시인이 그저 야생 사과 몇 개를 따갔으려니 하고 생각할 뿐이다. 농부는, 시인이 그의 농장을 눈에 보이지 않는 가장 훌륭한 울타리인 운율 안에 옮겨놓고, 거기에 가둔 채 젖을 짜고 지방분을 걷어낸 다음 크림은 전부 가져갔으며, 자기에게는 찌꺼기 우유만을 남겨놓았다는 것을 몇 해를 두고도 알지 못하는 것이다.

소로의 지적에 따르면, 그 농장의 소유주인 농부는 탐욕과 이기심 때문에, 그리고 토지를 재산으로 보거나 재산 획득의 주요 수단으로 보는 사고방식 때문에 자연의 아름다움을 보지도 누리지도 못한다. 따라서 그의 농사일은 품위를 잃었으며, 농부는 그 누구보다도 비천한 삶을 영위하고 있다. 집을 마련한 농부는 그 집 때문에 부자가 된 것이 아니라 실은 더 가난하게 되었는지 모른다. 그가 집을 소유하는 것이 아니라 마치 집이 그를 소유하게 된 상황이다.

이는 비단 농부만의 이야기가 아니다. 사치품에 둘러싸여 수많은 원시적인 즐거움을 누리지 못하는, 소로가 보기에 가난하기 짝이 없는 당대인들 또한 딱하기는 마찬가지였다. 소로는 역설적으로 "진정한 부를 즐길 수 있는 가난"을 말한다. 소로는 이처럼 소유와 부에 대한 일반적 의미를 뒤집음으로써, 인간의 소유욕에 일침을 가할 뿐 아니라 물질의 풍요가 아니라 내면의 풍요로움의 중요성을 역설한다.

실은 철로가 사람 위를 달리는 것이다

소로는 '서두름'으로 표현되는 당대 삶의 방식에 의문을 제기한다.

> 지금 우리의 국가는 너무 서두르고 있다. 사람들은 국가가 사업을 하고 얼음을 수출하고 전신으로 통신을 하며 한 시간에 30마일을 달리는 것이 꼭 필요한 일이라고 생각하며, 그에 대해 아무런 의아심도 품지 않는다.

겨우 시속 30마일(약 40킬로미터) 정도의 기차 속도에 과민 반응하는 것 아닌가 생각할 수도 있겠으나, 19세기 중반 기술수준에서는 오늘날 시속 300킬로미터로 달리는 고속철도에 버금가는 체감속도다. 소로의 지적은 '속도를 늦추라'는 일종의 감속 명령인 셈인데, 이는 현대사회의 무한 속도경쟁에 대한 예견된 경고였다 할 것이다.

오늘날의 정보혁명 시대에 우리는 조금이라도 뒤처질까 봐 숨도 고르지 못한 채 내달리기 일쑤다. 이동통신혁명은 점점 가속화되어 이제는 그 연결망 속에 인간이 갇혀버린 것 같은 생각이 든다. 휴대폰만 보아도 알 수 있듯, 인간의 편리를 위해 만들어진 제품들이 오히려 인간을 노예로 만들고 있다.

소로는 "집에 머무르면서 각자가 자기 일에 집중한다면 도대체 철로가 왜 필요하냐."는 다소 과장된 주장을 펴기도 한다. 철로 위를 빠른 속도로 달리는 열차에 대한 그의 반감은 "열차는 호수를 보기 위해 멈추는 일이 결코 없다."는 한마디에서 잘 드러난다.

소로에게 아름다운 월든 호수는 그 호수를 바라보는 것만으로도 사람을 좀 더 나은 존재로 만들 수 있는 곳이다. 속도와 시간에 대한 강박 때문에 호수를 보기 위해 멈춰 설 수 없는 문명이란, 결국 자연을 훼손하고 곧이어 생명경시로 이어질 수밖에 없음을 그는 이미 직감했다.

소로는 또한 철도의 편리함에 대한 불편한 심기를 다음과 같이 드러낸다.

> 사람이 철로 위를 달리는 것이 아니다. 실은 철로가 사람 위를 달리는 것이다. 철로 밑에 깔린 저 침목[1]들이 무엇인지를 당신은 생각해 본 적이 있는가? 침목 하나하나가 사람이다. … 그러므로 어떤 사람들이 철로 위를 달리는 즐거움을 맛본다면 다른 사람들은 그 밑에 깔리는 불운을 맛보는 것이다.

미국 대륙을 가로지르는 철로가 편리함을 가져다준 것은 사실이지만, 소로는 그 이면에 있는 부정적인 측면을 결코 놓치지 않는다. 철로

1 철로 밑을 고정하는 나무인 침목의 영어 단어 'sleeper'는 '자고 있는 사람'이라는 의미도 있다.

밑에 깔리는 사람들은 철도건설 과정에서 다치거나 희생되었을 이주민 노동자들이나 하층계급의 노동자들이다. 개발, 진보, 기술이라는 이름의 근대적 삶의 방식이 가져다준 편리성을 빈곤층들은 누릴 여유가 없었다. 소로는 인간이 만든 기계기술로부터 인간이 소외되는 상황을 누구보다도 먼저 알아채고 그 위험성을 경고한 것이다.

인간이 만들어 낸 것들은 어떤 식으로든 그에 상응하는 대가, 즉 비용을 치르게 된다. 소로는 자신이 말하는 '비용'이라는 것은 그 물건과 맞바꾸어야 할 '생명의 양'을 뜻한다고 분명히 말한다. 이는 인간의 경제성장, 기술진보, 물질적 풍요 등이 자연의 무수한 생명들과 맞바꾸어야 얻을 수 있는 것임을 이미 간파한 것이다. 우리가 추구하는 근대 자본주의적 가치들이 결국은 생태계 파괴의 주범이 되리라는 예견이다.

자연처럼 진실되고 자유롭게

소로가 2년간의 숲 생활을 통해 얻은 가장 소중한 경험은 자연과 교제하는 것의 중요성과 자연적 방식에서 배운 깨달음이다. 소로는 오두막 근처에 콩밭을 가꾸던 일을 자연물과의 가장 감미롭고 다정한 교제, 가장 순수하고 힘을 북돋는 교제의 대표적 사례로 든다. 콩밭을 가꾸는 것은 콩과 친숙한 관계를 맺어가는 일이다. 콩들을 아끼고 김을 매고 아침저녁으로 살뜰히 보살핀다.

하지만 이 관계맺음은 혼자 힘으로만 하는 일이 아니다. 사방에 조력자들이 있다. 땅에 물기를 공급해 주는 이슬이나 비, 그리고 땅 자체의 생산력 등이 자연의 조력자들이다. 물론 방해하는 훼방꾼들 내지 적들도 있다. 콩을 갉아 먹는 벌레나 우드척(땅돼지), 때로는 서늘한 날씨까지도 적이 될 수 있다. 콩을 통해 대지와 연결되고, 콩을 가꾸며 주변

월든 호숫가 소로의 오두막 부지(1908). 현재는 공원화되어 있고 복원된 집이 있다.

의 잡초들을 알아가고, 콩을 갉아 먹으려는 주변의 벌레들이나 동물들과도 더불어 사는 법을 배운다. 마침내 소로는 콩이라는 열매가 자신만을 위한 것이 아니라, 일부는 우드척을 위해서도 자라고 있는 것임을 깨닫는다.

이처럼 자연이 살아가는 방식은 인간의 방식과는 대조적이다. 월든 호수 주변의 온갖 동식물들과 아름다운 자연을 통해 결국 소로가 배운 것은 자연의 진실됨이다. 진실됨이란 거짓되지 않은 모습, 즉 자기 본연의 모습이다. 자연의 생명체들은 인간과 달리 모두가 자기 본연의 모습에 충실하게 살아가고 있다. 그러면서도 인습과 고정관념에 매이지 않는 새로움이 늘 있다. 숲도 호수도 날마다 말갛게 씻은 얼굴로 새로운 아침을 맞이한다. 이곳에는 거짓과 허상에 휘둘리지 않는 참 자유로움이 있다.

자연은 각자의 방식으로 활기차게 살아가는 용기를 보여준다. 밤마다 위엄 있게 울어대는 숲의 주인 올빼미는 기러기의 침입에 당당히 맞선다. 해마다 월든 호수로 찾아드는 되강오리들은 사냥꾼 따위에 아랑곳하지 않고 독특한 울음소리와 날갯짓으로 자신들의 삶을 꾸려나간다. 자연은 각자의 빛깔로, 각자의 방식으로, 각자의 속도에 맞추어 함께 살아간다. 그 다양성이 자연을 살리고 아름답게 만드는 힘이다.

> 왜 우리는 성공하려고 그처럼 필사적으로 서두르며, 그처럼 무모하게 일을 추진하는 것일까? 어떤 사람이 또래들과 보조를 맞추지 않는다면, 그것은 아마 그가 그들과는 다른 고수의 북소리를 듣고 있기 때문일 것이다. 그 사람으로 하여금 자신이 듣는 음악에 맞추어 걸어가도록 내버려 두라. 그 북소리의 음률이 어떻든, 또 그 소리가 얼마나 먼 곳에서 들리든 말이다. 그가 꼭 사과나무나 떡갈나무와 같은 속도로 성숙해야 하는 법칙은 없다.

자연은 스스로 나아갈 길을 안다. 인간 또한 자연과 함께하며 자연의 방식을 충실히 따를 때, 참되고 자유로운 인간 본연의 모습으로 살아갈 수 있다. 더 늦기 전에 소로의 외침에 귀 기울여야 하지 않을까?

함께 읽으면 좋은 고전
헨리 데이비드 소로, 『월든(*Walden*)』, 1854.

3

유토피아를 다시 생각하다

올더스 헉슬리의 『멋진 신세계』

인간은 언제나 현재보다 더 나은 삶을 소망하며 좀 더 나은 세상을 꿈꾼다. 우리가 원하는 삶에 한 걸음씩 다가서기 위해 어제보다 나은 내일을 향해 걷기를 원한다. 그런데 우리가 지금처럼 계속 걷기만 한다면, 우리가 걷고 있는 이 길 끝에 과연 우리가 꿈꾸는 이상적 세계가 기다리고 있을까? 올더스 헉슬리가 제시하는 '멋진 신세계', 그 유토피아를 들여다보며 우리가 진정 원하는 세상, 지향해야 할 삶은 어떠해야 하는가에 대해 다시 한번 생각해보자.

공유, 균등, 안정

고도로 발달한 과학기술의 지배 아래 인간의 출생과 죽음까지 관리되는 헉슬리의 『멋진 신세계(*Brave New World*)』[2]는 인류 역사상 최초로 '공

---

2 셰익스피어의 희곡 『템페스트』 5막 1장 중, "오오, 멋진 신세계여!"라는 대목의 인용이다. 이 작품에서는 역설적 의미로 사용하고 있다.

유, 균등, 안정'이 실현된 세계다. 하지만 이 '공유, 균등, 안정'이라는 표어의 세 단어에 똑같은 무게가 실린 것은 아니다. 공유와 균등은 '안정'이라는 최고의 목적을 위한 토대다. 그런 점에서 처음부터 평등한 세상이 아니라 균등한 세상에 목표가 맞추어져 있다는 것이 다소 이해가 된다. 이들의 이상은 평등이 아니다. 이들에게 요구되는 것은 안정을 보장하기 위한 균등함이다.

'멋진 신세계'에서 인간은 어머니의 몸이 아니라 인공부화실에서 체외생식에 의해 태어난다. 태어날 때부터 이미 계급이 정해진다. 최고의 알파 계급부터 베타, 감마, 델타, 최하의 엡실론 계급까지 사회의 필요에 따라 그 수가 정해진다. 태아 형성기에 산소 공급을 조절하여 물리적으로 지능을 다르게 조작한다. 인공부화병 속에서 태아기부터 유아기에 이르기까지 지속적인 수면교육과 조건반사교육을 통해 각자에게 부여된 삶의 조건에 만족하고 적응하도록 만들어 낸다. 공장에서 수백, 수천 개씩 대량으로 물건을 찍어내듯, 수백만의 일란성 쌍생아를 만들어 내고 그들을 노동력으로 이용하면서 대량생산 원칙이 생물학에 응용된 것이라며 기뻐한다.

이 문명이 지향하는 최고의 가치는 '안정'이다. 과거의 숱한 갈등과 전쟁 경험을 통해서 안정 없이는 어떠한 문명도 있을 수 없다고 믿게 되었기 때문이다. 세계 통제와 세계 파멸의 기로에서 그들은 통제를 통한 안정을 택했다. 개인적인 안정 없이는 사회적인 안정도 없다. '안정'이라는 궁극적 가치를 위해 안정을 저해할 만한 모든 요소와 그 어떤 개별적 요소도 모두 지워버리는 것이 마땅하다고 그들은 생각했다.

물론 그 과정에서 종종 반항도 있었다. 소비가 아닌 자연으로 돌아가자거나 문화로 돌아가야 한다는 주장들이 있었지만 결국 대학살이

올더스 헉슬리의 '멋진 신세계'에서 인간은 체외생식에 의해 태어난다. 공장에서 수백만의 일란성 쌍생아를 만들어 낸다. 과연 멋진 신세계일까.

나 처형으로 제압했고, 뒤이어 과거 말살 운동, 박물관 폐쇄, 역사적 기념물 파괴와 모든 문서들의 통제로 이어졌다. 개별국가 또한 이미 사라진 지 오래며, 현재는 유럽 주재 총통이 세계를 다스리는 전제국가가 되었다.

이제 인간은 거대 기계의 부품처럼 존재한다. 인류 역사와 가정, 개인의 감정까지도 말살하는 것은 극히 당연한 처사이고, 그 궁극의 목표는 모든 개인의 자아소멸이다. 특히 모성이나 일부일처제 같은 전근대적 유산은 가장 경계해야 하는 대상이다. 이런 유일함, 소중함, 개체에 대한 애착이 결국에는 광증과 비참한 결과로 이끈다고 믿기 때문이다. 만인은 만인의 공유물이어야 한다. '공유'야말로 이 사회의 안정을 위한 또 하나의 단단한 토대다.

태어날 때부터 모든 생활이 인위적인 것들로 길들여진 이들에게 '자연'은 낯설고 불편하고 공포스럽다. '문명'은 발전된 기술에 의해 인간의 삶을 최적화한 완벽한 환경이며, 그렇지 않은 상태, 즉 '자연'은 야만이다. 대부분의 사람들은 들풀이 무성한 황야나 바다를 싫어하고, 폭풍우 같은 자연적인 기후 현상을 접하면 겁을 낸다. 모든 것을 과학으로 통제하는 사회에서 '자연적'이거나, '자연스러운' 것은 흔히 접하기 어려운 광경이기에 익숙하지 않은 것에 대한 불안과 공포는 당연하다.

그렇지만 이 사회에서는 공포나 끔찍함도 손쉽게 제어하거나 피할 수 있다. '소마'라는 최면성 마약을 통해 불안을 제어하고 행복하다는 환상을 조작해 낼 수 있다. 끊임없는 쾌락의 추구는 이들의 유일한 삶의 목적이자 미덕이 되었다. 물질 소비도 마찬가지인데, 소비야말로 경제를 촉진하는 미덕으로 적극 장려하고, 이에 위배하는 행위는 악으로 규정한다. 따라서 물건을 수선하는 행위는 범죄와 다름없는 나쁜 짓이며 반사회적인 행위로 간주한다.

한편 경제적 이윤이라는 가치 때문에 이른바 '야만'이 여전히 존재하는 아이러니가 발생하기도 한다. 이 문명 바깥에 '야만인 구역'이 버젓이 존재한다. 불리한 기후 조건이나 지리적 조건, 혹은 천연자원의 결핍 때문에 문명화 비용을 투입할 가치가 없는 땅은 야만인 보호구역으로 지정하여 방치하면서 관광객들을 위한 여행지로만 활용한다. 이곳은 이른바 문명화 이전의 자연적 방식으로 사람들이 살아가는 지역이다. 결혼과 가정, 부모와 자녀, 노화와 온갖 고통, 사랑과 애증이 존재하는 곳이다.

문명세계의 사람들은 흥미로운 쾌락을 찾아 '멕시코 야만인 보호구역'으로 종종 여행을 간다. 버나드와 레니나는 우연히 이 지역 여행에서 한 백인 노파 린다와 그의 아들 존을 만나 그들을 문명세계로 데려온다. 자연의 방식대로 살아온 이들은 이른바 '야만인'이다. 문명인들은 늙은 린다를 보고 경악하고 야만인 존에 대해서는 호기심에 차서 관찰한다.

그런데 재미있는 것은 당황하는 쪽은 야만인 존이 아니라, 그들의 예상과는 달리 행동하는 존을 보는 이른바 문명인들이었다는 점이다. 존은 문명이 제공하는 여러 가지 발명품들에 별로 경외의 감정을 갖지 않는다. 문명인들은 존이 물질이 아니라 '영혼'이라는 것에 관심을 집중하는 것을 도무지 이해하지 못한다. 더욱이 존은 행복해지는 환각제인 소마를 거부한다. 조작된 행복 따위는 원하지 않았던 것이다.

존은 "나 같으면 당신이 누리는 거짓되고 기만적인 행복을 맛보느니 차라리 불행 쪽을 택하겠습니다."라고 말하며 오히려 문명인 버나드에게 동정심을 표한다. 문명인들은 야만인 존 앞에서 전혀 우월의식을 가질 수 없게 돼버린다.

레니나에 대한 존의 애정이나 태도도 그들로서는 참으로 판단하기 어려운 일이었다. 존은 레니나를 단순히 쾌락이나 소유의 대상으로 보지 않는다. 사실 문명인들이 가장 이해하기 어려웠던 것은 존이 노쇠하고 징그러운 엄마를 자주 만나고 애착을 느낀다는 점이다. 문명세계의 사람들에게 인간의 노화는 상상할 수도 없는 끔찍한 공포다. 이 사회에서는 늙는 것을 허용하지 않는다. 그들에게 노화는 자연스러운 현상이 아니라 병의 일종이다. 그들은 인위적으로 내분비물을 조절하여 청춘기를 유지하도록 하며, 심지어 젊은 피를 수혈하기까지 한다. 인간은 그렇게 내내 젊음을 유지하다가 갑자기 무너지듯 죽어버린다. 죽음 또한 그냥 생리작용과 똑같이 받아들이도록 교육받는다. 그래서 어머니 린다의 죽음 앞에서 존이 그토록 슬퍼하는 것을 그들은 결코 이해하지 못한다.

이 세계는 노화도 없고 동시에 죽음에 대한 예의도 없는 곳이다. 인간 개체에 대한 존중이나 인간의 존엄성이라는 개념 자체가 사라진 세상이다. 체외수정으로 자동차나 공산품을 찍어 내듯 인간을 찍어 내는 사회로, 애초에 생명에 대한 경외가 없는 세상에서 인간의 존엄성을 기대할 수 없는 것은 너무나 당연하지 않은가?

아이러니하게도, 그들이 야만인이라고 규정하는 존의 시선으로는 오히려 그들의 문명이 더 야만적으로 보인다. 존이 바라보는 그들은 결코 문명인이 아니라 인간 이하의 괴물들이다. 행복을 주는 소마를 창밖으로 집어던지며 존은 절규한다.

"당신들은 자유롭고 인간답게 살고 싶지 않습니까? 인간다움과 자유가 무엇인지도 모릅니까?"

우리 안의 자연, 인간다움의 훼손

존의 시각에서 이 세계는 한마디로 끔찍하다. 존은 문명이 싫다고 당당하게 주장한다.

"저는 불편한 것을 원합니다. 저는 안락을 원치 않습니다. 시와 진정한 위험과 자유와 선을 원합니다."

원하는 것을 언제든 얻을 수 있으며 생활은 늘 안정되고 질병은 없다. 죽음을 두려워하지 않아도 되고 격정이나 노쇠란 것을 모른다. 부모나 아내, 자식, 애인 등 격렬한 감정의 대상도 없다. 부여된 직업과 신분이 있고, 조건반사 교육을 통해 해야 할 일을 선천적으로 습득하기

한스 시몬 홀츠베커의 수선화 그림(1649~59).

에 모든 일은 순조롭다. 혹여 뭔가 잘못될 때에는 환각제 소마가 있기에 마음의 고통을 겪을 일은 전혀 없다. 자유라는 것은 알지도 못하고 필요도 없다.

그런데 존은 왜 이 안락한 사회를 뒤로한 채 스스로 문명사회로부터의 격리를 선택하는가? 왜 낡은 등대를 은신처 삼아 홀로 살며 야만인으로 남기를 고집하는가?

존은 그 어떤 고귀함이나 비장함을 전혀 필요로 하지 않는 이 문명이 너무 안이하다고 비판한다. 소마에 의한 가짜 쾌락은 진정한 즐거움이 아니다. 존은 더 이상 셰익스피어를 필요로 하지 않는 이 세계가 '안정'을 위해 그 대가로 무엇을 지불했는지 간파한 것이다.

존은 들꽃들이 지천으로 핀 평원, 스코틀랜드 전나무로 빽빽한 숲,

자작나무 늘어진 빛나는 연못, 수련과 난초로 어우러진 곳을 자신이 살아갈 장소로 선택한다. 꽃과 풍경뿐인 이곳을 문명인들이 방문할 아무런 이유가 없기에 그곳에 남아 아무런 방해도 받지 않고 살기로 작정한 것이다.

존은 합성 전분이나 목화씨로 만든 대용 밀가루 같은 것은 아무리 영양가가 높더라도 원하지 않는다. 각종 내분비 물질을 함유한 비스킷이나 비타민이 든 대용고기도 거부한다. 이곳에서 씨를 뿌리고 수확하고 사냥하며, 숙련과 인내를 요구하는 일들이 가져다주는 순수한 기쁨을 기대하며 혼자 살기로 결심한다.

하지만 문명세계는 존을 그냥 내버려두지 않고 어떤 식으로든 구경거리로 삼으려 한다. 결국 존은 그들의 웃음거리가 되기보다는 자유롭고 인간다운 죽음을 선택한다. 공중에 매달려 대롱거리는 그의 두 다리가 나침반의 바늘처럼, 남은 자들에게 마치 나아가야 할 방향을 알려주려는 듯이 오른쪽 왼쪽으로 천천히 회전하는 장면으로 이 작품은 마무리된다.

과연 자유롭고 인간답게 사는 것은 무엇일까?

야만인 존의 외침을 곰곰이 생각해 보자. 우리 자신에게 물어보자. 우리 인간은 언제 가장 인간다워지는가?

이른바 '문명'이란 표지가 붙은 사회의 끔찍한 악몽은 인간이 자연에 대해 적대적이 되고, 자연을 거스르는 순간 시작되었다. 인간이 다른 인간과의 관계맺음뿐 아니라 자신을 둘러싸고 있는 다른 생명체와의 올바른 관계맺음에서 실패했을 때, 인간은 마침내 자신의 본 모습마저 잃어버리게 된다.

이른바 발전과 문명의 진보라는 명분을 위해 우리는 얼마나 많은 것들을 훼손하고 희생시켜 왔는가? 우리가 훼손한 것은 비단 공기와 하늘과 바다와 대지와 숲만이 아니다. 인간 자신 또한 생태계의 일부이자 자연 그 자체다. 우리는 '인간이라는 자연'의 훼손이 더 무섭고 끔찍하다는 사실을 망각하기 쉽다.

헉슬리가 그리는 유토피아[3]는 우리 안의 자연, 즉 인간 본성의 훼손이야말로 가장 끔찍한 결과를 가져다준다는 것을 너무나 생생하게 보여주었다. 우리는 인간성 상실이 얼마나 엄청난 비극을 초래하는지 TV나 신문 등의 언론보도를 통해서 날마다 접하고 있다.

인간됨을 유지하기 위해서는 어느 정도의 불편함은 감수해야 한다. 모든 진보는 반드시 그 대가를 요구한다. 앞에서 소로는 "비용이라는 것은 당장에 혹은 궁극적으로 사려는 그 물건과 바꾸어야 할 '생명의 양'이다."라고 언급한 바 있다. 인간은 생태계를 파괴하고 그 결과 생태계 파괴는 인간성 파괴로 이어진다는 점을 잊어서는 안 된다.

독일 철학자 마르틴 하이데거는 이 지구의 생명공동체 일원으로서 인간은 다른 존재들의 생존을 소중하게 보살피는 '자애로운 이웃'이 될 때 비로소 자신의 본질로 돌아갈 수 있다고 말했다. 현재 우리가 추구해야 하는 것은 어디에도 없는 유토피아가 아니라, 지금 이곳에서 생태계라는 모든 이웃들과 함께 가장 인간답게 사는 삶의 방식이 아닐까?

함께 읽으면 좋은 고전
올더스 헉슬리, 『멋진 신세계(*Brave New World*)』, 1932.
레이첼 카슨, 『침묵의 봄(*Silent Spring*)』, 1962.

---

3 유토피아는 영국 사상가 토머스 모어의 작품 『유토피아』(1516)에서 유래된 말이다. 그리스어 ou와 topos를 조합한 말로 '어디에도 없는 장소'라는 뜻이다.

4

인간 종말 리포트:
바이러스가 인간을 집어삼킨 세상

마거릿 애트우드의 『오릭스와 크레이크』

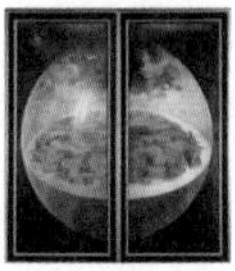

인간이란 존재는 질병이야

영화 〈매트릭스 1〉에는 다음과 같은 대사가 나온다.

> 지구상의 모든 포유류들은 본능적으로 자연과 조화를 이루는데 인간들은 안 그래. 한 지역에서 번식을 하고 모든 자연자원을 소모해 버리지. 너희의 유일한 생존방식은 또 다른 장소로 이동하는 거지. 이 지구에는 똑같은 방식을 따르는 유기체가 또 하나 있어. 그게 뭔지 아나? 바로 '바이러스'야. 인간이란 존재는 질병이야. 지구의 암이지.

가상현실 공간 '매트릭스'를 지키는 프로그램인 스미스 요원이 인간 저항군 지도자 모피어스에게 하는 말이다. 다소 신랄하지만 부정하기는 어려운 말인데, 바이러스로 인해 전 세계가 고통당하고 있는 현 시점에서 우리가 새겨들어야 할 의미심장한 말이다.

미국의 사회학자이자 미래학자인 제레미 리프킨에 따르면, 현재의 코로나 팬데믹은 기후변화에 그 원인이 있다. 지구온난화로 인해 대기 순환이 바뀌어 통제가 어려운 물난리뿐 아니라 곳곳에서 가뭄과 산불이 일어나며 생태계가 붕괴하기 시작했다. 인간의 탐욕과 무분별한 개발로 인해 야생생물들은 대부분의 서식지를 잃었고, 기후재난을 피해 인간 곁으로 왔다. 그때 바이러스가 동물의 몸을 타고서 함께 이동했다. 제레미 리프킨은 결국 앞으로 더 많은 전염병이 창궐할 것이라 예측하며, 우리가 함께 해결하지 않으면 같이 무너질 것이라고 경고한다.[4]

인간이 바이러스와 같다는 비난이나 바이러스의 잦은 출현이 인간들의 잘못된 삶의 방식에서 비롯되었다는 주장은 반박하기 어렵다. 대부분의 재난영화에서 공통적으로 이야기하듯, 인간이 맞은 재난은 결국 인간 스스로 자초한 결과다. 과학기술의 남용으로 인한 폐해와 환경 재앙이 진정 누구도 예측하지 못한 결과일까?

멸망으로 향하는 사회

『오릭스와 크레이크(*Oryx and Crake*)』(2003)는 과학기술의 남용과 인간의 편리만을 위해 자연을 다루었을 때, 과연 어떤 일이 발생하는지에 대해 엄중히 경고하는 작품이다. 이야기는 지구상에서 인간이라는 종이 이미 사라진 이후부터 시작한다. 왜, 어떻게 그러한 일이 벌어졌는가를 기술하는, 말하자면 일종의 인간 종말에 관한 보고서인 셈이다. 이야기의 결론부터 서둘러 말하자면, 과학자나 기업가가 주도하는 세상은 인류의 멸망을 불러올 만큼 위험하다는 것이다. 여러 복합적인 원

---

4 "코로나는 기후변화가 낳은 팬데믹… 함께 해결 안 하면 같이 무너져", 〈경향신문〉(2020. 5. 14.).

인과 내용들이 섞여있지만, 작가가 전달하고자 하는 주된 메시지는 여기에 있다.

멸망으로까지 이어진 이 사회는 인간의 탐욕과 이기심이 그 어떤 다른 동기나 모든 규제를 넘어선 곳이다. 이윤추구만이 인간의 유일한, 최고의 목적이 되어버린 사회에서 생명에 대한 경외 같은 개념은 이미 존재하지 않는다. 인간을 포함한 모든 생명은 그저 상품의 일종일 뿐이다. 자연의 순리나 질서라는 개념도 사라진 지 오래다. 생태계나 자연이란 단어 역시 사전에나 있을 법한 고어가 되어버렸다.

이 사회를 지탱하는 두 축은 과학 엘리트 집단과 세계적인 거대기업이다. 사회를 주도하는 권력집단으로서 과학 연구자들과, 이윤 창출을 위해서는 그 어떤 일에도 거리낌 없는 거대기업들의 공생관계가 바로 이 사회를 단적으로 특징짓는다. 자연물뿐 아니라 인간 자체도 변형 내지 향상시킬 수 있다고 믿으며, 이미 새로운 종의 인간을 창조할 수 있다는 생각에까지 이른 상태다.

과학자들은 유전자 조합을 통해 새로운 생명체를 만들 때도 어떠한 양심적인 거리낌 같은 것이 없다. 이들은 유전자조작 동물들을 마구 만들어 낸다. 원가절감과 경쟁력 확보를 위해 날개만 여럿 달리고 머리는 없는 닭고기 '치키놉스', 경비 시스템에 최적화된 복제동물로 개와 늑대의 유전자를 조합한 '늑대개', 젊음과 장수에 필요한 인체조직을 얻기 위해 돼지에게 인간의 두뇌피질을 이식하여 만든 '피구운' 등.

또 하나의 특징은 사회 전체가 철저한 분리의 구조를 띠고 있다는 점이다. 발전된 기술을 소유하고 부리는 자들과 여기서 소외되어 도구처럼 이용되고 착취당하는 이들이 철저히 구분된다. 이들은 결코 같은 공간에 거주할 수 없다. 과학 엘리트 집단을 비롯한 기득권자들은 모든 것이 잘 갖추어져 물질적으로 풍요한, 마치 성과 같은 중심구역인 헬스 화이저 주거지에 거주하고, 빈민들은 그 바깥의 비위생적 주거지인 플리블랜드에 거주한다. 거대기업들은 플리블랜드의 빈민들을 약물 실험대상으로 삼기도 하고, 약을 팔기 위해 의도적으로 이들에게 병을 퍼뜨리기도 한다.

이런 사회가 부도덕하고 퇴폐적인 타락한 문화의 극단으로 나아가는 것은 전혀 이상하지 않다. 아동 포르노 등의 외설적 동영상들과 동물학대는 물론, 인간 처형 장면까지 실시간으로 생중계하는 폭력적 영상들이 온라인상에 넘쳐난다.

그런데 지금까지 묘사된 이런 사회가 오늘날 우리에게도 전혀 낯설지 않아 보이는 것은 왜일까? 작가 마거릿 애트우드는 자신의 작품에 비현실적인 요소는 하나도 없다고 말한다. 인류 역사 속에 이미 존재했거나, 현재 진행 중이거나, 우리가 돌이키지 않는다면 머지않은 미래에 일어날 일들이기 때문이다.

인간 종말 그 이후

이런 사회에서는 인간과 자연뿐 아니라 인간과 인간의 관계에서도 직접적인 공감이나 소통을 찾아보기 어렵다. 소외된 개인들은 극도의 단절과 고립 상태에 있다. 친구 사이인 지미와 크레이크의 경우만 봐도 만나서 직접 게임을 하는 것이 아니라 서로 등 돌리고 앉아 각자의 컴퓨터 화면을 들여다보며 체스게임을 한다.

크레이크는 과학 엘리트 집단을 대표하는 천재 과학자다. 그는 비밀리에 파라다이스 프로젝트, 즉 새로운 인간종 개발을 진행한다. 더 이상 희망 없는 인류를 포기하고 평화적이고 환경친화적인 새로운 인간,

정확히 말해 인간이 아닌 유사인간을 만들려는 계획이다. 인구과잉과 자원 부족, 환경오염 등의 문제로 인해 어차피 지구는 현존하는 인류의 방식으로 더는 버틸 수 없는 지경에 이르렀고, 이에 대해 크레이크가 내린 해법은 기존 인류의 폐기다.

이런 상황이라면 크레이크의 인간에 대한 환멸은 충분히 이해할 만하다. 하지만 인간의 유용성을 자신의 기준으로 평가 판단하고, 인간의 생명을 자신의 계획에 따라 좌지우지하려는 크레이크야말로 오히려 가장 환멸스러운 인간의 대표적인 모습이라고도 할 수 있다.

크레이크는 젊음과 성적인 만족은 유지하면서 성병의 전염성을 막는 약을 대대적으로 선전하면서 그 속에 치명적인 바이러스를 숨겨 전 세계에 배포한다. 그 약이 전 세계에 퍼질 때쯤 순식간에 활성화되도록 만든 바이러스다. 극히 강력하고 전염성이 빠른 데다 백신은 존재하지 않는다. 더욱이 크레이크는 백신 개발의 유일한 가능자인 자신까지 죽임으로써 인류를 전멸시켜 버린다.

한편, 크레이크가 인류를 포기하고 대신 만들어 낸 신인류가 있었으니 바로 크레이커들(Crakers)이다. 크레이커는 인간의 최장점만을 모아 만든 완벽한 신인류가 아니다. 이미 황폐해질 대로 황폐해진 지구환경에서 최소한도로 살아남을 수 있는 조건과 더는 환경을 파괴하지 않는 친환경적인 존재로만 만들어졌을 뿐이다. 예컨대 강한 자외선에도 손상되지 않는 UV차단 피부를 갖추고, 나뭇잎이나 풀만 먹어도 살 수 있게 만들어졌다. 농사나 사냥은 애초에 필요하지 않기에 당연히 자기 땅에 대한 소유욕이 없으며, 따라서 이들은 전쟁을 할 필요도 없다.

크레이커들은 30세가 되면 자연사를 하도록 설계되어 있어서 인구 증가에 대한 염려도 없다. 피부색에 대한 인식이 없으므로 인종주의도

문제가 되지 않으며, 성적인 면에서도 생식행위로서의 동물적 특징만 남겼기에 사랑의 고통 같은 것도 느끼지 못한다. 강한 힘이나 높은 지능의 욕구도 원천적으로 차단되었다. 상상적 사고가 결여되었기에 어리석은 우상숭배나 종교에 빠질 염려도 없다. 이것이 인간을 대체하고 이 땅에 살아남은 유일한 신인류의 모습이라면 너무나 씁쓸하지 않겠는가?

크레이크는 자신과는 대조적인 친구 지미만을 살아남게 해서 자신이 창조한 신인류들을 보살피도록 부탁한다. 지미는 인류 종말 이후 유일하게(사실 확실하지는 않지만 지미 스스로 그렇게 믿고 있다) 살아남아서 이야기를 전달하는 인물이자 작가 마거릿 애트우드의 생각을 대변하는 인물이다.

지미는 이 사회에서 별 쓸모없는 것으로 간주된 인문학을 전공했다. 다른 사람들과 달리 사회의 잘못을 어렴풋하게나마 인식하지만, 그렇다고 해서 사회를 바꿀 수 있는 어떤 일을 시도하기에는 무력한 인물이다. 하지만 그는 다른 사람의 고통에 공감할 수 있는 능력과 책임감, 도덕적 인식 등의 인간적 가치를 지녔다. 지미는 오릭스가 겪었을 고통에 누구보다도 공감하며 괴로워하는 동시에 죄책감을 느끼기도 한다. 오릭스는 어린 시절 동남아시아 지역에서 아동 포르노 촬영에 동원되어 성적 상품으로 착취당했지만, 끈질긴 생명력과 특유의 에너지로 자신의 삶을 주도한 여성이다. 자신의 착취자들을 통해 영어를 배워 미국으로 건너오고, 크레이크 회사에 취직하면서 크레이커들의 양육을 담당하지만 결국 크레이크와 함께 죽는다.

무엇보다도 지미는 자연을 이용대상으로만 보는 크레이크와는 달리, 자연의 아름다움을 중요시하고 즐길 줄 안다. 이런 지미에게 인간 멸종 이후의 세계를 맡긴 것은 크레이크의 선택인 동시에, 작가 애트우

마거릿 애트우트가 『오릭스와 크레이크』에서 그리는 세계는 16세기 네델란드 화가 히에로니무스 보스의 그림 〈쾌락의 정원〉을 연상시킨다.

드의 선택이기도 하다. 물론 지미에게도 한계나 극복해야 할 단점이 전혀 없는 것은 아니다. 크레이커들을 대할 때 드러나듯, 여전히 인간 중심주의에서 벗어나지 못하는 측면이 있고, 이전에 오릭스와의 관계에서도 남성 우월주의를 엿볼 수 있다.

이 작품은 열린 결말로 끝난다. 지미는 자신이 유일하게 살아남은 인간이라 여겼는데, 다른 생존자들이 있음을 알고 그들을 찾아 나선다. 마침내 두 명의 남자와 한 명의 여자가 있는 곳에 다다른 지미, 이제 어떻게 할 것인가? 지미가 이들과 어떤 관계를 맺을지, 또 현존하는 크레이커들과는 어떤 식으로 함께 살아갈 것인지 작품은 전혀 제시하지 않는다. 어쩌면 지미에게 남아있는 과제(아니 작가 스스로에게나 독자인 우

---

5 호모데우스(Homo Deus)는 '신적인 인간'이란 뜻이다. 미래의 초인류 유형으로 역사학자 유발 하라리가 제시했다.

리 자신에게 남은 과제일지도 모르겠다)는 자신의 편협한 사고에서 벗어나 다양성을 어느 정도까지 수용할 수 있는가의 여부에 달려 있을 것이다.

이 작품은 우리가 현재 삶의 방식을 돌이키지 않는 한 직면할 수밖에 없는 인간종말에 대한 경고이며, 21세기에 사는 우리가 미래의 생존을 위해서 어떤 태도로 이 땅의 생명체들과 공존해야 하는지에 대한 물음이다. 우리는 어느 정도까지 다양성을 인정하고 존중할 수 있을 것인가? 크레이커들 같은 인간 이외의 생명체에 대해서도 어디까지 마음을 열 수 있는가? 머지않은 미래에 우리는 생태계의 모든 생명체만이 아니라 인간과 동물, 혹은 인간과 기계 사이 어디쯤의 경계에 놓인 크레이커들 같은 존재, 혹은 인공지능(AI)과 생명공학의 산물인 호모데우스적[5] 존재들까지도 함께 살아가야 할지 모른다. 기술적 특이점은 언젠가 반드시 올 것이라 예측하는데, 어쩌면 우리의 예상보다 그날은 훨씬 빠르게 도래할지 모른다는 생각이 든다.

함께 읽으면 좋은 책

마거릿 애트우드, 『오릭스와 크레이크(*Oryx and Crake*)』, 차은정 옮김, 민음사, 2019(2003).
유발 하라리, 『호모데우스』, 김명주 옮김, 김영사, 2017.

무엇보다 중요한 것은 미술사라는 거대한 코끼리의 다리나 꼬리를 더듬는 것이 아니라, 왜 코끼리가 내 앞에 있는지 묻는 것이다.

7장

단박에 읽는 서양미술사

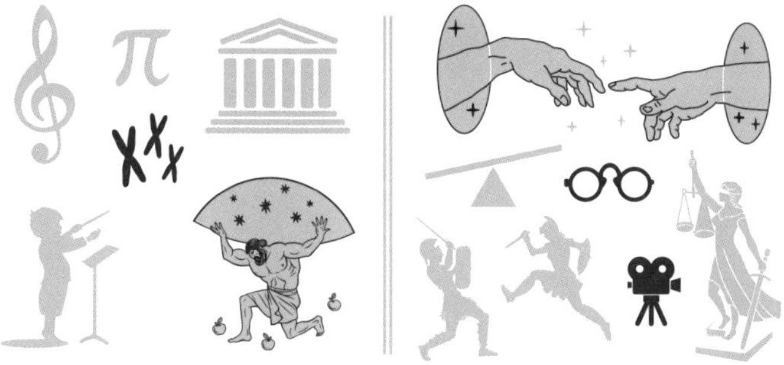

백지희 | 미술은 세상과 동떨어진 독보적인 것이 아니라 사회적, 문화적 패러다임 안에서 해석되어야 한다고 생각하는 화가다. 대학교에서 철학과 미술을 전공했다. 무대미술 감독, 갤러리스트, 화가로 활동하며 대학과 문화기관에서 인문학과 예술을 접목한 강의를 해오고 있다.

1

예술이란 무엇인가?

모나리자의 변신에는 이유가 있다

"예술이 뭘까요?"

강의를 시작하면서 늘 학생들에게 던지는 질문이다.

"아름다운 것이요."

"작가의 독창적인 표현이요."

가장 먼저 나오는 이런 대답 외에도 '감성을 자극하는 창작물', '창작자의 영감이 표현된 것' 등 그럴듯한 의견이 일제히 쏟아진다.

예술작품을 관람할 때, 우리는 작가의 의도와 생각, 미적 가치, 그리고 작품에 내포된 의미를 느끼게 되는 것은 사실이다. 하지만 개념을 중요시하는 현대미술에서는 우리의 예술에 대한 상식이 가차 없이 무너지는 경우도 있다. 그렇다면 예술이란 무엇일까. 고대미술에서도 학생들의 모범 답안이 그대로 통했을까. 지금으로부터 3만여 년 전 석기시대로 거슬러 올라가 예술의 정체를 파헤쳐 보자.

기원과 삶을 기록한 고대미술

인간이 만든 가장 오래된 예술품으로 〈빌렌도르프의 비너스〉(기원전 2만 5000~2만 년 추정)나 〈라스코 동굴벽화〉(기원전 1만 년 추정)를 꼽을 수 있다. 풍만한 가슴과 복부를 드러낸 형상을 한 이 11.1센티미터의 돌조각에 미술사학자들은 '비너스'라고 이름을 붙였다. 고대인들이 다산을 기원하기 위해 만든 것으로 추정했기 때문이다. 그리고 라스코 지역 동굴에서 발견한 동물과 인간의 모습을 그린 벽화 역시 사냥의 성공을 기원하는 주술적 목적으로 그린 것이라 추측한다.

앞서 예술이라고 정의 내린 보편적인 사고를 고대의 유물에도 적용할 수 있을까? 기원전 2만 5000년 전 고대 원시인이 어느 날 문득 영감을 받아 독창적인 예술작품을 만들겠다는 의도로 비너스를 창작한 것일까? 동굴에 거주하던 인간들이 아름다운 자연을 묘사하겠다는 생각으로 벽화를 제작했을까? 그렇다고 단정 짓기는 어렵다.

엄밀히 말하면, 예술이라고 하는 많은 작품은 그것이 만들어진 시대의 맥락을 벗어나 서양철학이 성립한 근대적 사고체계에 의존하여 미학적 가치를 얻게 되었다. 서구사회는 18세기 프랑스혁명과 미국의 독립혁명을 거치며,

풍만한 가슴과 복부를 드러낸 이 형상에 미술사학자들은 '빌렌도르프의 비너스'라는 이름을 붙였다. 기원전 2만 5000년~2만 년 추정(위키피디아, Matthias Kabel).

라스코 동굴벽화. 기원전 1만 년 즈음 그려졌을 것으로 추정한다.

근대적 주체의 탄생과 자유의지를 얻게 된 시민의 형성이라는 사회적·역사적 변화를 맞이하게 된다. 이러한 변화는 예술을 정의하는 데 이용되기도 했다. '예술은 천부적인 재능을 타고난 작가가 영감을 받아 필연적으로 창작하는 활동과 그 창작물'이라고 정의한 것이다. 예술에 대한 이러한 근대적 개념은 오래전에 만들어진 유물들을 설명하기에도, 21세기의 현대 미술을 이해하기에도 부족한 점이 많다.

예술은 동시대 사회와 문화의 산물이다. 즉, 사회적 배경과 시대적 특수성에 대한 고찰 없이 오롯이 미술만 한정 지어 들여다볼 수는 없다. 역사의 흐름을 따라가다 보면, 예술은 동시대의 필연적 반응이었음을 이해할 수 있다. 인상주의, 추상주의, 입체파, 아방가르드, 포스트모던 등 난해하고 복잡해 보이는 미술사를 형성하는 주요 사조들을 단박에 다 이해하기는 어려울 것이다. 무엇보다 중요한 것은 미술사라는 거대한 코끼리의 다리만 더듬기보다는, 왜 코끼리가 내 앞에 있는지를 먼저 묻는 것이다.

20세기, 예술의 종말 선언

팝아트의 거장으로 알려진 앤디 워홀은 1964년 뉴욕의 스테이블 갤러리에서 〈브릴로 박스〉 전시를 열었다. 그는 당시 미국의 가정에서 흔히 사용하던 세제용 패드를 담는 포장상자를 상점에 있는 것과 똑같이 제작했다. 워홀은 이에 앞서 1962년 켐벨사가 생산하는 32개의 스프 캔 이미지를 실크스크린이라는 판화기법으로 복제하여 팝아트의 부상을 증명한 바 있다. 〈브릴로 박스〉 전시를 본 미술비평가이자 철학자인 아서 단토는 예술의 본질에 대한 근원적 질문을 던지고, 20년 후인 1984년 '예술의 종말'을 선언한다. 단토의 선언은 미술계에 큰 파장을 가져왔고 '미술은 죽었다'는 뜻으로 해석되어 많은 예술인들을 당황하게 했다. 그의 논지는 진정 예술의 종말이었을까?

앤디 워홀의 〈브릴로 박스〉(1964).

왜 슈퍼마켓에 진열되어 있는 브릴로 박스는 예술이라 하지 않는데, 워홀이 만든 〈브릴로 박스〉는 예술이라고 할까?

두 박스는 시각적으로 차이를 발견하기 어렵다. 이에 대해 단토는 둘 사이의 차이는 "시각이 아닌 철학적 인식의 개입"이라고 했다. 예술가가 스스로 미술을 철학적 문제로 사유하기 시작했음을 의미하며, 이는 곧 르네상스식 패러다임, 모더니즘, 취미를 가진 이들만을 위한 시각적 충족으로서의 예술이 종말을 맞았다는 것이다. 또한 이제 예술은 개인의 순수 영감에서 나오는 것이 아니라, 동시대의 문화와 문명이 예술가의 창작을 강요하게 되었다는 말이기도 하다. 워홀의 팝아트는 평범한 사물을 예술작품으로 변형시키면서 고상한 미술과 저속한 미술의 경계를 무너뜨리고, 예술가들은 모든 양식의 억압으로부터 벗어나 오히려 최대의 자유를 누릴 수 있게 되었음을 의미한다.

2차 세계대전을 겪으며 1950년대 미국과 영국에서는 대량생산과 대량소비가 최고치에 이르게 된다. 또한 인쇄기술의 발달은 유일무이한 예술품이 아닌 이미지의 무한복제를 가능하게 했다. 이와 더불어 사람들은 전문지식이 필요한 추상미술보다는 광고나 대중매체에 더 친근감을 갖게 되었다. 예술가들은 대중적인 이미지를 대폭적으로 수용하며 대중적인 영역을 확대해 갔다. '예술의 문화혁명'이라고도 불리는 팝아트의 흥행 역시 시대적 특수성과 깊은 관련이 있다.

모나리자의 변신

미술에 문외한이어도 루브르 박물관에 있는 레오나르도 다빈치의 〈모나리자〉(1503~06)를 모르는 사람은 거의 없을 것이다. 가로 53센티미터, 세로 77센티미터의 이 인물화는 피렌체의 부유한 비단 상인 조콘

레오나르도 다빈치의 〈모나리자〉(1503~06)**이다.** 희미한 윤곽선과 부드러운 채색으로 형태가 마치 연기처럼 사라져 보이게 하는 '스푸마토' 기법을 사용해 보는 이의 상상력을 끌어낸다.

다가 자신의 부인인 리사를 그려달라고 다빈치에게 의뢰해 그려진 작품이다. 〈모나리자〉가 세계인의 사랑을 받는 그림이 된 데는 여러 가지 이유들이 있지만, 독특한 화법도 그중 한 이유다.

모나리자의 눈꼬리와 입 가장자리에는 스푸마토 기법이 사용되어 신비감이 더한다.

다빈치가 사용한 화법은 그림 속 인물을 더 신비롭고 매력적으로 보이게 한다. '스푸마토(sfumato)'라고 불리는 이 기법은 희미한 윤곽선과 부드러운 채색으로 형태가 마치 연기처럼 사라져 보이게 함으로써 보는 이의 상상력을 끌어낸다. 모나리자의 눈꼬리와 입 가장자리를 의도적으로 모호하게 묘사하여 오묘한 신비감을 더하는데, 이 화법은 당시 매우 획기적인 시도였다.

〈모나리자〉는 세계인들의 지극한 사랑과 관심 때문인지, 예술작품 중 가장 많이 패러디되고 복제된 작품으로 손꼽힌다. 광고, 잡지, 애니메이션, 입체, 심지어 구운 토스트로 재현될 정도로 많은 사람들에게 친숙한 예술계의 여신이라 여겨진다. 그런데 흥미로운 점은 이미지의 패러디와 예술가가 당면한 시대적 배경과의 깊은 관련성이다.

레디메이드 미술

1919년 마르셀 뒤샹은 파리의 길거리에서 〈모나리자〉가 인쇄된 엽서를 구입했다. 그리고 거기에 검은 펜으로 수염을 그려 넣고 알파벳 대문자로 'L.H.O.O.Q'라고 적었다. 프랑스어로 발음하면 'elle a chaud au cul'이고 뜻은 '그 여자의 엉덩이는 뜨겁다'이다. 콧수염에 외설적인 농담까지 적어놓은 뒤샹의 의도는 무엇이었을까?

뒤샹은 1차 세계대전 말엽부터 유럽에 팽배했던 아방가르드 미술운동인 다다이즘에 깊이 관여했다. 다다이즘은 전후의 무의미함과 허무주의를 암시하고, 부조리를 내세우며 전통미술과의 단절을 선언한다. 이들의 대표적인 표현방식은 인쇄된 잡지나 신문에서 관련 없어 보이는 이미지를 오려 붙이는 포토몽타주였다. 기존에 만들어진 우리 주변의 것들을 가져다 쓰는 '레디메이드(ready-made)' 기법은 작가가 곧 창작자여야만 한다는 고정관념을 무너뜨렸다.

뒤샹의 〈L.H.O.O.Q〉는 예술이라 여겨지지 않는 주변의 일상적이고 실용적인 기성품들을 예술로 변화시키는 레디메이드 미술의 정점을 보여준다.

대중적 이미지를 적극 수용했던 앤디 워홀도 1963년 〈모나리자〉를 재현한다. 다빈치의 〈모나리자〉가 품고 있는 고고한 유일성과 상징성의 아우라를 부인하고, 실크스크린 기법으로 복제를 반복했다. 팝아트가 추구하던 탈상징화와 원본의 부재를 적극적으로 보여준 셈이다. 복제된 〈모나리자〉는 이미지일 뿐이며, 여느 잡지에 인쇄된 인물과도 다를 바가 없어졌다.

1977년 제작된 페르난도 보테로의 〈비만 모나리자〉는 팝아트의 혁신적인 시도들이 무겁고 장엄했던 예술에 발랄함과 생기를 불어넣어 준 결과라고 생각한다. 콜롬비아 태생의 보테로가 미국 중심의 팝아트에 직접적인 영향을 받았는지에 대한 물음은 그리 중요하지 않다. 이미 세계적 흐름은 예술적 가치의 중량이 현저하게 감소되고 대중에게 활성화되었다는 것에 더 큰 의미가 있다.

그래피티(Graffiti) 화가로 알려진 장 미셸 바스키아는 길거리에 마치 아이들의 낙서처럼 보이는 화풍으로 그림을 그리다가 뉴욕 최고의

1919년 마르셀 뒤샹은 레오나르도 다빈치의 〈모나리자〉가 인쇄된 엽서를 구입해, 그 위에 검은 펜으로 콧수염을 그리고 'L.H.O.O.Q'라고 적었다. 뒤샹의 〈L.H.O.O.Q〉는 전통미술과의 단절을 선언한 다다이즘과 일상적이고 실용적인 기성품을 예술로 변화시키는 레디메이드 미술을 잘 보여준다. © Association Marcel Duchamp / ADAGP, Paris – SACK, Seoul, 2020

갤러리로 진출했다. 바스키아는 앤디 워홀과 함께 협업 전시를 하기도 했는데, 이른바 하위문화라고 여겼던 그래피티를 예술로 승화했다는 평가를 받으며 '검은 피카소'라는 별명을 얻는다. 그가 재현한 〈모나리자〉(1983)의 이미지는 1달러에 인쇄된 이미지를 연상하게 한다. 양쪽에 그려진 1이라는 숫자, 그리고 미묘하게 조지 워싱턴을 닮은 모나리자의 모습에서 예술과 돈이라는 자본주의의 두 가지 통화가치를 읽게 되는 것은 분명 바스키아의 의도였을 것이다.

미디어작가 이이남의 〈모나리자 폐허〉(2013)는 5분 44초 길이의 디지털 영상이다. 〈모나리자〉 이미지 위로 비행기에서 폭탄이 투하되고 그 자리에 꽃이 피어난다. 〈모나리자〉가 상징하는 미술의 고대적 가치, 권위와 제도적 장치들이 파괴되고, 현대적인 새로운 가치로 피워 나가리라는 희망의 메시지로 이해할 수 있다.

〈모나리자〉의 재현은 앞으로도 계속될 것이다. 재현의 재현도 충분히 나올 법하다. 〈모나리자〉의 변신을 통해 모든 예술의 흐름을 설명할 수는 없지만, 명백한 것은 모나리자의 변신에는 이유가 있다는 것이다.

2

형상에서 개념으로

고대부터 르네상스까지

작업실을 정리하다가 쌓인 그림 중 하나를 골라 걸기로 했다. 못과 망치를 찾아 수평을 맞추고 벽에 못질을 시작한다. 앗! 서투른 못질에 망치의 손잡이가 부러져 버렸다. 급한 마음에 바닥에 있던 벽돌로 못을 박아 고정하고 그림을 걸었다. 여기서 질문 하나, 부러져서 쓸모없게 된 망치, 그리고 망치 대신 못을 박은 벽돌 중 어느 것이 진정한 망치일까?

하나이자 세 개인 의자

미국의 작가 조셉 코수스의 1965년 작품 〈하나이자 세 개인 의자(One and Three Chairs)〉가 떠오른다. 이 작품은 의자의 사진과 실제 의자, 그리고 의자의 사전적 정의가 적힌 텍스트로 이루어져 있다. 코수스는 이 작품을 통해 사진으로 복제된 의자의 이미지, 물리적인 의자, 그리고 의자의 언어화 중에서 우리가 알고 있는 진짜 개념이 무엇인지 사유하게 한다.

조셉 코수스의 〈하나이자 세 개인 의자〉(1965). 이 작품은 세 가지 의자 중 우리가 알고 있는 진짜 개념이 무엇인지 사유하게 한다. ⓒ Joseph Kosuth / ARS, New York - SACK, Seoul, 2020

미국의 세계적인 미술비평가이자 예술철학자인 아서 단토는 방대한 미술사를 시대별로 과감하게 세 가지 특징으로 구분했다.

첫 번째는 '모방과 재현 시대'다. 르네상스가 시작된 1400년 무렵 이전의 시대를 가리킨다. 인류 문명의 탄생 이후 가장 오랜 시기에 해당한다. 이 시대에 인정받는 예술작품이란 원근법과 해부학, 실재 그대로를 재현하기 위한 정확한 데생 실력, 그리고 비례가 작품 속에 스며들어 있어야 했다.

두 번째는 '이데올로기 시대'다. '모더니즘 시대'라고도 한다. 관념을 예술로 재현하는 데 집중하던 시기다. 그 출발은 인상주의를 기점으로 한다. '예술사의 춘추전국 시대'라고 할 수 있을 정도로 여러 사조와 '이즘'이 잇따라 생겨났다.

세 번째는 '다원화 시대', 혹은 '탈역사적 시대'라고 한다. 이때부터 예술이라는 이름으로 모든 것을 할 수 있게 되었다. 앤디 워홀의 〈브릴로 박스〉를 계기로 미술은 모방과 재현, 그리고 관념과 이데올로기에 종말을 고하게 된다. 역사적인 맥락에서 벗어나는 탈 역사적 다원화의 시대가 도래한 것이다.

모방과 재현에 치중했던 미술

예술은 오랫동안 전통적 '모방 시대'에서 시각적 진실에 근거했다. 여기서 예술작품의 근원은 자연이었으며, 세상에서 가장 아름다운 원형을 그대로 재현하는 것이 목표였다. 이어지는 '이데올로기 시대'에서는 예술이 무엇인지에 대한 철학적 관념을 제시하는 것이 관건이 된다. 이미지 재현보다는 무엇이, 어떻게, 그리고 왜 예술이 되는지에 주목하던 시기다. 이후 등장한 '탈역사적 시대'는 다양한 목소리가 출현하고, 어떠한 것도 예술로 허용되는 다원주의 양상을 보인다.

단토의 난해한 예술사를 좀 더 쉽게 이해하기 위해서 조셉 코수스의 〈하나이자 세 개인 의자〉를 예로 들어보자. 물리적인 의자를 재현한 사진은 시각적 진실에 기초한 모방 시대에 해당하며, 사전적 정의인 텍스트는 의자가 무엇인지를 언어화한 철학적 개념이라 할 수 있다. 즉, 이데올로기 시대를 보여준다. 그리고 예술이 되기 위한 외형적이거나 철학적 제약들이 사라지게 된 탈역사적 시대에는 코수스가 제시한 진짜 개념에 대한 질문 자체가 전형적인 이데올로기 시대의 산물로 여겨지게 된다.

예술이라는 본질적 원형은 존재하지 않는다

미술사학자 E. H. 곰브리치는 세계적인 베스트셀러 『서양 미술사』 서문에 이런 말을 남겼다.

"미술이라는 것은 존재하지 않는다. 다만 미술가들이 있을 뿐이다."

예술가들과 그들이 각자의 시대를 살며 만드는 작품이 모여 예술이 형성되는 것이지, 예술이라는 본질적 원형이 따로 존재하지 않는다는 것이다.

그렇기에 예술을 이해하기 위해 시대적 특수 여건들을 들여다보는 것이 중요하다. 단토가 제시한 '모방 시대'에 해당하는 재현예술을 좀 더 구체적으로 구분한 학자도 역시 곰브리치다. 그는 원시 시대의 개념적 묘사와 이집트인의 지식적 접근, 보이는 대로 묘사하려 했던 인상파에 이르기까지 예술의 흐름을 서술하고, 재현을 도모하던 미술이 붕괴하기 시작한 시점을 명확하게 구분했다.

먼저 〈빌렌도르프의 비너스〉나 〈라스코 동굴벽화〉에서 보이는 것처럼 원시 시대 이미지는 매우 간단하고 단순하게 묘사되어 있다. 〈빌렌도르프의 비너스〉는 풍만한 가슴과 볼록한 배, 눈·코·입이 없는 몽당한 팔다리를 가진 형상이고, 동굴벽화의 동물들은 디테일 없이 과장되게 크게 그려졌다. 원시인들이 형태를 사실적으로 상세하게 재현하는 것이 불가능했다기보다는 그럴 이유나 필요성이 없었기 때문일 것이다. 많은 미술사학자들이 주장하듯, 수렵 위주였던 당대의 유적과 유물들은 아마도 자연에서 생존하기

〈오로〉. 폴리네시아 지역 전쟁의 신 '오로'를 코코아 줄기로 만들었다(위키피디아).

위해 주술적 기원을 위해 만들었을 것이다. 폴리네시아 지역 전쟁의 신을 형상화한 것으로 알려진 〈오로〉는 코코넛 줄기를 꼬아 만들었다. 둥근 두 눈, 똬리를 튼 머리, 길게 늘어진 팔로 신을 묘사했다.

아름다운 비례, 이집트의 캐논

고대 이집트에서는 인물을 제작할 때 캐논(Cannon)이라는 규칙을 적용했다. 캐논은 인체 대상의 가장 아름다운 비례를 규범화한 것으로, 주로 모눈 위에 그리는 신체 비례의 표준이다. 이들은 보는 것에 준하여 제작하기보다는 신체의 자세와 각도의 모든 변화를 피하고 수치로 표준화했다. 얼굴은 측면으로 그렸고, 눈은 정면으로 보는 이를 향하고 있으며, 상체는 정면으로 서있다. 이것은 형태와 모양에 대해 그들이 배우고 알았던 지식에 근거해서 가장 아름답다고 여긴 비례를 표현한

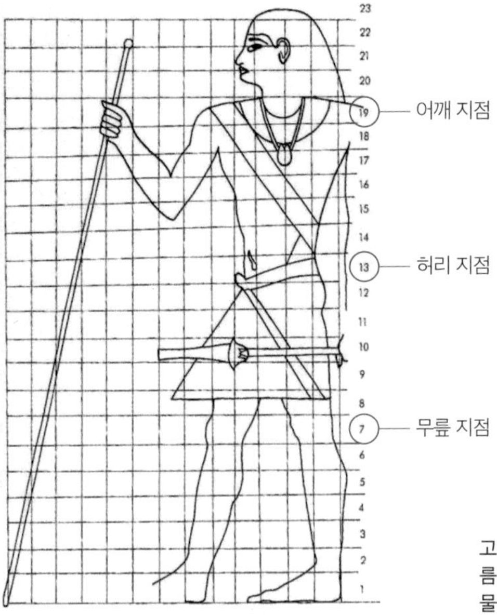

고대 이집트에서는 인체 대상의 가장 아름다운 비례를 규범화한 '캐논'에 따라 인물을 제작했다.

것이다.

고대 이집트인들은 왜 그렇게 수치의 모듈에 집착했을까? 고대 이집트의 유물에 묘사된 형상은 현세가 아닌 죽은 후의 내세를 위해 제작된 것이기 때문이다. 현실의 세계는 모든 것이 변화무쌍하고 감정적이며 우연적이고 다양하지만, 이들이 염원한 내세는 현실을 초월하여 불변적이고 안정적인 곳이었다. 중앙에 권력이 집중된 전제군주의 나라 이집트에서 그들의 염원을 형상화하기 위해서는 장인들의 창작적 자유나 독창성보다는 보편적인 규칙에 의거한 획일성을 선호했을 것으로 추정한다. 마치 좌표를 긋듯, 캐논이라는 규칙에 따른 묘사를 사용함으로써 장인의 개성을 드러내지 않고 어긋남이 없는 완벽성을 추구했다. 이집트의 찬란한 유산이 여전히 익명으로 남아있는 이유도 이와 관련되었으리라 생각한다.

이성의 세계에서 감성의 세계로, 그리스와 로마 시대

이집트인들이 영원불변한 내세를 지향했다면, 그리스와 로마인들은 변화무쌍하고 우연적이며 감각적인 현세를 받아들였다. 고대 로마의 도시 스타비아에에서 발굴된 1세기 무렵 제작된 벽화 〈꽃을 꺾고 있는 여인〉은 꽤 감각적이다. 춤을 추듯이 꽃을 꺾고 있는 부드러운 여인의 뒷모습과 살랑거리는 옷자락은 도식적인 표현에 생명을 불어넣은 듯하다.

폼페이에서 발견된 로마 시대의 프레스코화 〈실크 드레스를 입은 마에나드〉는 팔랑거리는 실크의 촉감을 느낄 수 있을 것처럼 아름답게 묘사되었다. 이는 민주주의를 구현했던 고대 그리스 사회를 거치면서 장인들의 개별적인 감성을 존중했고, 표현의 자유를 허용하는 양식을 낳게 된 것이라고 본다.

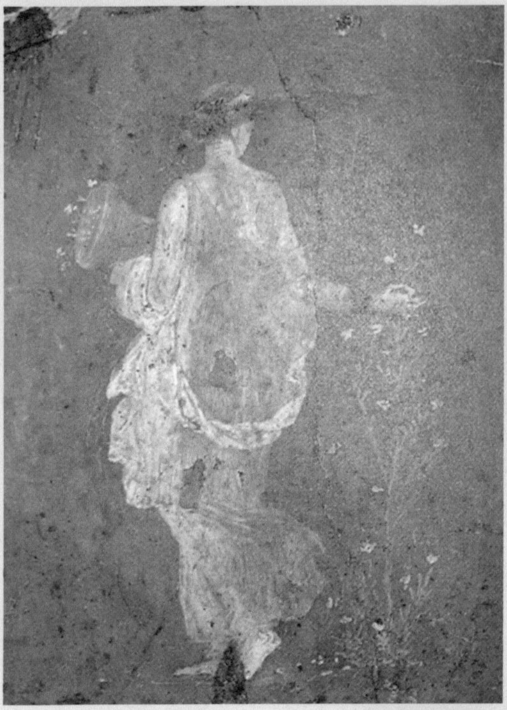

고대 로마 도시 스타비아에서 발견된 1세기에 제작된 프레스코 벽화. 춤추는 듯 꽃을 꺾고 있는 여인의 뒷모습과 살랑거리는 옷자락이 감각적이다. 〈꽃을 꺾고 있는 여인〉으로 불리기도 한다.

폼페이에서 발견된 1세기 로마 프레스코 벽화 〈실크 드레스를 입은 마에나드〉. 마에나드는 주신 디오니소스의 여성 추종자다. 팔랑거리는 실크의 촉감이 느껴지는 아름다운 벽화다.

초월적 세계에 대한 열정, 중세 미술

고대에서 중세로 넘어가는 시기, 서구 미술에는 혁명적인 변화가 일어난다. 고대인들이 형태의 아름다움을 추구했다면, 중세인들은 색과 빛에서 아름다움을 보았다. 그리고 고대인들이 인간의 아름다움에 열중했다면, 중세인들은 신에게서 아름다움을 찾았다. 신의 뜻을 전달하기 위해 초감각적 빛의 묘사에 전념하고, 형태는 오히려 도식적 묘사로 돌아가게 된다.

진정한 아름다움은 감각적 세계가 아닌 초월적 세계에 있다고 믿은 중세인들은 찬란한 색채와 값비싼 재료를 사용하여 황홀한 빛과 색의 효과에 몰두했다. 베네치아의 산마르코 대성당에서 볼 수 있듯, 중세 성당들의 벽면을 장식하는 화려한 색채의 모자이크와 황홀한 스테인드글라스는 현실감을 잃게 만들 만큼 초감각적이라 하겠다.

이탈리아 베네치아의 산마르코 대성당. 모자이크와 스테인드글라스가 황홀한 빛과 색채의 효과를 주고 있다. 산마르코 대성당은 11세기에 '황금 교회'로 불렸다.

이탈리아 라벤나의 성 아폴리나레 누오보 성당의 〈라자로의 회생〉. 6세기에 만들어진 모자이크 작품이다.

반면에 12세기 무렵 스바비아 필사본 복음서에 그려진 〈수태고지〉 이미지나 6세기의 모자이크 〈라자로의 회생〉에 보이는 인물 묘사는 매우 도식적이다. 천사와 마주한 성모나 라자로를 죽음에서 부활시키는 예수의 표정과 자세에서 감정은 거의 읽히지 않는다. 후광과 옷으로 성모마리아와 예수를 확실히 강조하긴 했지만, 천사의 생김새가 성모마리아를 닮았고, 예수의 얼굴도 옆에 서있는 제자와 거의 유사하다. 중세미술은 성서의 내용을 전파하고 문맹인 신자들을 교화하기 위하여 복잡하거나 난해할 수 있는 요소들을 배제하고 단순화했다. 예술의 목적이 신의 초월적인 말씀의 전달에 있었기 때문일 것이다.

자연을 바라보는 창, 르네상스 미술

14세기부터 16세기에 일어난 유럽의 르네상스(Renaissance, 문예부흥)는 말 그대로 '재생'을 의미한다. 과학혁명을 바탕으로 중세를 근세로

15세기 이탈리아 피렌체 화가 산드로 보티첼리의 〈비너스의 탄생〉. 보티첼리 특유의 부드러운 곡선과 섬세한 세부 묘사, 색채가 돋보이며, 비너스는 우아하고 기품 있다.

이어주는 시기다. 르네상스는 과거를 재생시키는, 즉 고대 그리스와 로마 문명의 재인식을 바탕으로 움직인 문화 혁신운동이라고 할 수 있다. 또 중세 천 년이라는 긴 세월 동안 기독교 신에 대한 관심이 다시 인간과 자연으로 바뀌는 시기이기도 하다.

르네상스 시기에는 중세에서 이단시되던 그리스·로마 신화의 내용이 인격화되어 미술에서 흥미로운 스토리로 다루어지게 된다. 눈으로 본 대로 그리려는 시도는 과학적 원근법을 발명하게 했다. 또한 희미한 윤곽선과 부드러운 채색으로 형태가 마치 연기처럼 사라져 보이게 하는 스푸마토 기법이나 다채로운 색채의 사용으로 인간과 자연을 더 실감나는 묘사하기 시작했다.

수많은 르네상스 시대의 미술 중에서 산드로 보티첼리의 〈비너스의

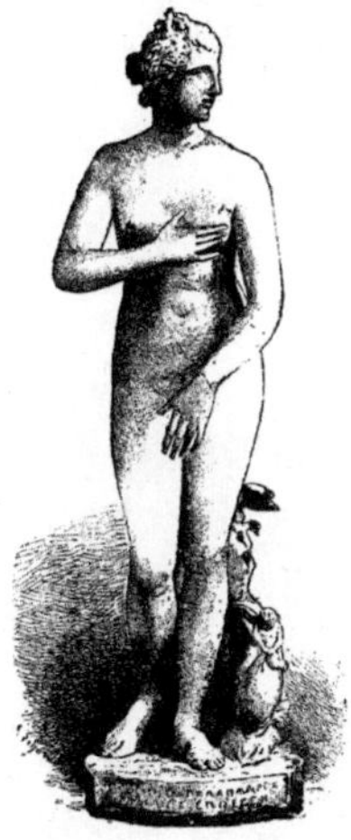
1세기 무렵 제작된 〈메디치의 비너스〉 조각을 묘사한 삽화.

탄생〉(1485)은 그리스 신화에서 비너스의 탄생을 묘사한 그림이다. 바람의 신인 제프리가 불어주는 바람을 타고 해안에 다가오는 비너스를 계절의 여신 중 봄의 여신이 맞이하는 장면이다. 보티첼리는 그림의 주제를 고대 그리스 신화에서 끌어왔을 뿐만 아니라, 1세기 무렵 제작된 조각 〈메디치의 비너스〉의 포즈를 유사하게 재생했다.

라파엘로의 〈아테네 학당〉(1509~11)은 아테네의 학당에 모인 고대 그리스 철학자들, 즉 소크라테스를 비롯하여 플라톤, 아리스토텔레스와 다수의 학자들을 그린 프레스코화다. 이 그림은 치밀한 원근법에 근거한 공간 묘사, 뚜렷한 윤곽선을 강조하여 조각 같은 입체감을 도모하는 르네상스 회화의 고전적 특징들을 뚜렷하게 보여준다.

화가들을 재는 저울, 아카데미 미술

17세기 초 화가이자 근대 미술비평의 선구자로 불리는 로제 드 필은 그의 저서 『화가들을 재는 저울』(1708)에서 당대의 대표적인 화가 56명의 점수를 평가한다. 작품의 구도, 드로잉, 색채, 그리고 표현력이라는 네 가지 측면에 따라 각각 18점을 부여하고 만점을 72점으로 책정했다. 이 기준에 따르면 라파엘로는 67점, 루벤스는 65점으로 고득점자이고, 렘브란트는 50점, 다빈치는 49점, 미켈란젤로는 37점을 받았다.

이런 '합리적 점수 매기기' 방식의 사고는 모든 권력을 중앙집권 아래 놓으려 했던 절대왕정 시대에 아카데미의 탄생을 이끌어 낸다. 예술마저도 통제하려는 시도는 예술가들에게 법칙을 부과하고, 이 법칙은

16세기 이탈리아 화가 라파엘로의 〈아테네 학당〉. 로마 바티칸 궁에 있는 벽화다. 둥근 천장, 복도 등은 로마 시대의 건축을 연상시키고, 벽에는 그리스 조각들이 보인다. 르네상스 시대의 완벽한 조화와 균형미를 보여주고 있다.

아카데미의 총회에서 제정되었다. 아카데미는 학생들에게 대상을 정밀하게 묘사하고 즉흥성과 무질서를 경계하라고 가르쳤다. 이제 미술은 아카데미에서 보고 연구하고 배워서 알고 있는 형태로 그려지게 했다.

프랑스 고전주의를 대표하는 작가 장 도미니크 앵그르의 〈발팽송의 목욕하는 여인〉(1808)을 보면 아카데미 미술의 관습이 꽤 오래 지속되었음을 알 수 있다. 인체의 입체감이 살아있으며, 구도에서 명료성을 느낄 수 있고, 형태의 표현이 뛰어나며, 색의 선택도 신중해 보인다. 더할 것도 감할 것도 없는, 그래서 완벽해 보이는 이 작품은 많은 화가들의 교본이 되었다.

반면 동시대의 좀 더 열정적인 화가들은 이 완벽함을 견디지 못하

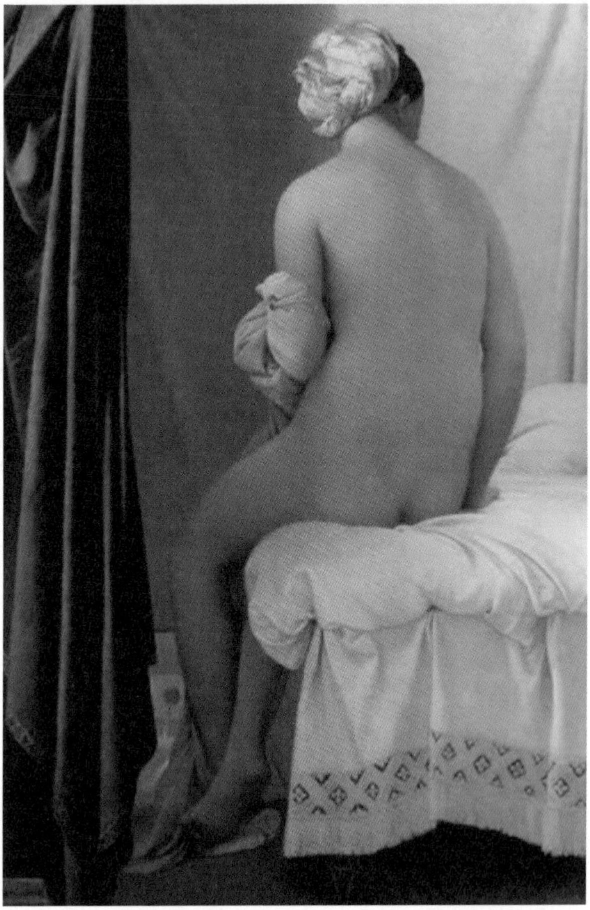

장 도미니크 앵그르의 〈발팽송의 목욕하는 여인〉(1808). 명료한 구도, 인체의 입체감 등 아카데미 미술의 모습을 잘 보여주고 있다.

고, 아카데미적 관습에 저항하게 된다. 눈으로 보이는 그대로 그리려고 한 반역자들은 아카데미를 벗어나 자연으로 떠났으며 빛을 따라 그리기 시작한다. 바로 인상주의 화가들이 등장한 것이다.

3

19세기 인상주의부터 현대 개념미술까지

격변의 19세기를 거치며 프랑스 시민혁명과 산업혁명은 사람들의 삶과 도시의 풍경을 완전히 바꾸어 놓았다. 그리고 이러한 변화는 미에 대한 인식에도 영향을 미친다. 고전미술을 붕괴시키고 현대미술을 탄생시킨 19세기와 그 이후 미술의 급속한 흐름을 살펴보자.

다양한 양식의 등장과 소멸

북유럽 르네상스의 대표작가 피테르 브뢰헬의 〈추수하는 사람들〉(1565)과 영국 작가 로렌스 S. 로리의 〈일하러 가는 길〉(1943)은 노동하는 인간의 모습을 묘사하고 있다. 하지만 두 그림에 묘사된 노동의 질과 노동자의 모습은 실로 큰 차이를 보인다. 〈추수하는 사람들〉은 수확의 정수를 포착해서 농사 짓는 농부들의 힘든 노동 후에 꿀맛 같은 휴식, 그리고 먹고 마시는 단순한 즐거움도 보인다. 반면 로리의 작품에 등장하는 도시 노동자들은 추위와 허기에 지치고 높은 건물들 사이를 터벅터

벅 걸어가는 황량함이 느껴진다. 급격히 진행된 도시화로 인해 대량생산되는 상품과 소외되고 지친 노동자의 모습을 실감나게 보여주고 있다.

정치적, 경제적, 산업적 영역에서 일어난 이 방대한 사회 변화는 미에 대한 인식에도 영향을 미치게 된다. 절대왕정 시대의 법칙을 고수한 아카데미즘이 힘을 잃기 시작하면서 새로운 미술양식이 쏟아져 나오기 시작한다. 낭만주의, 사실주의, 인상주의 등이 아카데미즘에 반대해서 등장한 대표적인 양식이다.

1826년 조세프 니세포르 니에프스가 카메라를 발명하자, 미술에도 큰 영향을 미쳤다. 유명 화가가 몇 개월에 걸쳐 그렸던 초상화를 사진 한 장이 대신하게 된 것이다. '그림이 필요하기는 한 건가?'라는 회화의 사실주의적 묘사에 의문이 제기되었다.

18세기까지만 하더라도 '미술 양식'은 길게는 수백 년을 지속하기도 했지만, 양식의 수명은 19세기 말부터 점점 단축되고, 20세기에 들어서자 자고 나면 새로운 양식이 생길 정도로 다양한 양식이 등장과 소멸, 그리고 공존하게 되었다.

보이는 대로 그리려던 사람들, 인상주의

1860년대에 와서도 아카데미의 권위와 전통적인 화법은 미술계의 주류로 이어졌다. 아카데미는 예술마저 통제하려는 절대왕정의 산물이다. 이들은 즉흥성과 무질서를 경계하고, 해야 되는 것과 해서는 안 되는 법칙을 제정했다. 미술은 아카데미에서 지정한 대로 그려야 했고 지속적인 연마를 통해서만 완성할 수 있었다.

주제는 어떨까. 아카데미는 역사적이거나 종교적인 주제의 그림을 선호했다. 아울러 인물화가 정물화나 풍경화보다 더 높은 가치를 지녔

피테르 브뢰헬의 〈추수하는 사람들〉(1565).

로렌스 S. 로리가 1943년 그린 맨체스터 매더&플래트 공장으로 일하러 가는 공장 노동자 그림.

다고 평가했다. 아카데미의 살롱에서 주최하는 공모전은 당선된 작가들에게 재정적 수익을 제공하고 높은 명성을 보장하는 등용문이었다. 1863년 열린 공모전에서 심사위원은 에두아르 마네가 그린 〈풀밭 위의 점심 식사〉(1863)를 낙선시킨다. 이유는 마네가 여성 누드를 너무 일상적 상황에 사실적으로 재현했기 때문에 외설이라는 것이었다. 당시 벗은 몸은 신을 표현할 때만 가능했기 때문에, 역사화나 신화에서 은유적으로 묘사된 누드는 허용되었지만 현실에서 일상적인 누드는 외설로 여겨졌다.

같은 공모전에서 마네를 비롯한 젊고 진취적인 화가 다수가 낙방하게 된다. 나폴레옹 3세는 '살롱전 낙선작' 전시회를 열게 하고 일반인들에게 그 평가를 맡겼다. 많은 이들이 조롱과 비웃음을 퍼부었지만, 낙방한 화가들의 새로운 성향과 접근을 신선하게 보는 이들도 생기는 계기가 되었다.

1873년 클로드 모네, 피에르 오귀스트 르누아르, 에드가 드가, 에두아르 마네, 폴 세잔 등의 작가들은 작가연맹을 결성하고 활동하기 시작했다. 이 연맹에 속했던 작가들의 그룹전에서 비평가 루이 리로이는 모네의 〈인상, 해돋이〉(1872)를 인상만 있는 미완성의 스케치에 불과하다고 혹평한다. 이 전시는 '인상파 전시'라는 별명을 얻게 되었다. "참으로 인상적이군."이라며 조롱 섞은 리로이의 논평은 세월이 흘러 '인상주의'라는 영광스러운 미술사조로 남게 되었다.

인상주의 화가들의 관심은 이미 지나간 과거의 역사나 종교적 재현을 벗어났다. 그들은 눈앞에서 벌어지는 빠르게 변화하는 당대의 풍습과 사회상을 눈에 보이는 대로 그림에 담고자 했다.

근대라는 새로운 시대를 상징하는 증기기관차가 드나드는 파리의

클로드 모네의 〈인상, 해돋이〉(1872). 당시 비평가 루이 리로이에게 "인상만 있는 미완성 스케치에 불과하다."는 혹평을 받았다.

생-라자르역은 마네와 모네 두 화가에게 흥분과 영감을 안겨주었다. 그들은 역세권에 형성되는 새로운 문명의 기운을 각자의 기법으로 화면에 옮겼다.

마네의 〈기차길〉(1873)은 화면을 응시하는 여인과 등을 돌리고 증기를 뿜으며 들어오는 기차를 구경하는 아이의 모습이 마치 스냅 사진처럼 묘사되어 있다. 실제 마네는 기차의 흔적을 기차가 아니라 증기로 대신했다.

모네는 아예 역 주변에 작업실을 얻고 생-라자르역 주위를 관찰하면

에두아르 마네의 〈풀밭 위의 점심 식사〉(1863). 아카데미가 주최한 공모전에 제출했지만 외설이라는 이유로 낙선했다.

서 반복해서 그리기도 했다. 모네는 증기를 뿜고 도착하거나 떠나는 순간의 기차를 자신의 눈에 보이는 그대로 담고자 했다.

빛에 따라 달라지는 시각의 움직임을 캔버스에 옮기고 싶던 염원을 평생 간직한 모네는 〈루앙 대성당〉을 하루에 14번이나 그렸고, 〈건초더미〉 그림은 1890년에서 1891년에 이르기까지 수없이 되풀이하여 그렸다. 그는 끊임없이 변화하는 자연의 색조를 옮겨 담기 위해 알라 프리마 기법[1]을 사용했다. 이것은 물감이 마르기 전에 단번에 칠하는 기

1 알라 프리마(Alla prima) 기법은 이탈리아어로 '처음'이라는 의미로 물감을 한 겹만 칠해 그림을 완성하는 기법이라 야외에서 그림을 그릴 때 편리하다. 여러 겹의 물감을 덧칠해 완성하는 기존의 유화 기법과 대조되며, 인상파 화가들의 대표적인 화법이기도 하다.

에두아르 마네의 〈기차길〉(1873). 기차의 움직임을 실제 기차가 아닌 증기로 표현했다. 마치 스냅 사진 같은 느낌을 준다.

클로드 모네의 〈생-라자르역〉(1877). 모네는 근대라는 새로운 시대를 상징하는 증기기관차가 드나드는 생-라자르역을 반복해서 그렸다.

법으로, 팔레트에서 색을 혼합하지 않고 캔버스 위에서 물감들이 자연스럽게 섞이는 효과이기도 하다. 이전의 시각에서는 미완성 혹은 미숙해서 날려버린 채색으로 평가받기도 했지만, 그의 염원인 빛을 표현하기에 가장 효과적인 방법이었다.

'오리인가, 토끼인가'

미술사학자 E. H. 곰브리치는 순수한 눈으로 보이는 그대로를 그리려던 인상파의 도전이 실패했다고 주장한다. 화가는 무엇인가를 그리려고 대상을 바라보는 순간, 표현할 수 있는 수만 가지의 방식들 중 하나를 선택해야 한다. 여기에는 인지와 인식이 개입하므로 순수한 눈이란 있을 수 없다는 논리다. 곰브리치의 논리는 루드비히 비트겐슈타인의 '오리인가, 토끼인가(duck-rabbit)'라는 개념으로 뒷받침될 수 있다. 보는 사람에 따라 이미지를 오리로 볼 수도 있고 토끼로 볼 수도 있다. 오리로 보는

클로드 모네의 〈루앙 대성당〉 연작. 모네는 1892년부터 1894년까지 루앙 대성당 연작을 그렸다. 날씨와 시간대에 따라 형태와 색채가 달라진다. 〈루앙 대성당〉 연작은 또 다른 모네의 연작인 〈건초 더미〉와 함께 대성공을 거둔다.

동안 토끼를 기억할 수도 있고, 토끼로 보면서 오리를 기억할 수도 있다. 그러나 중요한 것은 두 가지 해석을 동시에 경험할 수 없다는 것이다. 곰브리치는 화가가 오롯이 관찰만으로 무엇을 재현할 수 없는 이유는, 무엇을 묘사하기로 한 순간에 이미 그의 머릿속에는 원하는 상이 맺혀버리기 때문이라고 말했다.

색채의 해방, 야수주의

인상주의가 밖에 있는 것을 안으로 받아들여 보이는 대로 표현하고자 했다면, 앙리 마티스를 대표로 하는 야수파는 인상주의가 놓치고 있던

앙리 마티스의 〈열린 창문〉(1905). 마티스는 색채를 야수처럼 강렬하게 쓴다는 이유로 '야수파'라는 이름으로 불렸다.

창조의 주체성과 내면적인 감동의 표현을 강조했다고 볼 수 있다. 이들은 색채를 야수처럼 강렬하게 쓴다는 이유로 '야수파'라는 이름을 얻었다. 마티스는 사람들이 〈모자를 쓴 여인〉(1905)을 보고 여자를 못 그렸다고 비평하자, "나는 여인을 그린 것이 아니라 그림을 그린 것이다."라고 말했다.

마티스의 화면은 대상을 똑같이 재현할 의무에서 벗어난 그림의 해방이다. 르네상스 시대부터 약 400여 년 동안 불문율이던 실제의 모방과 재현이라는 고삐가 풀리고, 미술은 자유로운 감성의 표현주의 시대를 맞게 된 것이다. 야수파의 전성시대는 1904년에서 1908년 정도로 다른 양식에 비해 길지 않지만, 이후 근대 미술의 정신인 표현의 자유에 큰 공헌을 세웠다.

형태의 해체, 입체주의

세잔의 정물화에는 비밀이 있다. 그의 대표작 〈과일 바구니가 있는 정물〉(1886)을 들여다보면, 먼저 테이블의 좌우 모서리가 맞지 않는다. 물병은 위에서 내려다본 각도인데, 오른쪽의 과일은 정면을 향해 있다. 뒤쪽의 과일이 담긴 바구니는 옆에서 본 시점인데, 이 바구니는 아예 테이블 위라고 할 수 없는 애매한 위치에 놓여있다. 그는 화면에 보이는 사물의 다른 시점을 테이블보로 슬쩍 가려 왜곡을 덮어버렸다. 전통적 원근법에 대한 도전이다.

세잔은 하나의 시점에서 부동적으로 바라보는 세상이 아니라 두 개의 눈으로 끊임없이 움직이는, 즉 우리가 실제로 경험하는 세계를 표현하려고 했다. 이러한 실험정신은 기존의 원근법을 붕괴하고 형태의 해체를 꾀했던 입체주의 출현의 신호탄이 되었다.

폴 세잔의 〈과일 바구니가 있는 정물〉(1886). 이 그림은 전통적 원근법에 대한 도전이란 평가받는다.

파블로 피카소는 인상주의자들에 의해 회화에 도입된 색채, 정서, 감각 따위의 것을 포기한다. 그는 연인 프랑수아 질로에게 외과의사가 시체를 해부하듯이 '대상의 형태를 분해하여 재구성하는 것이 입체주의의 이념'이라고 말하기도 했다. 입체주의라는 명칭은 1908년 열린 조르주 브라크의 전시를 본 평론가 루이 보셀이 "건물이 있는 풍경화에 입방체가 보인다."는 조롱 섞인 발언에서 유래했다.

피카소와 브라크는 원근법적 공간 자체를 무시하고 한 대상을 여러 각도에서 보고, 여러 각도의 모습을 동일 화면에 묘사하며 형태를 해체

알프레드 바의 현대 미술 흐름을 보여주는 도표

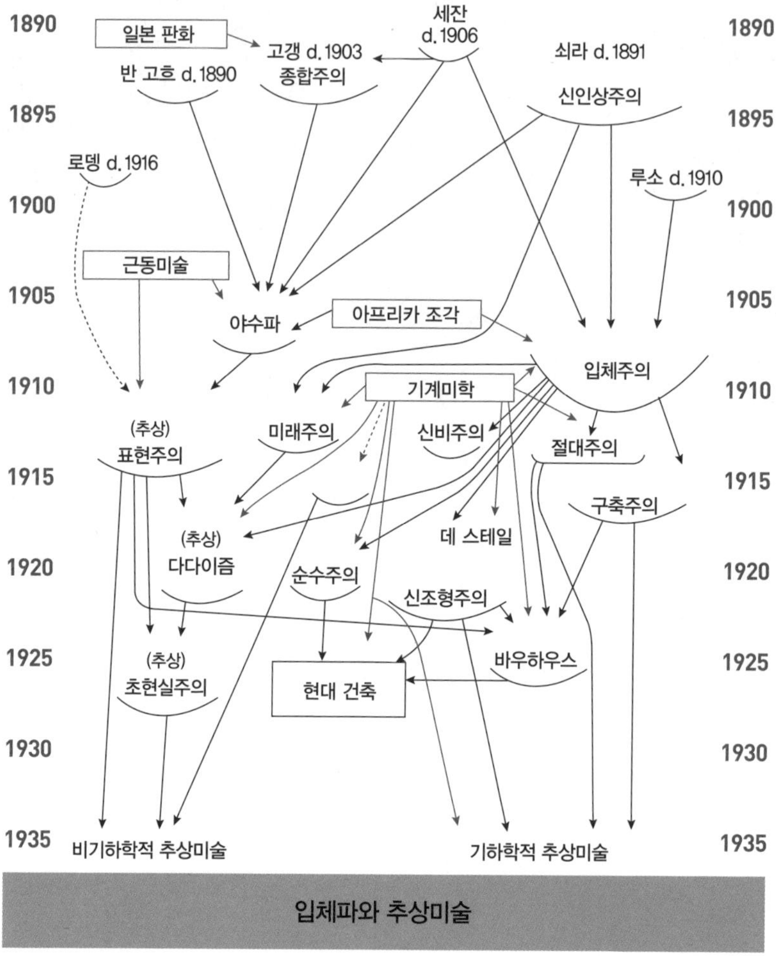

* d.는 사망한 연도 표시

해 나갔다. 둘은 오랜 시간 친분을 가지며 입체주의에 대한 서로의 생각을 공유했다. 그들의 작품을 일반 대중이 구분하기 어려운 이유도 여기에 있다. 1910년 제작된 피카소의 〈만돌린을 든 소녀〉와 브라크의 〈만돌린과 연인〉은 소재와 접근방식이 유사해 보인다. 작가의 독창성을 강조했던 기존 예술의 개념이 허물어지고, 두 화가는 많은 작품을 통해 연구와 실험의 결과를 공유했다.

20세기 미술사에 끼친 입체주의의 영향력은 엄청난 것이었다. 이어지는 미래주의, 다다이즘, 초현실주의 등 20세기를 대표하는 거의 모든 예술 언어가 입체주의에서 비롯된다. 1930년 미국의 미술 역사가이자 뉴욕현대미술관 초대 관장인 알프레드 바는 복잡한 현대예술을 설명하기 위해 〈입체파와 추상예술〉이라는 도표를 만들기도 했다. 다소 과대평가되기는 했지만, 입체주의는 가히 미술에 혁명적 영향을 주었다고 할 수 있다.

4

어떠한 것도 예술이 된다

컨템포러리 아트

미술관에서 〈검은 네모〉(1915)를 처음 본 관람객이라면 혼란스러울 것이다. 러시아 작가 카지미르 세베리노비치 말레비치의 이 작품은 캔버스에 아무 형체도 없이 검은색만 칠해져 있으니 말이다. 마르셀 뒤샹의 〈샘〉(1917)도 마찬가지일 것이다. 〈샘〉은 화장실에서 흔히 볼 수 있는 남자 소변기 그 자체다. 미술이 이 지경이 될 때까지 도대체 무슨 일들이 일어난 것일까? 아름다움을 모방하고 재현해 온 예술이 더 이상 아름다움의 문제는 상관하지 않는 것으로 보인다. 여전히 미술 작품을 바라보는 대중은 아름다움을 기대하는데도 말이다.

20세기에 들어서면서 세계적인 미술비평가 아서 단토가 말하는 '예술이 무엇인지'에 대한 철학적 관념을 제시하는 많은 시도와 실험들이 진행되었다. 예술인들은 두 번의 세계대전으로 정치적, 경제적, 그리고 무엇보다 사회적 변화를 겪게 되면서 '무엇이, 어떻게, 그리고 왜 예술이 되는지'에 대한 끊임없는 질문들을 던진다. 그중에는 전후 사회적

카지미르 세베리노비치 말레비치의 〈검은 네모〉(1915).

현상을 순수한 추상 이미지로 전환하려는 시도가 있던 반면, 적극적으로 정치성을 띠는 미래주의, 삶을 새롭게 구축하자는 혁명의 예술 경향도 있었고, 부조리와 무의미의 예술을 추앙하던 이들도 있었다.

무엇보다도 전후 미술의 가장 커다란 변화는 2차 세계대전의 결과로 미술의 대세가 유럽에서 미국 대륙으로 옮겨가기 시작한 것이다. 유럽의 많은 지식인들과 예술인들이 히틀러를 피해, 혹은 강제로 미국으로 이주하게 되고, 종전 후에도 미국 뉴욕은 오랫동안 문화와 예술의 중심지로 여겨지게 된다.

순수성의 추구, 추상회화

색채를 해방시킨 야수파, 그리고 형태를 분석하고 원근법을 해체한 입체파의 시도들은 또 다른 회화의 가능성을 암시하고 있었다. 인상주의 화가 모네의 거칠고 재빠른 붓질에도 추상의 잠재적 기미를 찾을 수 있다. 하지만 이들은 재현의 새로운 접근을 시도하면서도 재현을 포기하지는 않았다.

반면 순수 추상은 재현 자체를 거부한다. 순수 추상회화는 온전히 색과 형태만으로 예술의 자율성을 극대화하면서 정신적인 것의 표현에 집중한다.

현대미술에서 최초의 추상화로 지목받는 것은 바실리 칸딘스키의 수채화 〈무제〉(1910)다. 알아보기 힘든 모양들이 화면 위에 낙서처럼 그려져 있다. 칸딘스키는 "예술가가 전달해야 하는 것은 어떤 대상이 아니라 예술의 영혼, 즉 예술에서 정신적인 것"이라고 주장했다. 그는 저서 『예술에서의 정신적인 것에 대하여』와 『점·선·면』을 통해서 자신의 논지를 이론화한다. 회화는 즉각적인 인상을 즉흥적이고 무의식적으로, 그러나 치밀한 구성을 통해 완성된다는 것이다.

피에트 몬드리안 회화의 시대적 변천과정을 눈여겨보면, 칸딘스키가 추구했던 '온전한 색과 형태의 순수성으로의 회귀'를 납득할 수 있다. 몬드리안의 그림은 1910년 무렵부터 1930년대에 이르면서 재현이 점차 사라지고, 잘 알려진 〈빨강, 노랑, 파랑의 구성 2〉(1930)에 오면 직선과 삼원색으로만 완성된다. 칸딘스키와 몬드리안은 예술이 표현할 수 있는 가장 순수하고 보편적인 언어는 기하학적 추상이라는 신념을

바실리 칸딘스키의 〈무제〉(1910). 현대미술에서 최초의 추상화로 여겨지는 그림이다.

보여준다. 앞서 예를 든 말레비치의 〈검은 네모〉는 이러한 신념의 결정판이자 최종판이 아닐까 생각한다.

예술이 된 소변기, 뒤샹

피카소와 브라크가 했던 실험들에는 입체주의적 접근 외에도 콜라주 기법이 있었다. 기존의 그리기방식이 아닌 신문지, 우표, 벽지, 상표 등의 실물을 붙여 화면을 구성하여 비유적, 연상적, 상징적인 효과를 표현하는 기법이다. 이것은 기성품을 사용한 작품도 미술이 될 수 있다는 새로운 가능성을 제시한 동시에 레디메이드의 시초가 된다.

피에트 몬드리안 회화의 변천과정.

앞서 언급했듯이 뒤샹은 소변기를 구해 와서 받침대에 놓고 〈샘〉이라는 제목을 붙여 전시회에 출품했다. 〈샘〉에 적힌 서명 'R. Mutt 1917'은 변기 회사 이름에서 착안한 것이다. 1951년 제작한 〈자전거 바퀴〉도 아무런 상관관계가 없는 두 기성품을 결합하여 만든 작품이다. 뒤샹은 그의 레디메이드 작품들을 통해 어떤 메시지를 보내는 것일까?

빌렌도르프에서 발견된 기원전 2만 5000년 전의 한 돌조각이 오늘날 미술관의 전시장에 놓인 받침대 위에 올려져 〈빌렌도르프 비너스〉라고 불리는 이유, 그리고 〈샘〉이 기성품(레디메이드)을 대표하는 예술작품이 된 것 사이에는 유사점이 있다. 예술 창작이라는 동기와는 별개로, 미술 작품들은 미술의 여러 제도들 내로 순환하면서 비로소 깊은 의미와 중요성을 획득하게 된다. 미술관에 전시되고, 박물관에 보존되며, 대중매체에 의해 복제되어 예술이라는 시스템 안에 받아들여짐으로써 비로소 예술화되는 것이다.

마르셀 뒤샹의 〈자전거 바퀴〉(1951). 아무런 상관관계가 없는 기성품들을 결합하여 만든 레디메이드 작품이다.

뒤샹이 남긴 많은 레디메이드 작품들은 모든 재현의 형태가 문화적인 현상에 의존하고 있다는 사실을 보여주는 사례들이기도 하다. 관련 없어 보이는 자전거 바퀴와 등받이 없는 의자의 결합은 우리가 인식하고 재현하는 것이 자연스러운 것이 아니라 문화적인 것이며, 이상적인 본질로 따로 존재하는 것이 아니라 역사와 문화에 의해 형성되는 것임을 보여준다.

전위의 시대, 국제 아방가르드

말레비치, 칸딘스키와 몬드리안이 순수 추상을 주장하던 시기는 세계적으로 제국주의 국가들이 식민지 쟁탈전을 벌이던 정치적으로 매우 불안한 시점이었다. 이들은 정신적인 것을 추구하며 위안을 얻을 수 있다고 생각했을지도 모른다. 하지만 다른 부류의 예술가들은 좀 더 적극적으로 당대의 급변하는 세계 정세에 반응했다. 이른바 아방가르드(avant-garde)라고 분류되는 사람들이다.

아방가르드는 전쟁에서 선발대로 나가 적의 움직임과 위치를 파악하는 척후병을 뜻하는 군사 용어다. '전위예술'로 번역되는 아방가르드는 앞으로 전개될 새로운 예술을 탐색하고, 이제까지의 예술개념을 일변시킬 수 있는 혁명적인 예술운동을 가리킨다. 이전에 있던 미술의 변화는 인상주의나 입체주의처럼 서서히 양식이 바뀌는 양상을 보였다면, 아방가르드는 선전과 선동을 벌이며 이념을 앞세워 등장한다.

과거와의 단절을 선언하고 기술의 혁신과 속도, 그리고 산업적 발전을 지향했던 미래주의는 미학적 급진성에 정치성으로 무장한 아방가르드 운동이었다. 자코모 발라는 1912년작 〈목줄을 한 개의 역동성〉에서 개와 개 주인의 빠른 걸음을 마치 애니메이션처럼 묘사한다. 또 움베르토 보치오니의 조각 〈공간에서 연속적인 고유 형태들〉(1913)은 근육질의 힘찬 남성의 신체가 바람을 가르고 돌진하는 역동적인 힘을 강조한다.

반면 다다이즘은 전쟁의 충격을 호소하는 예술가들의 심리적 방어기제였다고 볼 수 있다. 이들은 부조리와 무의미를 지향하는 예술을 보여주었고, 정통주의와 부르주아 미학에 반기를 든다.

'다다'란 원래 장난감 목마를 지칭하는 단어지만, 다다이즘의 명칭이 된 것도 다분히 우연이다. 독일의 작가이자 시인인 후고 발은 우연

자코모 발라의 〈목줄을 한 개의 역동성〉(1912). 개와 개 주인의 빠른 걸음이 마치 애니메이션처럼 표현된, 미학적 급진성을 보여주는 미래주의 작품이다.

움베르토 보치오니의 〈공간에서 연속적인 고유 형태들〉(1913). 근육질의 남성이 바람을 가르며 돌진하는 역동성을 보여주는 미래주의 작품이다.

히 프랑스어-독일어 사전에 끼워져 있던 편지 봉투용 칼이 '다다'라는 단어를 가리키고 있어서 이 단어가 자신들의 예술활동을 가장 적절히 표현한다고 생각해 채택했다.

문학에서 다다이즘은 시 낭송을 위해 신문의 단어들을 조각조각 자르고 주머니에 넣고 무작위로 꺼내어 무의미한 문장을 읽어나갔다. 미술에서는 레디메이드 재료를 콜라주 기법을 사용하여 우연적으로 배치시키는 포토몽타주가 대세였다. 라울 하우스만의 1919년 작품 〈미술평론가(The Art Critic)〉에서 인물은 붓을 쥐고 있지만 눈도 입도 일그러진 가짜다. 정통을 거부하고 부조리를 내세우는 다다이스트들의 태도가 적나라하게 드러난다.

비합리를 예찬한 다다이즘은 잠재의식과 무의식의 세계를 지향하는 초현실주의에 영향을 주었다. 초현실주의의 주창자인 앙드레 브르통은 다음과 같이 말한 바 있다.

"생명과 죽음, 현실과 환상, 과거와 미래가… 모순으로 보이기를 그치는 마음의 한 지점을 결정하려는 희망이 초현실주의의 기본적 동기였다."

초현실주의자들은 프로이드의 정신분석을 받아들여 이성의 지배를 받지 않는 공상·환상의 세계를 중시했다. 대다수의 초현실주의 작품들은 전후 황폐해진 사회 속에 개성을 잃어버리고 소외된 인간과 인간성이 부재된 현실을 묘사했다.

조르조 데 키리코의 1914년 작품 〈하루의 수수께끼〉를 보면 커다란 공장 굴뚝이 있는 광장에 인간은 저 멀리 작은 실루엣으로 보이고, 상대적으로 광장에 우뚝 선 기념비는 정치적 권력의 거대한 힘을 과시하듯 존재감을 드러낸다. 이 그림은 이곳이 어디이며, 하루의 오전인지

조르조 데 키리코의 〈하루의 수수께끼〉(1914). 초현실주의는 소외된 인간과 인간성이 부재된 현실을 묘사한다. 커다란 공장 굴뚝, 광장에서 압도적인 존재감을 드러내는 동상, 사람은 저 멀리 아주 작은 실루엣으로 보일 뿐이다. ⓒ Giorgio de Chirico / by SIAE - SACK, Seoul, 2020

밤인지, 어느 나라의 풍경인지 알 수 없는 수수께끼다.

위에 언급한 아방가르드 운동들 외에도 건축과 미술의 실용주의를 주장했던 독일의 바우하우스는 현대식 건축과 디자인에 큰 영향을 주었다. 러시아의 구축주의는 경제적으로 빈곤하고 교육받지 못한 대중에게 소비에트 연방 공화국의 혁명정신을 고취시킬 수 있는 가장 뛰어난 선전수단이 대중매체, 즉 영화와 포스터라는 판단 아래 언론의 힘을 강조했다.

아방가르드 운동은 세계대전을 거치며 표상한 예술적 혁신운동들이었다. 하지만 이들의 전위적 움직임은 1930년에서 1940년에 이르면서 정치적으로 흡수되거나 정치와 결별하며 쇠퇴하는 다양한 운명을 맞게 된다.

미래에 대해 품었던 아방가르드의 전망은 실현되지 못했고, 미술가

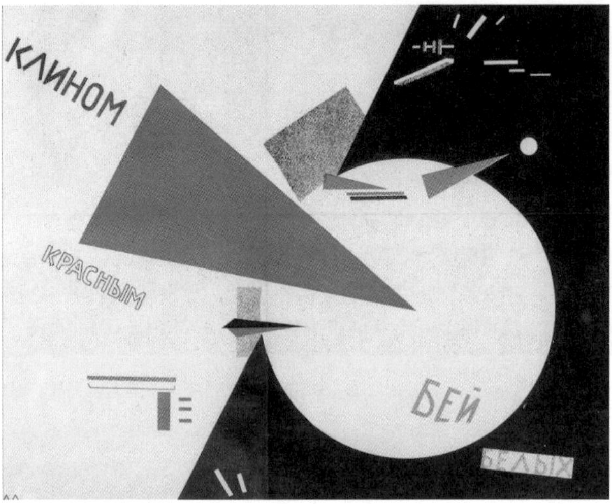

엘리시츠키의 포스터 〈붉은 쐐기로 백색군대를 무찔러라〉(1919). 러시아 구축주의 그림이다. 정치적 선전을 위한 미술의 모습을 보여주고 있다.

들은 대중을 앞서가는 창조자가 되려던 꿈을 이루지 못했다. 아방가르드의 정치적 선전을 위한 미술은 세계대전 후에 국제 상황주의와 같이 과격한 극단적 행동주의이자 반미학적 행위로 짧게나마 이어진다. 하지만 대중은 사회적 상황보다는 미술의 순수성과 진지함을 드러내는 작업으로 관심을 쏟는다. 잭슨 폴록의 시대가 열린 것이다.

미국의 아이콘, '드리퍼 잭'

2차 세계대전 전까지만 해도 미국 미술은 유럽 미술의 아류라고 여겨질 정도로 한계를 가지고 있었다. 1945년 이후 미국은 정치·경제적 성장과 함께 소련의 사회주의 리얼리즘 미술과 극단적으로 대비되는 미술을 진흥시켜 자신들의 사상적·문화적 우위를 세계에 각인시키는 것에 집중한다. 당시 소련의 사회주의 리얼리즘 미술은 정치적 목표와 이념에 충실하며 양식상으로는 구상적인 미술이었다. 이에 미국 CIA는 정치와 이념으로부터 자유롭고 개인주의적이며, 양식상으로도 추상적인 표현주의를 지원하는 고도의 전략을 세우게 된다.

잭슨 폴록은 '드리퍼 잭(Jack the Dripper)'이라는 별명이 설명하듯, 캔버스를 바닥에 놓고 물감을 흘리면서 감정의 표현에 집중했다. 그가 추구하던 추상표현의 회화는 '창작 행위'와 개인의 자유를 강조하고, 순응주의에 반하는 등 미국이 원하던 가치와 사상에 맞아떨어졌다.

미국 CIA는 뉴욕현대미술관 출신의 영향력 있는 비평가들의 협력을 받아 추상표현주의에 대한 적극적인 지원사격에 나섰고, 미국산 미술로는 역사상 처음으로 전 세계적인 미술사조로 우뚝 서게 된다.

아이러니컬한 것은, 극단적으로 순수를 표방한 추상표현주의가 국가와 정치의 지원을 받음으로써 그 어떤 미술보다 더 정치적인 미술이

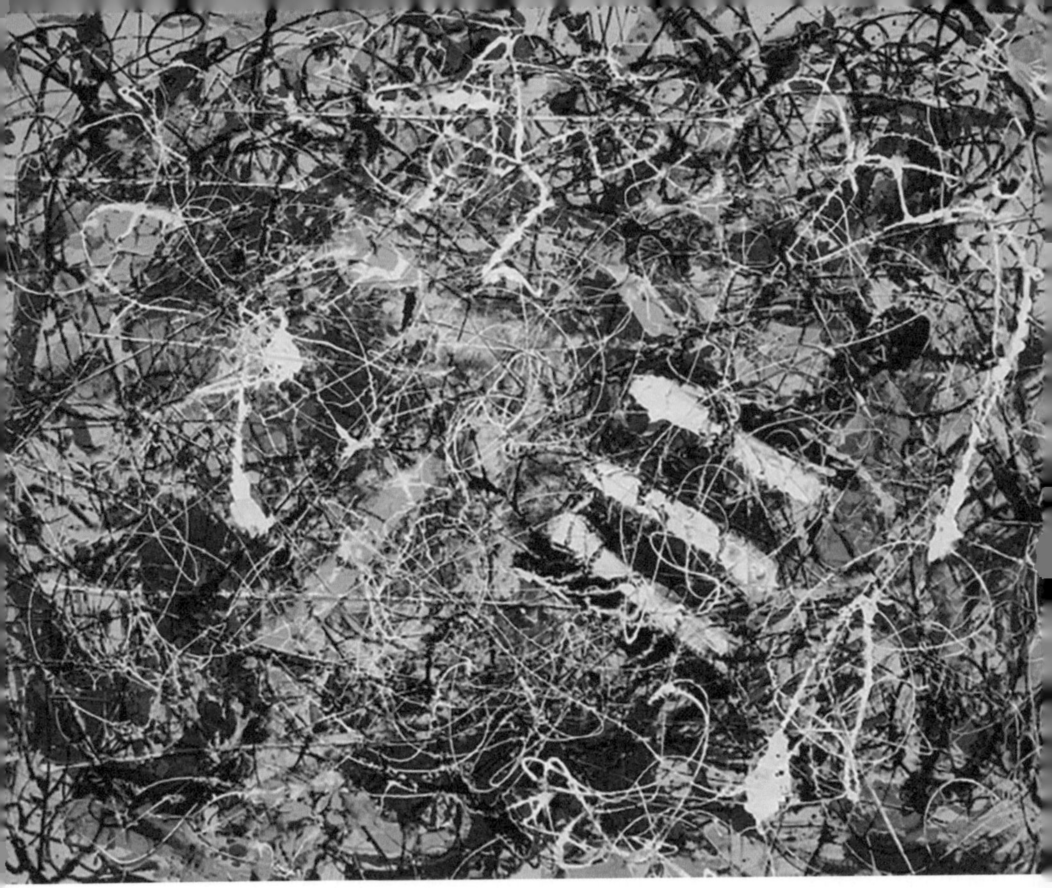

잭슨 폴록의 〈#17A〉(1948). 캔버스를 바닥에 놓고 붓으로 듬뿍 묻힌 물감을 흘리면서 온몸으로 그린 작품이다. 극단적 순수를 표방하는 추상표현주의의 대표 그림이다.

되어버렸다는 것이다. 잭슨 폴록의 그림 〈#17A〉(1948)는 2015년 무려 2억 달러에 판매될 만큼 현재까지도 그 인기가 뜨겁게 이어져오고 있다.

대량생산의 미술 팝아트, 앤디 워홀

미술비평가이자 예술철학자인 아서 단토는 앤디 워홀의 〈브릴로 박스〉를 계기로 예술의 내러티브 시대가 종말을 고하고, 탈 역사적 다원화의 시대가 도래했다고 본다. 모방 및 재현의 시대가 가고, 철학적 인식이

미술에 개입되기 시작한 시점이라는 말이다.

앤디 워홀의 팝아트는 평범한 사물을 예술작품으로 변형시키면서 대량생산 되고 대량소비 되기 시작하는 사회적 변화를 비판 없이 그대로 수용한다. 그는 실크스크린이라는 판화기법을 사용해서 동시대 문화와 문명을 대표하는 상품 로고, 사건 사진, 대중적 스타의 이미지를 반복하고 복제한다.

1962년 완성한 〈캠벨 스프 캔〉은 이제 미술은 창조하는 것이 아니라 생산되는 것이라 대변한다. 그는 복제라는 메커니즘을 통해서 명성의 의미와 가치가 만들어지는 방식과 이미지의 유통방식을 시각화했다.

미술의 다원화 시대가 열리다

앤디 워홀의 시도는 미술이 경계를 없애고, 모든 양식의 억압으로부터 벗어나 오히려 자유분방해지고 다원화되는 시초가 되었다. 팝아트는 1960년대 이후 등장한 사회문화적 변화와 맞물려 미술이 다양한 견해를 수용하는 데 중요한 역할을 하게 된다.

특히 1960년대에 시작된 페미니즘과 시민권 운동은 1980년대에 오면서 결실을 맺게 되며, 동성애자 인권운동이 가시화되고 유색인종 및 소수자들의 다양한 목소리가 미술의 핵심 담론으로 위치하게 된다.

동양과 서양이라는 단순 분리에서 제외되었던 아프리카, 남아메리카, 아시아, 태평양 일대의 작가들이 주목받기 시작한 것도 1980년대 이후다.

영국의 작가 키스 타이슨의 작품 〈대형 평면 대열(Large Field Array)〉은 300개의 입방체로 구성된 하나의 거대한 설치작품이다. 개별 입방

키스 타이슨의 〈대형 평면 대열〉(2006). 300개의 입방체로 구성된 거대한 설치작품이다. 중심이 무엇이고, 어디서부터 보아야 할지 애매하고, 입방체 사이의 연관성도 모호하다. 이제 예술에 의미를 부여하는 것은 온전히 관객의 몫이 된다.(http://alchetron.com) ⓒ Keith Tyson / DACS, London - SACK, Seoul, 2020

체는 갤러리 바닥과 벽에 격자 모양으로 배치되지만, 입방체 사이의 어떤 연관성을 찾기는 쉽지 않다.

중심이 무엇이고, 어디부터 보아야 할지도 애매하다. 마치 디지털 사전을 가시화한 듯, 계층적 구조가 없는 병치와 병렬의 연속이다. 여기서 시각적, 심리적 혹은 철학적 의미를 부여하는 것은 온전히 관객의 몫이 된다. 어떠한 예술도 허용되는 다원주의적 시대를 대표한다고 할 수 있다.

대학 시절, 미술사 강의를 종강하며 교수님이 칠판에 그리던 이미지를 다시 떠올리며, 다원화 시대의 미술은 어떤 다이어그램으로 표시될 수 있을지 생각해 본다.

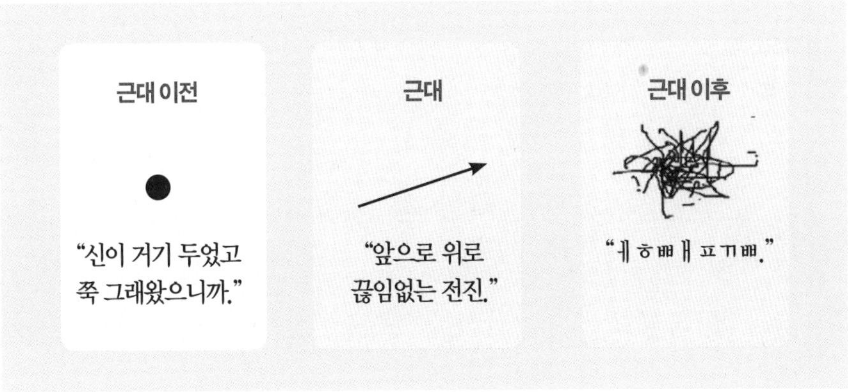

참고 도서
메리 앤 스타니스제프스키, 『이것은 미술이 아니다』, 박이소 옮김, 현실문화연구, 2011.
에른스트 H. 곰브리치, 『서양미술사』, 백승길·이종순 옮김, 예경, 2003.
아서 단토, 『무엇이 예술인가』, 김한영 옮김, 은행나무, 2015.
고명석, 『예술과 테크놀로지』, 새빛, 2015.

인터넷과 스마트폰, 정보의 홍수 시대에 스토리텔링 능력은 더욱 빛을 발한다. 정보나 지식을 실감나게 전달하는 것은 기본이고, 재미와 감동, 나만의 생각을 다지는 기틀이 되어준다. 스토리텔링 능력은 영화, 드라마, 웹툰, 게임 등 콘텐츠 산업으로 가는 지름길이기도 하다. 영화 <기생충>, 우리나라 웹툰의 세계 진출에서 보듯, 강력한 스토리는 국경도 넘나든다. 이제 강력한 스토리를 만드는 방법을 알아보자.

8장

이야기꾼 프로젝트

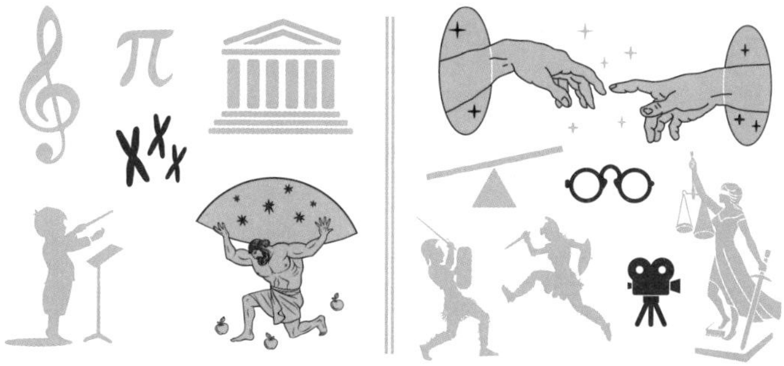

김나정 | 끊임없는 학구열로 다양한 분야를 공부하고 있는 작가 겸 문학비평가다. 2003년 동아일보 신춘문예 소설, 2007년 문학동네 신인상 비평, 2010년 한국일보 신춘문예 희곡 부문에 당선되었다. 현재 고려대학교, 순천향대학교, 중앙대학교에서 강의하고 있다.

1

스토리텔링은 무엇일까?

이야기로 전달하기

호모 나랜스, 이야기하는 존재

'스토리텔링'은 스토리(Story)를 이야기(Telling)하는 것이다. 간단히 말하면 '이야기로 말하기'다. 설명이나 논증이 아니라 배경, 사건, 인물이 있는 이야기로 전달하는 것이다. 생수 홍보를 할 때, 미네랄 몇 퍼센트가 함유되어 있고, 어느 지방의 청정수를 사용했다는 식의 제품정보를 나열할 수 있다. 여기에 스토리를 입혀보면 어떻게 될까?

> 1789년 프랑스의 레쎄르 후작은 병든 콩팥 때문에 고생했다. 끙끙 앓던 그는 알프스 레벵 마을로 요양을 떠났다. 별다른 치료도 하지 않았는데 몸이 자꾸 좋아졌다. 어찌된 일이지? 알고 보니 그가 마신 물에 비밀이 숨어있었다. 후작은 에비앙 마을의 샘에서 나온 물을 매일 마셨던 것이다.

지오반니 도메니코 티에폴로의 〈스토리텔러〉(1773).

정보만 전달하는 것보다, 에비앙 지역의 생수가 얼마나 좋은지 잘 전해진다. 인물이 등장하니 흥미롭고 살갑기도 하다. 이렇게 어떤 제품에 대한 설명을 이야기로 풀어낸 것을 '브랜드 스토리'라고 한다. 제품과 관련된 감동적인 일화나 사례를 들려주어 관심이나 호감을 이끌어 내는 방식이다.

정보나 지식도 이야기의 옷을 입으면 더 살갑게 다가온다. 어린이를 겨냥하여 정보에 스토리를 입힌 책들도 많다. 과학만화 'why 시리즈', '살아남기 시리즈', '신기한 스쿨버스'가 그런 예다. 천자문과 서유기가 결합한 『마법 천자문』도 정보와 이야기가 만난 사례다. 손오공의 모험을 따라가면서 자연스레 한자를 익히게 된다. 이런 교육과 스토리의 만남을 '에듀테인먼트 스토리텔링'이라고 한다. 에듀케이션(교육)과 엔터테인먼트(흥미)를 결합시킨 신조어다. 정보를 재미있게 하려고 스토리텔링을 끌어온다는 것이다.

이런 사례는 아주 옛날에도 있었다. 과학지식이 없던 시절, 천둥이 치거나 큰비가 오면 무서웠을 것이고, 굶주리고 추운 겨울도 싫었을 것이다. 사람들은 이해하지 못하는 자연현상을 신화나 전설 같은 이야기로 설명하고자 했다. "제우스가 화가 나서 천둥이 치는구나", "대지의 여신이 저승의 신에게 딸을 빼앗겨서 겨울이 오는 거야". 인류의 기원도 이야기로 풀려 했다. 대홍수에서 살아남은 두 남녀가 등 뒤로 돌멩이를 던졌더니 사람이 생겨났다는 식으로.

이야기는 인간이 생존을 위해 개발한 장치라고 한다. 날카로운 발톱과 이빨도 가지지 못하고 털도 별로 없는 인간이 이제껏 살아남은 것은 '이야기' 덕분이라는 주장도 있다. 사람들은 자신의 경험을 이야기로 다른 사람과 나누고 '역사(History)'로 후손들에게 전했다. 생존에 필요한 정보를 이야기의 형태로 바꾸어 나눈 것이다. 이야기는 인간이 살아남는 데 꼭 필요한 정보를 보존하는 그릇이었다. 즉 이야기는 인간의 진화과정에서 발생한 중요한 장치다.

아이들은 베갯머리에서 듣는 이야기로 세상을 알곤 한다. 헨델과 그레텔처럼 과자집에 홀리면 무서운 일을 당한다거나, 심부름을 하다가 딴청 피우면 빨간모자처럼 늑대를 만나게 된다거나, 힘이 약하고 몸집도 작은 셋째 돼지가 꾀로 위험을 이겨내는 등, 우리는 어릴 적부터 이야기로 세상을 알아간다.

그런데 왜 이야기를 이렇게 여기저기 써먹었을까? 이야기가 감동과 재미를 품고 있기 때문이다. 재미난 이야기는 사람의 호감을 사고, 감동적인 이야기는 사람을 움직인다. "사람에게 사랑은 소중하다."는 구호는 심드렁하게 받아들이지만, 에밀 아자르의 『자기 앞의 생』에서 소년 모모의 슬프지만 아름다운 성장 이야기를 보면 사람에게 사랑이 얼마나 값진 것인지를 생생하게 느낀다. 이야기는 세상을 움직이기도 한다. 『톰 아저씨의 오두막』은 남북전쟁 당시 흑인 노예를 해방시켜야 한다는 주장에 힘을 실어주었다.

영국화가 프레더릭 레이튼의 〈페르세포네의 귀환〉(1891). 대지의 여신 데메르트는 딸 페르세포네가 저승의 신 하데스에게 납치되자 슬픔에 빠져 대지를 돌보지 않았다고 한다. 과학 지식이 없던 시절, 사람들은 자연현상을 신화나 전설 같은 스토리로 설명하고자 했다.

호모 나랜스(Homo Narrans)는 '인간은 이야기하는 존재'라는 뜻이다. 우리는 이야기에 둘러싸여 있고, 이야기를 듣고 말하며 살아간다. 원시인들은 모닥불 앞에서 맘모스 사냥한 이야기, 옆 마을 부족에게 일어난 신기한 일들을 떠들어댔을 것이다. 지금도 아이들은 부모에게 이야기를 들려달라고 조르고, 분식집에 앉아 떡볶이를 먹으며 수다를 떨고, 어른들은 이야기가 담긴 드라마나 영화를 보고 이야기꽃을 피운다.

미국 작가 토니 모리슨은 "사람들이 더 이상 소설을 읽지 않는다."는 말에 다음과 같이 대꾸했다고 한다. '소설'이란 말의 자리에 '이야기'를 넣어 읽어보자.

> 소설은 죽지 않을 겁니다! 사람들은 이야기를 간절히 원해요. 잡지는 그 속에 이야기가 있기 때문에 팔리는 것이지 광고를 보기 위해 사람들이 사는 것은 아니거든요! 게임 쇼를 빼놓고는 텔레비전도 모두 이

야기들이죠. 사람들은 이야기를 듣기를 원합니다. 그들은 이야기를 사랑하죠! 이야기들에서 사람들은 세상을 배웁니다. 인간이 지식(동화, 신화)을 갖게 되는 것은 이야기를 통해서입니다. 모두가 이야기지요. 그렇게 때문에 소설이 중요하다는 것이죠.

스토리텔링의 시대

옛날부터 이야기는 인간과 딱 붙어있었다. 그런데 요즘 들어 스토리텔링이 더욱 각광을 받고 있다. 왜 그럴까? 예전보다 정보의 양이 크게 증가했고, 인터넷과 스마트폰에는 오만가지 정보 조각들이 돌아다닌다. 알아야 할 것들도 많아졌다. 머릿속이 혼란스럽고 이런저런 정보에 휘둘리기 십상이다.

이야기는 흘러넘치는 정보에서 우리를 구해준다. 이야기는 저마다 나름의 질서로 정보를 정리하기 때문이다. 시간 순서로 정리하거나, 과거 회상과 현재를 섞거나, 처음-중간-끝, 기-승-전-결의 구조로 정보를 흥미로운 순서에 맞추어 전달한다. 작가들은 머릿속에 있는 생각과 느낌, 이야기를 독자들에게 감동과 의미를 줄 수 있는 질서를 만들어 잘 전달하려고 애쓴다. 배경, 인물, 사건을 만들고 이야기에 소재나 적절한 대사, 비유 등 많은 요소들을 투입한다. 레고 조각으로 근사한 집을 만들 듯, 스토리텔링은 불필요한 것은 빼고 꼭 필요한 것을 적절하게 넣는 방법과 연관된다. 스토리텔링은 세상에 널린 수많은 조각들을 '자기 식대로' 정리하는 기술이다. 정보의 너른 바다에서 스토리텔링은 나만의 생각을 다지는 기틀이 되어준다.

요즘은 스토리텔링의 '변신' 능력도 주목받고 있다. 원 소스 멀티 유즈(OSMU, one source multi use)는 하나의 스토리를 여러모로 사용한다는 의미다. 매력적인 원형 콘텐츠는 영화, 드라마, 소설, 웹툰, 애니메이션, 뮤지컬 등으로 변신한다. 캐릭터 상품이나 장난감, 음반이나 도서로 만들어지기도 한다. 〈겨울왕국〉 엘사의 의상, 애니메이션에 등장하는 팽이나 카드 등이 그 예다.

웹툰이나 웹소설이 영화나 드라마로 만들어지고, 뮤지컬이 영화가 되고, 소설이 드라마나 영화, 만화로 탈바꿈한 경우도 많다. 흥미로운 이야기는 다양한 모습으로 변신해 무대와 극장, 책, 스마트폰에 펼쳐지며 사람들의 마음을 잡아끈다. 게다가 영화 〈기생충〉, 우리나라 웹툰의 세계 진출에서 보듯, 강력한 이야기는 국경도 넘나든다. 여러분이 만든 이야기가 세계 곳곳으로 퍼져나가 전 세계인의 마음을 쥐락펴락할 수 있다. 이제 재미와 감동을 주는 이야기를 어떻게 만들까 함께 궁리해 보자.

2

이야기 만들기의 첫발

아이디어 채집

이야기를 쓰기 전에, 내가 어떤 이야기를 좋아하고 잘 쓸 수 있는지 알아보는 것이 중요하다. 사람마다 잘 다룰 수 있는 이야기가 제각각이기 때문이다. 나는 어떤 이야기를 좋아할까?

나는 어떤 이야기를 잘 쓸까?

첫 단계로 어떤 내용을 담을지 결정해야 한다. 이야기가 담는 내용은 다양하다. 사랑, 모험, 귀신, 전쟁, 게임, 요리, 음악, 고양이, 요정 등. 먼저 내가 만들고 싶은 이야기를 몇 가지 키워드로 뽑아보자.

#	#	#
#	#	

이야기가 전해 주는 분위기는 어떤 게 좋을까? 내가 쓸 이야기가 읽은 사람에게 어떤 기분을 불러일으키면 좋을지 고민해 보면 된다. 행복, 따뜻함, 설렘, 오싹오싹한 두려움, 폭풍 눈물, 용기와 희망, 힐링, 유머, 엉뚱발랄, 깨달음 등 이야기가 줄 수 있는 느낌은 다양하다. 이 중에서 내가 선호하는 것이 무엇인지 생각해 보자.

이야기를 나눌 때 흔히 '장르(Genre)'라는 말이 자주 쓰인다. 장르는 프랑스어로 종류나 유형을 말한다. 비슷한 특징을 가진 것을 한데 묶은 것이다. 스토리텔링의 장르는 로맨스, 판타지, 무협, 추리, 호러, SF, 역사, 코미디 등 다양하다.

장르를 '가구'에 빗대기도 한다. 같은 공간이라도 무엇을 놓느냐에 따라 방의 종류가 바뀐다. 변기와 세면대를 놓으면 화장실, 책장과 책상이 있으면 서재, 소파와 텔레비전이 보이면 거실이 된다. 마찬가지로 어떤 공간에 용과 엘프가 등장하면 판타지가 되고, 중원을 배경으로 무술 대결을 펼치는 사람들이 나오면 무협소설이 되고, 시체와 탐정이 나오면 추리소설일 것이고, 우주선이 떠다니고 외계인이 출몰하며 과학기술이 등장하면 SF가 된다.

특별히 아끼는 장르가 있는가? "사람은 자기가 좋아하는 걸 가장 잘할 수 있다."는 말이 있다. 내가 끌리는 것을 밀고 나가면 추리소설의 장인, SF의 명인, 병맛의 달인, 역사소설의 대가가 될 수도 있다.

장르별 구성요소

어떤 '장르'에 끌린다면 그 장르를 구성하는 요소들이 뭔지 알아두면 좋다. 각 장르마다 공통적으로 나오는 요소, 이야기가 흘러가는 방향이 있다. 이것을 '장르 문법'이라고 한다. 자신이 좋아하는 장르를 자꾸 접하고 자주 등장하는 것들이 무엇인지 눈여겨보면 도움이 된다.

그렇다고 너무 익숙한 설정만 나오면 이야기가 재미없어진다. 사람들은 서로 다른 두 마음을 품고 있다. 내가 좋아하는 장르의 법칙대로 흘러가기를 바라는 마음도 있지만, 너무 예상대로 펼쳐지면 심드렁해한다. 장르를 다룰 때는 익숙한 것과 예상을 벗어난 참신한 내용을 적절히 섞는 것이 중요하다. 익숙한 것에 새로운 것을 더하는 것을 장르의 '변주'라고 한다.

예전부터 많은 히어로물이 쏟아져 나왔다. 뛰어난 능력을 지니고 그 힘을 사람들을 위해 쓰는 존재. 그런데 이런 히어로물도 다양하게 변주할 수 있다. 악동 기질이 넘치는 히어로나 〈스파이더 맨〉처럼 짝사랑 상대와 지구를 구하는 의무 사이에서 방황하는 10대 히어로는 색다른 이야기를 낳을 수 있다. 지구나 세계가 아니라 주변 몇몇을 구하는 우리 동네 히어로, 별 볼일 없는 능력을 지닌 히어로(뜨거운 것을 잘 먹는)가 등장하는 이야기도 변주의 일종이다. 이런 변주는 '히어로는 과연 어떤 존재일까'라는 질문에서 출발한다. 또한 그 히어로가 자신의 '힘'을 어디에 쓰느냐에 따라 밝은 히어로와 어둠의 히어로가 탄생한다.

장르에 '물' 결합하기

요즘에는 독자들의 취향이 참 다양해졌다. 이야기를 장르보다 더 세밀하게 특성대로 나눈 '물(物)'이란 말이 있다. 자주 쓰이는 '물'들을 몇 개만 정리했다. 이중에서 여러분이 한번 써보고 싶은 걸 표시해 보자.

> 좀비물, 회귀물, 성장물, 버디물, 히어로물, 스포츠물, 시간여행물, 대체역사물, 거대로봇물, 형사물, 루프물[같은 사건이나 시간이 고리(Loop)처럼 무

한히 반복되는 작품], 아이돌물, 빙의물, 법정물, 마왕물, 개그물, 귀환물, 수사물, 기업물, 근성물, 이능력(초능력)물, 마법소녀물, 일상물, 게임물, 학원물, 경성물, 조선물, 배틀물, 몬스터물

작가들은 익숙한 장르에 여러 '물'을 결합해 이야기를 만들어 낸다. 연금술처럼 여러 요소를 합쳐 새로운 것을 탄생시키는 것이다.

로맨스 + 판타지 + 학원물 + 좀비물 + 아이돌물

이러한 '물'을 다룰 때는 핵심 질문을 던지면 좋다. 이를테면 '재난물'을 쓸 때는 구체적으로 어떤 재난이 좋을지 종류를 궁리한다. 자연재난(쓰나미, 대홍수, 혜성 충돌, 화산 폭발 등)이나 침략(외계인, 좀비 등), 세계의 변질(내가 아는 세계가 변해버렸다), 소외 계통(무인도 표류, 아무도 내 말을 믿어주지 않는다), 신체 이변(갑자기 늙어버렸다, 몸이 작아졌다, 개구리가 되었다), 이능력(색다른 능력이 생겼다), 수상쩍은 사건(엉뚱한 택배가 배달되었다, 이상한 전화가 걸려온다) 등. 내가 쓰고 싶은 재난을 고르고, 이 재난을 해결하려는 인물의 노력이나 행동이 펼쳐지면 이야기가 풀려나오게 될 것이다.

사랑 이야기를 쓸 때는 사랑의 장애물이 무엇인지를 궁리한다. 두 사람이 그 장해물을 넘어 사랑을 이루는 과정을 쓰면 로맨스가 완성된다. 성장물은 인물이 가진 '꿈'에 집중한다. 마법사가 되고 싶다거나 덩크슛을 하고 싶다거나 하늘을 날고 싶다는 꿈 등 뭐든 가능하다. 인물이 그 꿈을 이루려고 발버둥치는 내용이 성장물의 뼈대를 만들어 준다.

아이디어: 이야깃거리 발견!

이야기는 탐색, 설계, 실행의 3단계를 거쳐 완성된다.

1. 탐색: 아이디어 찾기, 이야기 소재 채집, 인물 형상화
2. 설계: 플롯 짜기, 이야기 설계
3. 실행: 이야기 쓰기와 다듬기

탐색과정은 이야기 조각을 모으는 과정이다. 요리를 할 때 먼저 재료를 준비해야 하는 것과 같다.

먼저 콘셉트(concept)에 대해 알아보자. 콘셉트는 어떤 작품이나 제품, 공연, 행사 등에서 드러내려고 하는 주된 생각이다. 독립, 우정, 모험, 사랑 등 작품을 꿰뚫는 중심 생각을 정하는 것이다. '이 작품의 콘셉트는 자유야'라는 식으로. 한편 하이 콘셉트(high concept)는 주로 할리우드에서 많이 쓰이는 용어인데, 한 줄 문장으로도 스토리 전체를 쉽고 간결하게 파악하게 만드는 힘이 있다.

만약 공룡을 복제할 수 있다면?	〈쥬라기 공원〉
만약 광해군과 똑같이 생긴 가짜 왕이 있다면?	〈광해, 왕이 된 남자 〉
만약 아침에 일어나 보니 벌레가 되었다면?	프란츠 카프카 『변신』
만약 패러글라이딩을 하다가 북한에 불시착한다면?	〈사랑의 불시착〉

하이 콘셉트를 잡을 때는 '만약 ~라면'이라는 질문을 던지는 것이 좋다. 글감을 찾기 위한 'IF 놀이'라고 할 수 있는데, 먼저 질문을 던지고 발생할 수 있는 일을 상상해 보는 것이다.

만약 우리 반에 지구 정복의 야심을 품은 외계인이 전학을 온다면?

만약 뒤통수에 눈이 달린다면?

만약 지구가 석 달 뒤에 멸망한다면?

만약 우리 가족이 나만 빼고 좀비가 된다면?

만약 불의 요정과 물의 요정이 사랑에 빠진다면?

이렇게 '만약 ~라면'이라는 질문을 던지고 이런저런 상황을 그려내면 이야기의 소재를 발견할 수 있다.

같은 재료도 색다르게

전혀 다른 것들을 붙여 '불꽃'을 일으킬 수도 있다. 수술대 위에 환자가 누워있으면 그런가 보다 하지만, 수술대 위에 달랑 우산만 놓여있으면 '저거 뭐지?' 눈길을 끈다. 평소 어울리지 않았던 것들이 만나면 이야기가 만들어진다. 이를테면 전혀 상관없어 보이는 낱말들을 나열해 보자.

(인물)외계인 + (장소)납골당 + 생일 파티 + 십자수

(인물)_____ + (장소)_____ + _______ + ______

이것들을 엮어 이야기를 만들어 본다.

"어떤 외계인이 친구의 생일파티에 가져가려고 납골당에서 십자수를 놓았다. 이 납골당은 알고 보니 고대 외계인들의 비밀 아지트였다. 그런데 완성을 앞둔 은하계 십자수가 사라졌다."

익숙한 것과 별다른 것을 장소와 인물로 만나게 하는 것도 훌륭한 이야깃거리를 찾는 방법이다. 그림은 1939년 개봉된 영화 〈오즈의 마법사〉가 1955년 재출시될 때의 영화 로비 카드. 평범한 소녀 도로시는 오즈라는 신비한 장소를 여행하게 된다.

익숙한 것과 별다른 것을 장소와 인물로 만나게 해보자.

1. 낯선 장소 + 평범한 사람(해왕성의 택배 기사. 지옥에 간 야구선수, 백제 시대를 떠도는 중학교 2학년생)
2. 익숙한 장소+낯선 존재(우리 학교의 늑대인간, 지하철 2호선의 하마인간, 편의점의 외계인 직원)

〈오즈의 마법사〉는 평범한 소녀 도로시가 오즈라는 신기한 장소를 여행하는 이야기다. 〈은하철도 999〉의 주인공 철이도 평범한 소년이다. 〈트와일라잇〉은 평범한 학교에 늑대인간과 뱀파이어가 등장한다. 〈이웃집 토토로〉에서는 흔한 시골 마을에 토토로와 고양이 버스라는 신기한 존재가 나타난다.

내가 좋아하는 작품들의 부분을 따와서 합치는 방법도 있다. 원래 '창작'이란 있던 것들을 가지고 새로운 것을 만드는 것이다.

안테나를 펼치는 방법도 있다. 요즘 사람들이 관심을 갖는 '이슈'에 귀를 기울이는 것이다. 신문기사나 사람들의 이야기, 트렌드에 안테나를 펼친다. 같은 시대, 같은 공간을 살아가는 사람들의 마음을 사로잡을 수 있다. 거대한 이야기보다는 소소한 행복을 찾는 일상물도 사람들의 사랑을 받는다.

무엇보다 이야기는 '사람'에 대한 관심에서 비롯된다. '나'라는 사람은 누구일까, 사람 사이의 관계, 사람이 사는 세상, 사람이 살아온 이력인 역사, 사람다운 것은 무엇이며, 사람답게 사는 것은 어떤 것일까 하는 깊은 질문들이 좋은 작품을 낳는 동력이 된다.

재료가 좋아야 음식이 맛있다. 풍성한 이야기를 만들려면, 이야기에 넣을 재료들을 부지런히 모아야 한다. 책에서 본 좋은 구절, 영화에서 들은 대사, 친구가 들려준 흥미로운 이야기, 보고 들은 것들을 틈틈이 메모해 보자. 이야기를 만들려면 많은 재료가 필요하다. 주인공이 먹었으면 하는 음식, 우주 행성의 식물, 등장인물이 기르는 고슴도치 이름, 인물이 사는 방의 모양 등. 어떤 이야기를 쓰느냐에 따라 재료는 제각각이다. 공책도 좋고 스마트폰도 괜찮고 메모 카드를 활용해도 좋으니 뭐든 꼭 메모해 두자. 귀를 열고 발로 돌아다니며 눈으로 본 것들이 풍부할수록 두툼하고 의미 있는 이야기가 만들어진다.

3

이야기판을 깔자

배경, 세계관 설정

이야기는 배경(언제, 어디서), 인물(누가), 사건(무슨 일이 벌어지는지)으로 이루어진다. 배경은 이야기의 무대이며, 인물이 그 위에서 무언가를 하면 이야기가 펼쳐진다. 배경은 사건이 발생한 시간과 공간을 의미한다. 시간은 행동과 사건이 발생한 때이고, 공간은 인물이 행동하고 사건이 발단, 발전하는 공간을 말한다. 배경을 만들고 세계관을 창조하고 인물을 설정하면 이야기의 판이 깔린 셈이다.

언제, 어디서

먼저 이야기의 시간 배경부터 골라보자. 과거-현재-미래 중에 어느 때인가?

큰 단위로 보자면, 다음과 같이 구분할 수 있다.

고생대 - 중생대 - 신생대

선사 시대 - 고대 - 중세 - 근대 - 근세 - 현대

근미래 - 미래

원시 시대를 배경으로 한 작품도 많다. 영화 〈불을 찾아서〉, 이문열의 『들소』, 호모 사피엔스 소녀가 주인공인 『대지의 딸 에일러』도 유명하다. 여기서 더 파고들면 고대도 여럿으로 나뉜다. 우리나라 역사를 예로 들면 백제-신라-고려-가야 등 더 세분해서 시간을 설정할 수 있다.

또한 이야기가 펼쳐지는 시간의 '범위'도 정할 수 있다. 수백만 년(죽지 않는 인간), 수천 년(환생), 수백 년(어떤 가문 이야기), 수십 년(한 사람의 일생), 수년이나 1년 동안도 가능하다. 더 범위를 좁히면 한 계절이나 한 달, 일주일, 하루, 하루 중에도 밤이나 낮, 몇 시간 동안 일어난 일을 쓸 수도 있다. 소설가 성석제의 『내 인생 마지막 4.5초』는 어떤 사람이 죽기 4.5초 전에 자기 인생을 되돌아보는 이야기다. 소설 속에 흐르는 시간은 4.5초지만 그 속에는 한 사람의 일생이 담겨있다.

시간 배경을 한때로 고정시키지 않아도 되고, 시간여행물로 여러 시간대를 오가도 좋다. 현재를 기점으로 과거와 미래를 오가기도 하고, 특정한 시간대가 반복되는 루프물도 있다. 영화 〈사랑의 블랙홀〉의 주인공은 계속 같은 날을 산다.

공간 배경을 넓게 잡아보자. 외계인 친구가 주소를 묻는다면 아래와 같이 대답할 수 있을 것이다.

우주 - 은하계(우리 은하) - 태양계 - 지구 - 대한민국 - 서울

넓고 넓은 우주를 배경으로 한 작품도 허다하다. 우주를 배경으로

19세기 영국의 화가 리처드 레드그레이브가 그린 『걸리버 여행기』의 삽화. 독특한 공간이 이야기의 씨앗이 되기도 한다. 소인국, 대인국, 말의 나라 등 『걸리버 여행기』는 독특한 공간이 이야기를 낯설고 특별하게 만든다.

장대한 이야기가 펼쳐지는 스페이스 오페라에 도전해도 된다. 화성이나 달 기지에서 펼쳐지는 이야기도 무궁무진하다.

이야기 속 배경은 크게 생활권, 인접권, 외부세계로 나뉜다. 생활권은 인물이 사는 곳이다. 동네 이름이나 자주 가는 직장이나 학교가 여기에 속한다. 인접권은 생활권이 속한 더 넓은 공간이다. 우리 동네가 속한 구나 시를 의미한다. 서울시 성북구 안암동처럼. 혹은 인물이 태어난 고향이나 편한 친구 집처럼 마음이 머무는 곳도 좋다. 외부세계는 국가나 대륙, 대기권 같은 더 넓은 범위를 포함한다. 대한민국, 아시아처럼.

장소가 작품을 촉발한다. 배경은 이야기에 선행하고 배경이 작가로 하여금 이야기와 사건을 만들어 내게 한다. _유도라 웰티

독특한 공간이 이야기의 씨앗이 되는 경우도 많다. 호러 장르에서 '고딕' 소설은 버려진 성, 납골당, 박쥐가 날아다니는 저택을 배경으로 특유의 분위기를 만들어 낸다.

더 적극적으로 인물이 이동한 공간으로 이야기를 만들 수도 있다. 모험 소설이 그런 예가 된다. 『걸리버 여행기』나 『원피스』, 〈은하철도 999〉, 〈스타트렉〉 등. 모험 이야기는 어떤 공간을 설정하는지가 중요하다. 『걸리버 여행기』는 소인국, 대인국, 말의 나라 같은 공간이 작품의 핵심을 이룬다. 인물이 탐험하는 공간을 낯설고 특색 있게 만들면 그것만으로도 이야기의 재미가 살아난다.

세계관 설정하기

세계관은 이야기의 밑에 깔린 '배경 이야기'를 말한다. 〈리니지〉 같은 게임에 설정된 세계관, 슈퍼 히어로물의 대명사인 마블 코믹스나 DC 코믹스의 독특한 세계관을 떠올려 보자. 배트맨이 날아다니는 고담시와 그 공간을 지배하는 분위기, 사고방식, 사회체계 등도 예가 될 수 있다. 『해리포터』, 『반지의 제왕』이나 『나니아 연대기』 같은 판타지 작품에서 작가는 이야기 전체를 지배하는 세계관을 만들었다. 단지 시간과 공간 배경만이 아니라, 정말 '세계'를 만들 듯 그 세계의 종교, 지리, 역사, 종족, 경제, 특산물, 기후까지 창작했다.

환상문학 작가 H. P. 러브크래프트는 '크툴루 신화'라는 세계관으로 유명하다. 크툴루 신화의 기본은 이렇다.

환상문학 작가 H. P 러브크래프트의 〈크툴루 신화〉 세계관을 그린 삽화. 세계관은 이야기의 밑에 깔린 배경 이야기다. 음산하고 무시무시하지만 탄탄한 크툴루 세계관은 소설, 영화, 게임 등에 많이 활용된다.

> 옛날에 추방된 지구의 지배자들은 차원의 밖, 지하세계, 심해의 깊은 옛 도시에 잠들어 있다. 이들이 잠에서 깨어나 지구의 지배권을 되찾고자 할 때 인류는 멸망한다.

러브크래프트는 신화를 만들고, 이 신화를 자기 작품의 바탕으로 삼았다. 음산하고 무시무시하지만 탄탄한 크툴루 신화는 후에 다른 작가들의 소설이나 영화, 게임 시나리오에도 활용되었다.

세계관을 만들 때는 기존에 나온 여러 신화, 경전, 고전을 활용하기도 한다. 북유럽이나 인도 신화, 『산해경』 같은 중국 지리서, 『수호지』나 『서유기』 등의 고전소설을 따와서 이야기의 토양이 되는 새로운 세계관을 만드는 것이다. 이 세상에 없는 세계를 창조하는 것은 이야기 쓰기의 큰 즐거움 중 하나다.

4

이야기의 핵심

캐릭터 만들기

캐릭터는 이야기의 핵심이다. 생생하고 매력적인 캐릭터는 독자의 마음을 끌어당긴다. 그 사람이 궁금하고 어떤 일을 할지 호기심이 생겨 계속 읽게 되고, 공감하는 인물을 응원하면서 책장을 넘기는 경우도 많다. 그래서인지 『제인 에어』, 『보바리 부인』, 『젊은 베르테르의 슬픔』, 『나루토』, 『82년생 김지영』 등 주인공 이름이 제목인 작품도 많다.

캐릭터 형상화

캐릭터를 만들 때는 우리가 어떤 사람을 다른 사람과 구별할 수 있는 이유가 무엇인지 생각해 보아야 한다. 사람마다 생김새나 말투, 옷차림, 취미 등이 각기 다르다. 이렇게 사람마다 달리 가진 특질들을 모으면 캐릭터가 만들어진다. '셜록 홈즈'란 캐릭터는 이런 특성들의 결합체다.

셜록 홈즈 캐릭터의 특질

사는 곳: 영국 런던 베이커가 221B

생김새: 큰 키, 매부리코, 형형한 눈빛

의상: 망토, 롱코트, 사냥 모자, 파이프 담배

취미: 바이올린 연주

성격: 까칠, 예민, 괴팍

지식: 식물학, 탄도학, 지질학, 의학 등 다양한 지식

특성: 뛰어난 관찰력, 탁월한 분석력

인간관계: 마이크로프트(형), 레스트레이드 경감(의뢰자), 왓슨(친구), 허드슨 부인(하숙집 주인), 모리아티(적)

캐릭터가 생동감을 가지려면, 현실 속 인간처럼 다양한 구성요소를 동원해 입체적으로 그려야 한다. 종이 속의 1차원 인간을 현실 속 3차원 인간으로 만드는 것이다. 3차원이란 생물학적 특성, 사회적 특성, 심리적 특성을 주는 것이다. **생물학적 특성**은 몸을 가진 인간이 보이는 특성이다. 즉, 겉으로 보이는 것들이다.

캐릭터의 생물학적 특징

키:

몸무게:

혈액형:

체형:

얼굴 생김새:

목소리:

옷차림:

건강 상태:

만일 판타지나 호러 작품을 쓰고 싶다면, 보통 사람에게는 없는 스티그마(성흔)를 더해주면 좋다. 이마에 박힌 세 번째 눈, 꼬리, 천사의 날개 같은 것 말이다. 늑대인간이나 흡혈귀도 스티그마를 지닌 존재라고 할 수 있다. 이능력(초능력)을 주는 것도 캐릭터를 두드러지게 만든다. 염력이나 순간이동 능력, 독심술, 사이코메트리 등 초능력을 가진 주인공이 펼치는 이야기는 흥미진진할 것이다. 이러한 대단한 능력이 아니어도 방귀를 크게 뀐다거나 시력이 유달리 좋거나 힘이 센 것도 그 캐릭터만의 특징으로 이야기의 맛을 더해준다.

영국의 삽화가 시드니 패짓이 그린 셜록 홈즈의 삽화(1904). 셜록 홈즈 시리즈 중 『애비 그레인지 저택』에 수록된 작품이다.

사회적 특성은 그 사람이 공동체에서 차지하는 위치다.

캐릭터의 사회적 특성

가족:

학교나 직장:

종교:

정치 성향:

모임:

심리적 특성은 그 인물의 내면과 연관된다. 눈에 보이지는 않지만 캐릭터를 움직이는 중요한 자질이다.

캐릭터의 심리적 특성

내향적 / 외향적:

콤플렉스:

고민:

불안과 두려움:

꿈:

여기에 덧붙여 캐릭터의 '그림자'도 만들어 볼 수 있다. 그림자는 그 캐릭터의 어두운 면, 밝히고 싶지 않은 부분을 의미한다. 누구에게나 밝은 면과 어두운 면이 공존하는데, 이 둘을 함께 그려주면 인물이 입체적이 된다.

이야기를 만들 때는 캐릭터의 '결핍'과 '욕망'에 주목해 보자. 이 캐릭터에게 부족한 것은 무엇일까? 사랑, 명예, 인정, 돈, 가족, 친구 등 무엇인가 부족한 것이 있으면 가지고 싶다는 '욕망'을 품게 된다. 친구가 부족한 캐릭터는 동료를 만들려고 애쓸 것이고, 명예나 인정을 받지 못하는 캐릭터는 그것을 얻으려고 몸부림칠 것이다. 결핍은 욕망을 낳고, 욕망은 인물을 움직이게 한다. 목이 마르면 물을 마시고 싶고, 물이 있는 곳으로 가듯이, 결핍과 욕망은 이야기를 진행시키는 힘이다.

캐릭터가 가진 결핍과 욕망을 알기 위해 이런 질문을 던져보자.

캐릭터의 결핍과 욕망

캐릭터를 끈질기게 괴롭히는 문제는 무엇일까? (결핍)

자신의 삶에서 바뀌기를 바라는 것은 무엇인가? (욕망)

캐릭터에 대해 많이 알수록 더 잘 그려낼 수 있다. 취미와 좋아하는 영화나 음악, 싫어하는 과목과 자주 하는 운동 등 사소한 것들도 설정해 보자. 그 인물을 이해하는 데 보탬이 된다.

사람은 자신이 겪어낸 시간이 만든다고 한다. 어떤 사람이 살아온 과정을 알면 싫어하기 어려워진다. '아, 그런 일을 겪었으니까 이런 사람이 되었구나.' 하는 식으로 이해하게 되기 때문이다.

캐릭터를 만들 때 '전사(前史)'를 정리해 보자. 어떻게 살아왔는지를 만드는 것이다. 캐릭터 연표를 작성해 보는 것도 좋은 방법이다.

캐릭터 연표

살아온 이력:

가장 성공한 경험:

가장 큰 정신적 외상:

가장 크게 당황한 일:

가장 관심을 기울이고 있는 일:

일화(특정 상황을 꼭 꼬집어서):

한 걸음 더 나아가 인물에게 디테일을 만들어 주자. 디테일은 다음과 같은 질문에 답하는 과정에서 생긴다.

그 캐릭터가 입음직한 옷을 입히고 가능한 자세히 묘사하기

방은 어떤 모습인가?

가장 최근에 본 책이나 영화는 무엇인가?

가장 아끼는 소지품은 무엇인가?

기분이 울적할 때 즐겨 듣는 노래는?

하루 일과는 어떤가?(월요일 낮 12시와 토요일 저녁 7시에는 무엇을 하는가?)

캐릭터를 만들 때는 계속 질문을 던져보아야 한다. 이 캐릭터의 매력은 무엇일까? 이 캐릭터가 할 법한 행동은 무엇일까? 이 캐릭터는 왜 이런 행동을 하는가? 이야기를 만드는 것은 내가 만든 캐릭터와 친해지고 긴 여행을 떠나는 것이다. 매력적이고 인간적이며 생생한 인물을 길동무로 삼아보자.

5

플롯 짜기

같은 이야기도 재미있게 하는 사람이 있는가 하면, 하품이 쏟아지게 하는 사람이 있다. 모든 이야깃거리를 시시콜콜하게 시간 순서대로 나열하면 지루해지기 쉽다. 긴장감 없이 고만고만한 일화들이 나열되는 이야기도 밋밋하다. 아무 일도 일어나지 않는 이야기는 잠을 부른다. 그렇다고 자극적이고 괴상한 이야기를 계속 터트린다고 해서 흥미진진해지는 것은 아니다. 다음에 어떤 일이 일어날지 궁금한 이야기, 어떤 일이 펼쳐질지 짐작이 되지 않는 이야기, 호기심과 궁금증을 자아내는 이야기가 재미있다.

윤곽 그리기

수집한 이야깃감을 무작정 늘어놓는다고 이야기가 만들어지지 않는다.

이야기꾼은 이야깃감 중에서 무엇을 고르고 버릴지를 선택하고, 어떤 순서로 이야기를 풀어낼지 판단해야 한다. 추리소설이나 영화에서 시작부터 사건이 불쑥 튀어나오거나 뭔가 사건이 일어날 것 같은 아슬아슬한 장면이 제시될 때가 있다.

> 엉망진창인 집 안에서 움직이는 검은 그림자, 비명, 마당에 세워진 피 묻은 눈사람.

누가 등장하는 어떤 이야기인지도 모르는데 다짜고짜 이런 장면이 불쑥 등장하면, 자연스레 도대체 무슨 일인지, 어떤 사건이 벌어진 건지 궁금해진다.

어떤 사건을 선택하고 어떤 순서로 배열할지 설계하는 것을 '플롯 짜기'라고 한다. 이야기의 틀을 짜는 것이다. 구성을 어떻게 하느냐에 따라 이야기의 재미가 결정된다. 같은 재료라도 어떻게 요리하느냐에 따라 맛이 영판 달라지듯 말이다.

먼저 윤곽을 그려야 한다. 작품 개요인 '시놉시스'를 쓰는 것이다.

1. 주제: 만들고자 하는 영화의 스토리를 표현할 수 있는 문장 혹은 단어
2. 작품 의도: 작가가 전달하려는 것
3. 등장인물: 갈등 구조와 연관이 있는 출연 인물들
4. 줄거리: 등장인물들이 작품 의도에 따라 행동하거나 대화하며 만들어 내는 사건, 상황

다음 시놉시스 표를 보고 빈 칸을 채우며 연습해 보자.

시놉시스의 예: 대한민국 스토리 공모대전 시놉시스 형식

구분	내용
작품 장르	예: SF, 공포, 로맨스, 스릴러, 역사, 추리 등.
작품 키워드	예: 조선 시대, 연쇄 살인사건 등 소재나 배경의 대표 단어를 적는다.
기획의도	**작가의 의도, 작품의 기획 방향 등을 간단히 정리(8줄 내)**
로그라인	**요약 줄거리(5줄 내)**

실전, 플롯 짜기

플롯은 이야깃감을 모으는 나침반이다. 이야기의 뼈대라고 할 수 있다. 가장 간단한 플롯 유형은 다음과 같다.

어느 옛날 ______________가 있었다.	캐릭터 소개
매일 ______________	일상의 반복
그러던 어느 날 ______________	사건의 시작
그것으로 인하여 ______________	사건에 의한 사건
마지막엔 ______________	결말

이야기는 '변화'를 담는다. 어떤 인물이 어떻게 살고 있었는데, 어떤 사건(변화)이 생기고, 인물이 움직이기 시작한다. 행동은 더 큰 사건을 부르고 인물은 조력자나 적수를 만나게 된다. 그러다가 작은 성공을 거두고 또 절망하지만 최후에는 가장 큰 문제를 해결하게 된다(해결하지 못한다)는 것으로 끝맺는다. 평온했던 일상에 변화가 생기고, 변화가 더 큰 변화를 부르며, 마침내는 어떤 식으로든 다시 균형을 되찾는 식으로 전개된다. '사랑 이야기'를 이 흐름에 대입시켜 보자.

> 학교와 학원을 오가며 지내는 중3 소현이. 학원을 마치고 편의점에서 소시지를 사서 골목을 지나는데 노랫소리가 들렸다. 뒤를 돌아보니 반짝이는 작은 불빛이 다가온다. 까만 고양이는 소현이 앞에 서더니, "10년 전에 한 약속 기억하지?"라고 말했다.

이렇게 하루하루를 어슷비슷하게 살던 아이가 누군가를 만나게 되는 '변화'에서 이야기는 출발한다. 좀비가 나타나거나 범죄가 발생하는 것도 이렇게 '변화'의 시작이 된다. 눈덩이가 굴러가며 커지듯, 처음 변화는 더 큰 변화를 낳게 된다.

다음 빈 칸을 채우고 결말 부분을 선택하여 이야기의 골격을 잡아보자.

> 어떤 아이가 있었다.
> 매일매일 (　　　　　　　)을 하며 지냈다.
> 그러던 어느 날 (　　　　　　　)이 발생한다.
> 그것으로 인하여 (　　　　　　　) 되었다.
> 마지막은 (해피 엔딩/새드 엔딩/둘 다 아님)이다.

플롯은 전체 이야기의 흐름을 잡는 것이다. 흩어져 있는 여러 요소에 질서를 잡아준다. 플롯은 크게 3막 구조나 '기-승-전-결'의 구조로 나뉜다.

3막 구조는 이야기를 '처음-중간-끝'으로 나눈 것이다. 각 막마다 들어갈 내용이 다르다. 1막에서는 이야기의 배경과 인물, 사건의 시작이 담기고, 2막에서 사건의 본격적으로 전개되며, 3막은 결말 부분으로 사건이 해결되고 이야기의 의미가 드러난다. '처음:중간:끝 = 1:2:1' 분량으로 쓰면 적절하다. 각 막마다 들어갈 내용을 아가사 크리스티의 추리소설 『그리고 아무도 없었다』의 예를 들어 정리하면 다음과 같다.

플롯의 예: 아가사 크리스티, 『그리고 아무도 없었다』

구분	주요 내용	줄거리
1막 처음 (인물, 배경)	앞으로 전개될 이야기의 기본 지식을 알려주는 부분. 등장인물, 공간적 배경, 이야기의 목적이 암시됨.	인디언 섬에 초대받은 8명의 손님. 그 손님들을 시중드는 하인 부부. 모두 10명이 인디언 섬에 모였다. 그들은 섬에 갇힌다.
2막 중간 (인물, 사건)	사건이 본격적으로 진행됨. 도대체 무슨 이야기인가? 이야기 전개에 대한 기여도와 충실도, 우연성을 최소화하는 설득력, 희소성, 몰입성.	그들의 죄상(누군가를 직간접으로 죽였다)이 녹음된 목소리가 들린다. 손님들은 벽에 쓰인 〈열 명의 인디언 소년〉 동요에 맞추어 하나씩 쓰러진다. 그때마다 인디언 인형도 하나씩 없어진다.
3막 끝 (사건, 주제)	사건이 해결되면서 이야기의 주제, 작가의 메시지 전달.	10명의 시신이 발견되었다. 누가 죽인 것인가? 범인은 누구인가?

다음의 빈 칸을 채워 이야기의 얼개를 짜 보자.

플롯 만들어 보기

구분	주요 내용	줄거리
1막 처음 (인물, 배경)	배경은? 인물은? 인물의 목적은?	
2막 중간 (인물, 사건)	어떤 사건들이 벌어지는가?	
3막 끝 (사건, 주제)	클라이맥스와 결말 부분은 어떻게 진행되는가? 이 이야기의 주제는 무엇일까?	

기승전결은 4단계로 이야기의 흐름을 만든다.

플롯 만들어 보기

기	이야기의 실마리가 시작된다.	씨앗을 뿌려 싹을 틔운다
승	실마리를 받아 이야기를 발전시킨다. 이야기가 본격적으로 시작되고 다양한 사건과 에피소드가 인과관계를 이루며 이어진다.	싹이 자라 줄기가 되고 무성해진다.
전	이야기는 새롭게 전환된다. 펼쳐진 사건과 에피소드가 쌓여 커다란 사건을 만든다.	크게 자란 나무에서 꽃이 피어난다.
결	전체 이야기를 받아 여운이 남게 마무리한다.	열매를 맺는다.

기승전결 구조는 〈토끼와 거북이〉 이야기에서도 나타난다. 중요한 것은 '전' 부분에서 이야기가 다른 방향으로 튄다는 점이다. 만약 기와 승만 이어진다면 예상대로 토끼가 우승하는 밋밋한 이야기가 되

었을 것이다. 이야기의 재미는 방향이 엉뚱하게 뒤틀리는 '전' 부분에서 발생한다.

기	토끼와 거북이가 경주를 시작한다.
승	토끼가 앞서 뛰어가고 거북이는 기어서 간다.
전	토끼는 거북이가 멀리 뒤처져 기어 오는 것을 확인하고, 나무 그늘에 누워있다가 잠이 든다.
결	쉬지 않고 땀을 흘리며 기어 온 거북이는 잠든 토끼를 제치고 결승점을 통과한다.

여기까지 왔으면 이야기의 바탕은 마련된 셈이다. 여러분의 머릿속에 뿌린 이야기의 씨앗을 무럭무럭 키우시길. 사람의 마음을 움직이는 감동적인 이야기, 손을 뗄 수 없게 만드는 재미있는 이야기를 만드는 건 쉬운 일이 아니다. 하지만 내가 만든 세계를 방문한 사람들이 울고 웃으며 감탄하는 것을 떠올리면 책상에 앉을 맛이 난다. 이야기꾼은 이야기를 좋아하는 사람에게 말을 걸고, 함께 나눌 만한 이야기를 만드는 사람이다. 종이 속에서 친구를 만들고, 종이 밖에서도 친구를 사귈 수 있다. 작가와 독자, 등장인물은 감동의 순간 '우리'로 묶인다.

함께 보면 좋은 책

아리스토텔레스, 『시학』, 천병희 옮김, 문예출판사, 2002.
로버트 맥키, 『시나리오 어떻게 쓸 것인가』, 고영범 옮김, 민음인, 2018.
로널드 B. 토비아스, 『인간의 마음을 사로잡는 스무 가지 플롯』, 김석만 옮김, 풀빛, 2007.
마루야마 무쿠, 『스토리텔링 7단계』, 한은미 옮김, 토트, 2015.
마이클 티어노, 『스토리텔링의 비밀』, 김윤철 옮김, 아우라, 2008.
이창용 · 권정민 · 박범수, 『이야기의 힘』, 황금물고기, 2001.
장상용, 『스토리텔링 쓰기』, 해냄, 2010.

왕과 귀족만이 권리를 누리던 시기에 "모든 사람은 평등하게 태어났다."는 선언은 혁명적이었다. 하지만 이 선언이 현실에 그대로 실현되진 않았다.

9장

역사 속 뉴노멀의 현장을 가다

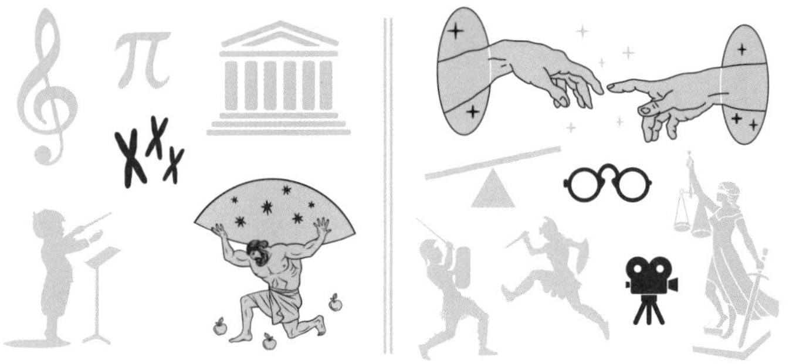

김선아 | 역사가 이 시대에 어떠한 역할을 할 수 있는지 고민하는 인문학자다. 이화여자대학교 사학과에서 박사학위를 취득했다. '강의는 소통이고 서로의 변화다'라는 모토로 여러 대학교 및 공공도서관에서 강의하고 있다.

1

종교의 힘으로 에스파냐를 몰아내다

네덜란드 독립전쟁

가상극 1567년 어느 날

네덜란드 지역 신임 총독 알바 공작이 집무실에 앉아있다. 그의 앞에는 군 장교들이 서있다. 알바 공작은 최근 네덜란드 신교도들이 벌인 가톨릭 성상 파괴 때문에 매우 화가 나있다.

"모두 죽여라! 가톨릭교도가 아닌 것들도, 성상을 파괴한 것들도, 칼뱅교도들도, 반란을 일으킨 것들도!"

한 장교가 조심스럽게 입을 뗀다.

"그러면 오히려 반발이 더 커지지 않겠습니까?"

"반발하는 것들도 모두 죽일 것이다. 그들의 재산도 모두 몰수할 것이다. 그러면 얌전해지겠지."

그런데 과연 반란이 알바 공작이 의도한 대로 끝났을까? 에스파냐는 네덜란드 지역을 더 오랫동안 '소유'할 수 있었을까?

강력한 종교탄압

카를 5세의 통치 영역을 나타낸 지도다.

16세기 유럽의 군주들은 강력한 힘을 가진 절대군주를 꿈꾸었다. 유럽은 절대군주들 간의 세력다툼으로 전쟁이 끊이지 않았다. 절대군주들은 결혼, 상속 그리고 전쟁을 통해 영토를 넓히려고 안간힘을 썼다. 대표적으로 카를 5세를 들 수 있다.

카를 5세는 태어나면서부터 에스파냐의 왕이자 합스부르크 제국(합스부르크가는 당시 유럽 최고의 가문이었다)의 황제였고 아메리카 식민지의 소유주였는데, 여기에 네덜란드 지역까지 상속받았다. 네덜란드 17개 주는 카를 5세가 다스리는 지역의 노른자위였다. 전통적으로 농업, 목축업, 어업이 대단히 융성했고 상공업도 잘 발달해 있었다. 면적 대비 도시의 발달도 매우 높은 수준이었다.

카를 5세는 죽을 때, 독일 및 동유럽 지역은 동생 페르디난트 1세에게, 에스파냐와 네덜란드 지역과 해외 식민지는 아들 펠리페 2세에게 상속했다. 카를 5세는 네덜란드 지역에서 출생했고 네덜란드어를 구사했지만, 아들인 펠리페 2세는 에스파냐에서 태어났고 네덜란드어를 하지 못했으며 네덜란드 지역을 잘 몰랐다. 그의 가장 큰 관심은 자기 제국의 재정에 가장 크게 기여하는 네덜란드 지역을 오랫동안 소유하는 것이었다. 어떤 종류의 독립이나 자치 요구도 허용할 수 없었다.

카를 5세도 아들인 펠리페 2세도 가톨릭의 열렬한 수호자였다. 펠리

19세기 네덜란드 화가 코르넬리스 크루스만의 그림. 펠리페 2세가 1559년 네덜란드를 떠나는 장면이다.

페 2세가 다스리는 에스파냐는 아예 국교가 가톨릭이었다. 16세기는 절대군주들의 정복전쟁 시기인 동시에 종교전쟁의 시기이기도 했다. 이미 독일 지역에서 루터교[1]가 허용되었고, 다른 지역들에서는 칼뱅교[2]가 점차 세를 넓혀나가고 있었다.

펠리페 2세는 자신이 다스리는 지역에서 가톨릭을 제외한 어떤 종교도 허용할 마음이 없었다. 네덜란드 지역은 더욱 그러했다. 종교적 자유를 허용하면 정치적 자유를 허용하라는 요구로 이어질 것이고, 끝내는 네덜란드 지역을 잃게 될 가능성이 있었다. 네덜란드 지역에서 유난히 강력한 종교탄압을 자행한 것은 바로 이러한 이유에서였다.

그러나 네덜란드 지역민들도 당하고 있지만은 않았다. 그들을 결속시킨 것은 바로 칼뱅교였다. 칼뱅교는 네덜란드 독립의 상징이 되어갔다.

왜 칼뱅교였을까?

칼뱅교는 '직업은 하느님이 정해주신 것'이라는 소명의식을 가지고 있

1 루터교는 독일인 마틴 루터의 종교개혁에서 시작된 기독교 교파다.

2 칼뱅교는 프랑스인 장 칼뱅의 종교개혁 사상을 따르는 기독교 교파로, 현재의 장로교다.

네덜란드 화가 디르크 반 델렌이 그린 〈교회의 성상 파괴〉. 일부 네덜란드 사람들은 구교에 저항하며 신교인 칼뱅교를 믿었다.

었다. 심지어 돈을 많이 버는 것이 천국행을 보장받았다는 징표라고까지 얘기했다. 가톨릭은 농업을 가장 이상적인 직업으로 강조하면서 상업 이익을 정당하지 못한 것으로 설교했는데, 이와는 매우 다른 이론이었다. 바로 이 점이 칼뱅교가 일찍부터 상업이 발달했던 네덜란드 지역의 상인, 혹은 상업활동과 관련된 것으로 생계를 유지하는 사람들에게 특히 환영받았던 이유다. 게다가 에스파냐가 신교를 탄압했기 때문에 신교를 믿는 것 자체가 저항이기도 했다.

에스파냐에서 파견된 총독과 관리들은 네덜란드 신교도들을 괴젠[3]이라 부르며 비웃었다. 놀라운 것은 에스파냐로부터 독립을 꿈꾸던 네덜란드 반란 세력들(네덜란드 애국파)이 오히려 괴젠이라는 명칭을 저항의 상징처럼 기꺼이 받아들였다는 것이다. 괴젠의 대부분은 칼뱅파가 차지했다.

네덜란드 지역의 종교탄압은 1567년 알바 공작이 새로운 총독으로 부임하면서 정점에 이른다. 수천 명의 괴젠을 처형하는 등 가혹한 탄압정책을 펼쳤고, 유력 귀족들의 재산을 몰수하는 등 공포정치를 단행했다. 또한 모든 상품 거래마다 10퍼센트의 거래세를 붙이고, 모든 재산의 1퍼센트를 걷는 '100분의 1세'를 새롭게 만들었다. 이전에는 없던 새로운 세금은 도시에 엄청난 부담으로 작용했다. 이것은 전통적으로 세금의 분배를 결정해 온 주의회의 권리를 침해하는 것이었다. 활발한 상업활동을 벌이면서 잘살고 있던 네덜란드 도시 사람들은 알바 공작의 새로운 세금에 분노했다. 알바 공작의 통치에 항거해 무기를 드는 사람들이 늘어갔고 그 중심에 오라네 공 빌럼이 있었다.

네덜란드가 독립국가가 되기까지

오라네 공도 칼뱅교를 선택했다. 전략적인 선택이었다. 인구 비율로만 본다면 칼뱅파는 소수였지만(신교도 전체를 합쳐 10퍼센트 정도), 모든 계층에 퍼져있었고, 북부의 모든 도시와 마을에 있었다. 칼뱅파는 수적인 열세를 조직력으로 보완했다. 야외집회를 조직하고, 전투에서 주도적인 역할을 맡았으며, 칼뱅파의 국제적인 조직망을 십분 활용하여 외국

3 괴젠(Geuzen)은 '고이젠'이라고도 한다. '바다 거지들'이라는 뜻이다.

의 원조를 얻어냈다.

에스파냐는 육지에서의 싸움에 강했고, 괴젠들은 바다에서의 싸움에 강했기 때문에 어느 한쪽이 금방 승리를 거머쥐지는 못했다. 하지만 1575년쯤에는 에스파냐군이 네덜란드 북부 대부분의 지역에서 철수했고, 학살을 일삼던 알바 공작은 전쟁 패배의 책임을 지고 에스파냐로 소환되었다. 1578년 에스파냐군은 북부 도시 중에서 겨우 암스테르담만을 소유했는데, 괴젠들은 무려 5~6년간의 도시봉쇄를 통해 이를 수중에 넣었다. 네덜란드 반란군이 끈질김으로 결국 승리를 획득한 것이다.

이렇듯 오라녜 공은 반란군의 지도자로서 북부에서 큰 승리들을 거두고, 심지어 가톨릭교도들조차도 그를 지지했다. 하지만 그렇다고 해서 칼뱅교가 네덜란드 전체로 확대된 것은 아니다. 네덜란드 17개 주들 중에서 북부 7개 주는 칼뱅교가 우세했지만, 남부 10개 주는 가톨릭이 우세했다. 북부는 상공업의 발전과 더불어 도시가 성장하고 있었지만, 남부는 토지 귀족들이 강력하게 존속하고 있었다. 남부는 토지 귀족들과 가톨릭 성직자, 에스파냐 제국 관리들과의 유대가 상당히 긴밀했으며, 무엇보다 칼뱅교에 우호적이었던 상인층의 성장이 북부보다 미약했다.

네덜란드 지역들의 경제적·종교적 차이는 상당했고, 에스파냐의 탄압에 반대하는 양상도 분명히 달랐다. 에스파냐는 이러한 상황을 잘 알고 있었고 충분히 이용했다. 새로 부임한 총독 파르네제는 주의 자유와 전통적인 권리를 보장하겠다는 회유책과 내부분열을 적절히 이용하여 남부지역의 충성을 다시 확보하는 데 성공했다. 가장 부유한 홀란드주와 오라녜 공을 중심으로 한 북부 7주만이 동맹을 맺고 우리는 에스파냐에 대항할 것이며, 펠리페 2세를 국왕으로 인정하지 않겠다는 선언을 발표했다. 펠리페 2세는 오라녜 공에게 현상금을 거는 것으로 대응했다. "누구든지 즉각 현상금을 하사할 것이다. … 죄를 범했다면 당장 용서할 것이다. 그가 귀족이 아니라면 작위를 내리겠다."는 칙령까지 발표했다. 결국 1584년 오라녜 공은 가톨릭 광신도에게 암살당하고 말았다.

이제 지휘권은 오라녜 공의 차남인 마우리츠에게 넘겨졌고 전쟁은 질질 끌면서 지속되었다. 프랑스, 독일 지역의 국가들, 잉글랜드까지 에스파냐를 쇠퇴시킬 수 있는 기회를 잡아 네덜란드 반란군 쪽에 가담했다. 그럼에도 전쟁은 쉽게 끝나지 않았지만, 1621년 즈음 네덜란드 반란군은 북부의 거의 모든 지역에서 에스파냐 군대를 몰아내는 데 성공한다. 하지만 북부 7주가 네덜란드라는 독립국가로 인정받기 위해서는 또 수십 년의 시간이 필요했다. 1648년 베스트팔렌 조약에 이르러서야 에스파냐는 네덜란드를 독립국으로 인정했다. 독립을 위해 기꺼이 칼뱅교를 믿었던 괴젠들이 네덜란드의 지배권을 바꿔놓은 것이다.

독립국가 네덜란드는 대상인층을 중심으로 빠른 속도로 성장하여 17세기가 되면 경제적인 측면에서 유럽 최고의 수준에 도달하게 된다. 아시아 향료무역을 오랫동안 독점했고 맨해튼에 뉴암스테르담(현재 뉴욕)을 세웠고 1652년이 되면 포르투갈로부터 희망봉을 빼앗기까지 했다. 에스파냐는 더 이상 네덜란드의 경쟁상대가 아니었다. 네덜란드의 눈부신 발전을 멈추게 한 국가는 바로 잉글랜드였다.

2

왕도 지켜야 할 것이 있다

영국 내전

가상극 1627년 어느 날

잉글랜드와 스코틀랜드, 그리고 아일랜드 왕국의 통치자인 찰스 1세가 궁정 집무실에서 몇몇 귀족들(가상의 인물)과 만나고 있다.

"에섹스 백작, 로드 공작. 경들은 잉글랜드의 충신들이오. 지금 우리가 에스파냐, 프랑스와 힘겹게 전쟁을 하는 것을 알고 있지 않소? 잉글랜드를 위해서, 잉글랜드가 곧 짐이니 내게 자금을 좀 빌려주시오. 기부하면 더 좋고, 허허. 그리고 제임스 백작, 당신의 성이 매우 훌륭하다고 들었소. 거기 우리 병사들의 숙박을 좀 부탁하오. 잉글랜드를 사랑하는 마음으로 정성을 다해 신경 써주리라 믿겠소."

"아니 폐하, 지난번에도 기부를 많이 하지 않았습니까? 이번에는 제 영지의 상황이 좋지 못해 좀 힘듭니다."

에섹스 백작의 말을 들은 찰스 1세의 얼굴에서 미소가 싹 가셨다.

"어서 저 에섹스 백작을 감옥에 가두라. 대역죄인이다!"

절대군주를 꿈꾸던 찰스 1세는 이러한 행동으로 절대적 힘을 가진 군주로 거듭나게 되었을까?

찰스 1세의 적자 재정

잉글랜드는 엘리자베스 1세 때, 우여곡절을 겪으면서 가톨릭에서 다시 영국국교회로 돌아올 수 있었다. 수천 명의 목숨과 맞바꾼 변화였다. 그런데 찰스 1세는 가톨릭이 국교인 프랑스에서 왕비를 맞았고, 청교도[4]들을 박해하는 완고한 대주교 로드를 절대적으로 신임했다.

잉글랜드 의회는 찰스 1세의 의도를 의심할 수밖에 없었다. 그런데 이런 상황에서 왕은 자신의 매부이자 신교도인 팔츠(독일 지역) 선제후를 돕기 위해 반(反) 에스파냐 정책을 시작했다. 이는 프랑스와의 결혼조약을 위반하는 것이었다. 결국 찰스 1세는 에스파냐에 이어 프랑스와도 전쟁을 벌였고, 왕실재정 적자는 눈덩이처럼 불어났다.

신하들로부터 강제로 돈을 빌리는 것으로도, 병사를 강제 숙박시키고 집주인이 비용을 대게 하는 것으로도 적자를 만회할 수 없었다. 결국 신민들로부터 세금을 걷어야만 했는데 이를 위해서는 반드시 의회의 동의를 얻어야 했다.

찰스 1세는 잉글랜드, 스코틀랜드, 아일랜드 왕국의 통치자였다. 현재의 영국(UK)은 북아일랜드, 스코틀랜드, 잉글랜드, 웨일스의 연합국을 말한다.

---

4 청교도(Puritan)는 '퓨리턴'이라고도 한다. 칼뱅주의의 흐름을 이어받은 개혁파로, 영국국교회에서 가톨릭의 흔적을 깨끗이 없애자고 주장했다.

의회는 찰스 1세가 그동안 저지른 제멋대로의 행동에 넌더리가 났고, 왕의 급박함을 기회로 삼아 권리청원(Petition of Right, 1628)을 제출했다.

· 의회의 승인 없이 세금을 부과할 수 없다.
· 개인의 집에 병사를 숙박시킬 수 없다.
· 함부로 구속하거나 투옥할 수 없다.

찰스 1세는 돈이 더 필요했으므로 어쩔 수 없이 이 청원을 받아들였지만, 바로 다음 해에 의회를 해산하고 그후 11년 동안이나 열지 않았다. 그동안 왕은 비판자들을 마음대로 체포하고, 의회의 동의 없이 함부로 세금을 부과했다. 선박세는 원래 전시에 한하여 항구 도시들에만 징수했는데 전국적으로 평화 시에도 거두었고, 막대한 기사 서임료를 챙겼다. 권리청원은 지켜지지 않았다. 문제는 세금이 무거웠다기보다 의회를 거치지 않고 비합법적으로 징수했고, 심지어 왕실이 그 세금으

영국 화가 윌리엄 프레데릭 에이미의 그림 〈그리고 언제 마지막으로 아버지를 만났나?〉(1878). 17세기 영국 내전 중 왕당파 집에 와서 아들에게 추궁하는 모습이다.

로 사치를 했다는 점이었다.

설상가상으로 심한 불경기가 잉글랜드를 덮쳤다. 수출 효자상품이던 모직물 산업은 네덜란드가 잉글랜드 제품 수입을 금지하면서 큰 타격을 받고 좀처럼 회복하지 못했으며, 기후가 나빠 작황도 좋지 못했다. 사회 전체가 불만에 휩싸여 갔다. 런던의 상인들에게 독점권을 지나치게 남발했기 때문에 상인들끼리의 불화도 만만치 않았다. 결국 이 모든 상황이 합쳐져서 찰스 1세가 긴급하게 돈이 필요하게 된 시점에 런던 상인들은 왕의 재정적 요청을 거부했고, 왕은 1640년 의회를 다시 소집할 수밖에 없었다.

의회의 시간

이제 의회의 시간이었다. 의회는 찰스 1세에게 선박세를 폐지하고, 의회를 3년마다 열고, 의회의 동의 없이는 의회를 해산하지 않고, 왕의 최측근들을 처형할 것을 요구했다. 왕과 의회의 대립이 극단적으로 치달았던 그때, 아일랜드에서 종교적 탄압을 이유로 대규모 반란이 일어났다. 진압을 위해서는 군대를 파견해야 했다. 그런데 의회는 군대지휘권을 왕이 아니라 의회가 장악하는 법안을 통과시켰다. '국가의 주권이 누구에게 있는가'라는 문제가 첨예하게 불거졌다.

찰스 1세는 400여 명의 군사를 이끌고 하원의사당에 난입하여 반기를 든 의회지도자 5명을 체포하려고 했다. 의회는 이를 일종의 선전포고로 받아들였고, 왕 또한 의회가 제시한 19개 조항을 받아들이지 않았다. 양측은 각각 군대를 모으고 군사행동을 시작했다. 내전의 시작이었다.

상원과 하원에서 각각 양쪽을 지지한 의원들의 수는 놀랍게도 비슷했다. 귀족들과 농촌 젠트리[5]층과 국교도 신봉자들이 찰스 1세 편(왕당파 또는 기사당)에 섰고, 신흥상인과 농촌 이외의 젠트리층, 중소상인과 청교도들이 의회 편(의회파 또는 단두당[6])에 섰다. 의회파가 왕당파보다 평균 연령이 10세 정도 더 높았는데, 찰스 1세의 전제정치를 오래 겪었을수록 왕에 대한 반감이 커졌다는 것을 보여준다. 지지층의 수만 놓고 본다면 왕당파와 의회파의 기세는 비등했지만, 이 전쟁은 진행될수록 찰스 1세에게 불리해졌다.

일단 가장 중요한 런던을 장악한 것은 의회파였다. 찰스 1세의 지지 기반인 농촌은 전쟁의 피해를 직접적으로 입었기에 세금을 잘 걷을 수 없었고, 이는 곧 찰스 1세의 자금 부족으로 이어졌다. 주의해서 봐야 할 것은 의회파든 왕당파든 모두 돈 있는 사람들이었고, 다수의 신민들은 무관심했지만 양쪽 모두에게 세금을 뜯기는 동시에 적에 동조했다고 벌금을 내야 했다는 점이다. 전세는 의회파의 올리버 크롬웰(젠트리이자 청교도)이 신형군을 조직하면서부터 결정적으로 바뀌었다. 의회군은 철저한 신앙심과 규율로 무장하고 월급을 받은 덕분에 승승장구할 수 있었다.

궁지에 몰린 찰스 1세는 스코틀랜드군에 항복하고 피신했지만, 스코틀랜드군은 돈을 받고 의회군에게 그를 넘겼다. 이제 전쟁은 끝난 것 같았다. 의회파는 이후 잉글랜드의 통치 방향을 어떻게 잡을 것인가를 결정하기만 하면 되었다.

---

5 젠트리(Gentry)는 영국에만 있는 신분이다. 원래 토지를 많이 가진 자영농들이었는데 준(準)귀족으로 신분 상승한 계층이다. 장남을 제외한 아들들은 변호사 등 전문직이나 상인 등의 직업을 선택했다. 찰스 1세 때는 하원의 70퍼센트를 차지했다.

6 당시 귀족들은 곱슬거리는 긴 머리 가발을 썼는데, 의회파는 이를 비판하고 가발을 쓰지 않은 짧은 머리를 하고 있어서 단두당(Roundheads)이라고 불리기도 했다.

그런데 바로 이 점에서 의회파는 분열한다. 다수를 차지했던 장로파는 찰스 1세를 군주로 복귀시키고 스코틀랜드와 잉글랜드의 국교를 장로교로 하자고 주장한 반면, 크롬웰을 중심으로 하는 독립파는 신교 교파들의 자유를 주장하면서 찰스 1세를 다시 왕으로 세우는 것에 강한 불신을 표명했다. 심지어 독립파 내부에는 모든 성인 남성의 참정권을 요구하며 군대에서 사병들의 지지를 받은 수평파도 있었다.

의회파의 분열은 찰스 1세에게 다시 스코틀랜드군으로 도망칠 기회를 제공했다. 크롬웰은 이러한 상황을 두고 보지 않았다. 크롬웰의 신형군은 스코틀랜드군을 격파하고 찰스 1세를 다시 포로로 잡은 후, "이 나라 선량한 신민들의 압제자요, 배반자요, 살인자"로 규정하여 1649년 반역죄로 참수형에 처했다.

이제 잉글랜드의 왕위는 공석이 되었다. 1653년 크롬웰은 의회를 해산하고 스스로 호국경(Lord Protector)에 취임했다. 그는 군대를 기반으로 통치했으며, 도박도 투기도 음주도 극장관람도 금지했다. 가톨릭을 제외한 모든 종파를 허용했지만, 아일랜드에서 일어난 가톨릭교도들의 반란은 무자비하게 진압했고, 대규모의 식민정책을 실행하여 아일랜드를 굴복시켰다.

1658년 크롬웰이 사망하고, 1660년 의회선거에서 왕당파가 다수를 차지하면서 너무나 허무하게도 찰스 2세가 신민들의 환호 속에 복위했다. 그러나 강력한 왕권으로의 복귀는 이루어지지 않았다. 1689년 명예혁명으로 의회가 중심이 되는 정치체제가 완성된 것이다.

오랜 내전을 치렀고 독재였던 호국경 시대를 겪으면서, 잉글랜드의 귀족들은 서로 다른 정당이라 하더라도 의회를 무시하는 절대적인 왕권의 부활에는 절대 동의할 수 없다는 같은 입장에 섰다. 이제 왕은 세습으로 결정되는 것이 아니라 의회가 선출하고 폐위시킬 수 있는 존재가 되었던 것이다. 명예혁명 이후 영국의 어떤 왕도 의회 없이 통치한다는 생각을 할 수 없게 되었다.

3

부패한 영국과 결별하자

미국 독립전쟁

가상극 1776년 어느 날

토머스 페인과 토머스 제퍼슨은 영국의 횡포를 얘기하며 분노하고 있다.

"제퍼슨 씨, 군주정은 하느님의 말씀을 거역하는 거예요. 하느님이 창조한 세상에서 인간은 평등해요. 군주, 그것도 영국의 조지 3세처럼 현명하지 못한 군주가 백성들을 다스리는 것은 끔찍한 재앙입니다. 암요!"

"페인 씨, 맞습니다. 조지 3세가 우리에게 지난 몇 년간 지속적으로 한 행위들이 바로 그것을 적나라하게 보여주잖아요. 우리의 동의 없이 세금을 부과하고, 우리의 귀중한 법률을 철폐하고, 우리의 바다에서 약탈을 자행하고, 도저히 문명국의 왕이 할 수 없는 짓거리들을 벌였잖아요."

"그러게 말입니다. 영국의 지배 아래 계속 남는 것은 우리 모두를 죽이는 일이에요!"

미국은 영국의 13개 식민지로부터 탄생했다. 1607년 버지니아 식민지가 가장 먼저 만들어졌고, 1732년 조지아 식민지가 마지막으로 만들어졌다. 이 13개의 식민지는 영국과 오랫동안 무난한 관계를 유지해 왔다. 그런데 1775년에 영국에 저항하며 이기기 힘들어 보이는 전쟁을 시작하게 된 이유는 무엇일까?

영국과 식민지의 대립

18세기 북아메리카는 유럽 강대국들이 매우 탐내는 곳이었다. 멕시코 이남 지역은 에스파냐가 거의 독식하다시피 했고, 북아메리카에는 영국·프랑스·네덜란드·에스파냐 등이 저마다 식민지를 확보하고 있었다. 영국과 프랑스는 북아메리카를 자신의 영역으로 삼고자 1756년부터 장장 7년에 걸친 긴 전쟁을 치렀다. 북아메리카 원주민[7] 부족들도 편을 나누어 지원함으로써 부족 간의 분열과 대립을 초래했다. 이 전쟁에서 영국이 승리했다.

그러나 승리한 영국도 13개의 식민지도 전쟁의 후유증이 너무 컸다. 식민지인들은 전쟁 동안 영국 정부가 군대에 강제로 동원하고, 아무런 보상 없이 민간인 집에 군대를 숙식시켰기 때문에 분노했다. 반면 영국 정부는 식민지 상인들이 프랑스 군대에도 식량을 비롯한 여러 상품들을 판매했기 때문에 식민지인들에 대한 감정이 좋지 않았다. 게다가 영국은 이겼지만 오랜 전쟁으로 빚더미에 올라앉게 되었다. 영국 정부가 찾은 해결방법은 식민지인들에게 직접 세금을 부과하는 것이었다.

---

7 아메리카 원주민을 '인디언'이라고도 하는데, 이는 잘못된 이름이다. 콜럼버스는 인도로 가기 위한 항해 중에 아메리카에 도착했고, 그 지역을 인도의 한 부분이라고 착각했다. 그래서 그곳에 사는 원주민들을 인디언이라고 했는데, 그 명칭이 아직까지도 남아있는 것이다.

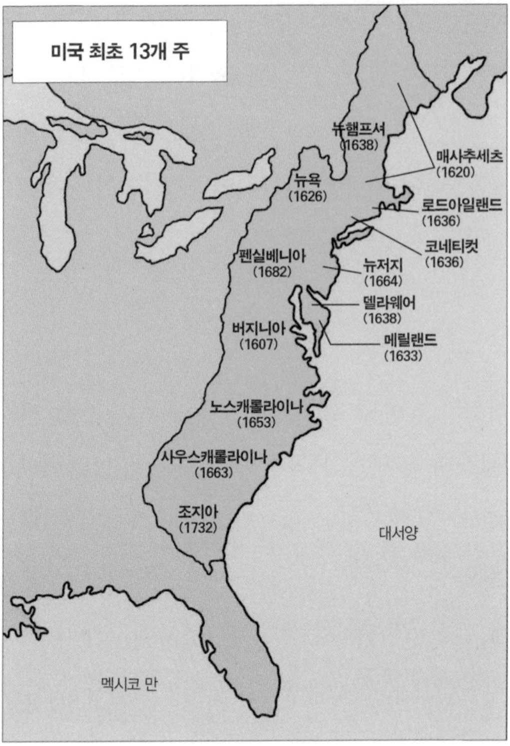

미국 최초의 13개주가 되는 영국의 13개 식민지를 나타낸 지도다. 1607년 버지니아 식민지에서 시작해 1732년 조지아 식민지가 만들어졌다.

식민지인들은 그동안 각 주마다 자치정부를 발전시키며 폭넓은 자유를 누리는 데 익숙해져 있었다. 식민지 의회만이 예산을 통제할 수 있었다. 그런데 영국 정부가 식민지의 자치권을 부정하며 권력을 행사하려고 한 것이다. 새로운 법들이 해마다 만들어졌다. 1764년 영국의 식민지 외 지역에서 사오는 설탕에 높은 관세를 부과했고, 식민지 의회의 화폐발행이 금지되었다. 1765년 식민지인들에게 군대 주둔에 필요한 숙식 및 물품을 제공할 것을 요구했는데, 1767년 뉴욕 시의회는 이를 거부했다. 이에 타운센드 재무장관은 뉴욕 시의회를 해산해 버렸다.

버지니아주의 대농장주 조지 워싱턴이 총사령관으로 뽑혔다. 1876년 인쇄된 작가 미상 그림으로 미국 의회 도서관이 소장중이다.

가장 큰 반발을 불러일으킨 것은 인지세법이었다. 인지세는 신문, 달력, 팸플릿, 증서, 유언장 등 인쇄된 모든 종이에 세금을 부과하는 것인데, 식민지 엘리트들의 격렬한 반발을 불러일으켰다. 이들이 인지세법으로 가장 큰 타격을 입었기 때문이다.

이에 식민지 엘리트층은 영국에 대항하는 공동전선을 만들고 이끄는 역할을 담당하게 되었다. "대표 없는 곳에 과세 없다(No taxation without representaion)." 영국 정부가 식민지에 세금을 부과하려면, 식민지인들도 영국에 대표를 보내야 한다는 주장도 이때 나왔다. 결국 인지세법은 1년 만에 철회되었지만, 영국 정부는 영국 의회가 어떤 경우라도 식민지에 권한을 가진다는 원칙을 포기하려 하지 않았다. 식민지인들은 영국 정부가 제국의 모든 주민들의 이익을 보살핀다는 말을 믿지 않았고, 영국 본국의 이해관계에 식민지를 맞추려 한다고 결론을 내렸다. 식민지의 현실은 빠르게 변화하고 있는데, 영국 정부는 변화를 따라잡기는커녕 제대로 인지하지도 못한 것이다.

1773년 영국 정부는 동인도회사에 차 판매 독점권을 부여함으로써 식민지 상인들의 분노에 기름을 부었다. 정치적 탄압에 더해서 경제적으로도 말려 죽이려 한다는 목소리가 높아지고, 차를 마시는 것을 거부하는 움직임이 전 식민지로 확산되었다. '자유의 아들들'이라는 단체의 구성원들은 원주민으로 가장하고 보스턴 항구에 정박하고 있던 동인도회사의 배에 올라 엄청난 분량의 차를 바다에 내던져 버렸다. 영국 정부는 신속하게 대응했다. 보스턴항을 폐쇄하고, 보스턴이 속해있는 매사추세츠주의 자치권한을 대폭 축소했다. 이제 식민지인들은 군사적인 충돌에도 대비해야만 했다. 주 대표들이 필라델피아에 모여 대륙회의를 열고, 버지니아주의 대농장주 조지 워싱턴을 총사령관으로 임명했다.

누가 먼저 총을 쏠 것인가?

1775년 4월 18일, 보스턴 렉싱턴 거리에 영국군이 불법무기 탈환을 위해 파견되었고, 보스턴 민병대와 대치하는 상황에서 총성이 울렸다. 이후 6년간 이어질 미국 독립전쟁의 시작이었다.

식민지인들이 전쟁이 시작되고도 여전히 갈피를 잡지 못할 때, 토머스 페인의 『상식론』과 토머스 제퍼슨이 기초한 〈독립선언서〉는 나아갈 방향을 설정하는 데 큰 이정표가 되었다. 페인은 『상식론』에서 영국의 군주제는 부패했고, 부패한 군주 밑에 그대로 있는 것은 국민을 노예로 만드는 것이라 주장하며 영국과의 화해가 불가능함을 명확하게 했다. 1776년 7월 4일에 채택된 〈독립선언서〉는 인간의 자연적 평등사상에 기초하여 생명권, 자유권, 행복추구권을 최초로 명시했으며, 정부가 이러한 역할을 제대로 하지 못하면 사람들은 그 정부를 끌어내릴 수 있다는 것을 명확하게 밝혔다.

식민지 내부의 결속은 이루어졌을지 몰라도, 식민지만의 힘으로 영국을 상대하기는 버거웠다. 대륙회의는 영국을 제외한 유럽의 모든 나라에 항구를 개방함으로써 식민지가 영국으로부터 독립한다는 것을 알렸다. 그리고 식민지 획득을 둘러싸고 영국과의 전쟁에서 계속 패배했던 프랑스의 지원을 얻을 수 있었다.

사실 영국 군대는 오합지졸인 식민지 군대에 비해 훈련이 잘되어 있었지만, 적지에서 전쟁을 했기에 보급 문제가 언제나 심각했고, 병사를 보충하는 것도 어려웠다. 결국 1777년 영국군이 새러토가 전투에서 패배하자, 에스파냐와 네덜란드가 식민지 쪽을 지원하겠다고 선언했다. 이들은 해상권을 둘러싸고 영국과 계속 충돌해 왔던 터였다. 영국은 식민지와 완전히 결별하는 것보다 전쟁이 끝난 후 무역을 재개할 정도의 관계라도 유지하는 것이 더 이익이라는 결론을 내렸다. 1783년 9월 3일, 파리에서 식민지와 영국은 조약을 체결한다. 영국은 새로 탄생한 미국(United States of America)의 독립을 인정했고 13개의 식민지보다 넓어진 영토, 즉 남쪽으로는 플로리다, 서쪽으로는 미시시피 강까지의 영토를 인정했다.

이제 유럽 대륙의 국가들과는 다른 국가가 탄생했다. 각 주는 반드시 공화제를 채택해야 하고, 귀족의 탄생을 원천봉쇄하고, 종교의 자유를 보장하고, 모든 인간의 평등과 자유를 헌법에 명시했다. 그러나 동시에 노예가 여전히 존재하는 국가이기도 했다.

신생국가 미국이 현재의 영토를 갖춘 미국으로 변모하는 데 독립 이후 거의 백년이 시간이 필요했다. 미국은 엄청난 기세로 서쪽으로 영토를 넓혔다. 그곳에 살고 있던, 원래 그 땅의 주인인 아메리카 원주민들은 땅을 빼기고 쫓겨나고 강제로 이주해야만 했다. 19세기 말에 이미 세계의 강대국으로 발돋움할 미국이 되기 위해, 미국 내의 모든 사람들은 자유로울 수도, 평등할 수도 없었던 것이다.

4

모든 사람은 평등하다

프랑스혁명

가상극 1793년 7월의 어느 날

막시밀리앙 로베스피에르는 산악파 의원들과 머리를 맞대고, 프랑스가 전쟁 문제를 어떻게 해결해야 할지 고민하고 있었다. 지난 1월, 루이 16세를 단두대에서 처형한 후, 유럽의 다른 국가들이 영국을 지도자로 삼아 선전포고를 하고 엄청난 군사력으로 밀어붙이는 중이었다. 프랑스는 다시 바람 앞의 등불 신세가 되었다.

"우리 군사의 수가 너무 적습니다. 이래서는 제대로 붙어볼 수조차 없어요. 병사들의 수를 어떻게 늘릴 수 있을까요? 좋은 의견 없습니까?"

한 의원이 조심스럽게 대답한다.

"음…, 지금까지는 병역의 의무가 주로 제3신분에만 부여되었지요. 이제 프랑스에 사는 성인 남자라면 모두 신성한 국방의 의무를 지라고 하세요. 귀족들이 반발하겠지만, 나라가 망하게 생겼는데 그들의 반발이 뭐 그렇게 중요합니까?"

1789년 5월 5일 베르사유 궁전에서 열린 삼부회.

"아, 정말 좋은 생각입니다. 당장 법령을 발표하죠. 16~25세의 성인 남성들은 모두 징집한다!"

프랑스혁명은 수천 년 동안 지속해 온 신분제를 공식적으로는 폐지했다. 그후 프랑스는 모든 사람이 평등한 사회가 되었을까?

귀족과 제3신분의 동상이몽

1789년 5월 5일 베르사유 궁전에서 삼부회[8]가 열렸다. 귀족들은 왕권을 약화시키고 옛날의 영광을 다시 찾겠다는 의도를 감춘 채, 증세에 대해 토론한다는 구실을 전면에 내세웠다. 그러나 삼부회는 초반부터

8 삼부회는 성직자, 귀족, 제3신분 등 세 개의 신분이 모인 프랑스 의회다.

귀족들의 뜻대로 진행되지 않았다. 당시 프랑스에서는 신분제의 부조리함에 대한 신랄한 비판이 쏟아지고 있었고, 신분제를 더욱 강력하게 유지하겠다는 귀족들의 생각은 매우 시대착오적이었다. 더군다나 귀족들은 부르주아(시민)가 경제적 능력에 걸맞은 정치적 능력을 얼마나 갖고 싶어하는지 미처 알지 못했다. 귀족들은 삼부회를 제압하기는커녕 민중의 강력한 지원을 등에 업은 부르주아의 기세에 오히려 왕과 손잡아야 했다. 삼부회의 개최는 오히려 혁명의 시작이 되었다.

파리 민중이 바스티유 감옥을 점령했다는 소식이 전해지자 귀족들의 희망은 무너졌다. 절대왕정 이전의 세계, 즉 귀족이 모든 것을 지배했던 세계로 돌아가고자 하는 희망 말이다. 이 시기에 파리를 상징하는 파랑과 빨강에 부르봉 왕가를 상징하는 하양을 결합한 삼색기를 프랑스 국기로 채택했다. 우리는 여기서 새로 태어난 프랑스는 왕과 귀족까지도 아울러야 한다는 제3신분의 생각을 읽을 수 있다.

제3신분 대표들은 여세를 몰아 봉건제 폐지 선언을 끌어냈고, 뒤이어 '인간과 시민의 권리선언'을 선포했다. 이 선언의 1조가 그 유명한 "모든 인간은 평등하게 태어난다."이다. 그런데 부르주아는 민중의 거센 요구가 두려웠고, 그들과 모든 권리를 나누고 싶지도 않았다. 놀랍게도 부르주아는 2년에 걸친 논의 끝에 입헌군주제를 새로운 프랑스의 정치체제로 정했고, 루이 16세를 다시 입헌군주로 선택했다. 당연히 투표권도 일정한 세금을 낼 수 있는 시민들(능동시민)에게만 부여했다. 현실에서 모든 사람은 평등하지 않았다.

유럽 최초의 국민총동원령

오스트리아와 프로이센(현재의 독일)은 루이 16세와 비밀서신을 교환한 끝에 1792년 4월 20일 프랑스에 선전포고를 했다. 20여 년이 흐른 뒤에야 끝이 날 혁명전쟁의 시작이었다.

프랑스에서는 군대의 장교직을 차지했던 귀족들이 대거 도망쳤고, 수확이 형편없어 보급도 제대로 되지 않았으며, 오스트리아와 프로이센의 잘 훈련된 군대 앞에서 연일 패배를 거듭했다. 프랑스를 구한 것은 애국심으로 똘똘 뭉친 의용군이었다. 가장 남쪽의 마르세유를 비롯하여 전국 도처에서 수도 파리를 지키기 위해 사람들이 모여들었다. 1792년 8월, 의용군과 파리 민중은 왕궁을 장악하고 왕권의 폐지를 요구했다. 궁지에 몰린 의회는 왕권의 정지를 선언했고, 보통선거제에 의한 새로운 의회의 소집안을 통과시켰다. 이 의회의 결정으로 1793년

장피에르 루이 로랑 위엘이 그린 〈바스티유 습격〉(1789).

1월 21일, 루이 16세가 반역죄로 단두대에서 처형되었다.

일개 평민들이 왕을 처형한 이 사건은 유럽 전체 군주들의 위기의식을 불러일으켰다. 관망은 끝났다. 영국을 중심으로 유럽 국가들은 대불동맹을 결성하고 프랑스 공격을 시작했다. 의용군의 힘만으로는 수적으로도 막강해진 대불동맹군에 더 이상 맞설 수 없었다. 프랑스는 병력을 늘려야만 했다. 그리하여 성인 남자 전체를 징집대상으로 하는 유럽 최초의 국민총동원령을 시행했다.

루이 16세가 처형되고, 프랑스가 공화정이 되었을 뿐 아니라 가장 급진적인 산악파[9]가 정권을 잡고 있었기 때문에 가능한 일이었다. 산악파는 프랑스가 처한 상황을 타개하려면 부르주아의 힘만으로는 부족하고, 민중의 지원이 필수적이라는 것을 너무나 잘 알고 있었다. 민중의 지지를 바탕으로 혁명을 제대로 완수하려면 그들의 요구를 외면해서는 안 되었다. 프랑스가 직면한 위급한 상황, 그리고 산악파가 정권을 잡고 있던 덕분에 그때까지 미루었던 여러 법들을 시행할 수 있었다.

국민총동원령으로 귀족부터 민중에 이르기까지 16~25세의 성인 남자라면 누구나 1차 징집대상이 되었다. 의용군의 열정 뒤에 숨어 전쟁의 일선에 나가는 것을 피해왔던 귀족이나 상층 부르주아까지도 모두 전선에 나가야 했다. 또한 산악파는 파리의 민중이 오래전부터 요구해오던 곡물에 대한 최고가격제법을 제정했다. 혁명이 일어나기 직전 수확량은 이미 굶주림을 야기할 정도로 나빴는데, 혁명 내내 좀처럼 좋아지지 않았다. 곡물 가격이 천정부지로 치솟고 있었다. 인근 농촌으로

---

9 산악파는 1793년 6월부터 1794년 7월까지 정권을 장악했던 부르주아 의원들을 말한다. 파리와 파리 근교 출신들이 많았고 로베스피에르가 지도자였다. 의회의 가장 뒤쪽 가장 높은 자리에 주로 앉았다고 해서 산악파라는 명칭이 붙었다. 파리 민중들의 열렬한 지원을 받았다.

부터 곡물 유입에 전적으로 의존해야 했던 파리 민중은 필수 곡물들의 최고가격을 법으로 정해줄 것을 요구해 왔다. 정부가 정한 최고가격을 어기는 상인들에게는 최고 사형까지 구형될 정도로 엄격하게 시행했다. 그 결과 불과 한 달 만에 곡물 가격이 안정되었고 민중에게 안정적으로 곡물이 공급되기 시작했다.

프랑스는 경제 상황이 안정되면서 유럽의 국가들을 상대로 한 전쟁에서도 서서히 승기를 잡기 작했다. 마치 모든 것이 잘 돌아가는 것처럼 보였다.

그러나 불만은 이미 여러 곳에서 싹트고 있었다. 모든 사람들이 산악파가 취하는 조치에 만족한 것은 아니었다. 상인들은 자신들의 이익을 침해한다며 크게 반발했고, 상품을 일부 빼돌려 은밀하게 거래하면서 암시장이 형성되었다. 중상층 부르주아는 산악파가 부르주아의 편이 아니라 민중의 편으로 너무 기울었다고 생각하기 시작했다. 그렇다고 민중이 산악파를 전적으로 신뢰한 것도 아니었다. 한고비를 넘자 산악파는 민중의 요구를 계속 들어주지는 않았다. 상황의 주도권을 철저하게 쥐려 했고, 자신들의 통제를 벗어나는 민중의 자발성은 위험하다고 여겼다. 민중은 민중대로 자신들을 길들이려는 산악파를 점차 의심하게 되었다. 민중의 지원을 제대로 받지 못한 산악파는 테르미도르파[10]의 기습공격에 맥없이 무너졌다.

산악파의 몰락과 더불어 프랑스혁명 기간 중에서 평등이 가장 부각되던 시기가 끝났다. 산악파를 밀어내고 정권을 잡은 테르미도르파는

---

10 테르미도르파는 로베스피에르와 그 지지자들을 제거하기 위해 힘을 모은 집단이다. 로베스피에르 지지자를 제외한 나머지 산악파 의원들과 일부 중도파 의원들이 결탁했다.

권력이 한 사람에게 집중되는 것을 막기 위해 다섯 명의 총재가 다스리는 집단 지배체제를 만들었다. 이들은 민중세력도 왕당파도 모두 배제하고, 어느 정도의 재산을 가진 부르주아가 진정한 지배세력이 되기를 원했다. 산악파가 정권을 잡았던 시기에 만들어진 법령들은 모두 폐지되었다. 식량부족 현상이 다시 시작되었고, 물가는 폭등했다. 의회와 행정부가 군대를 동원해 반대 세력들을 제거하는 상황들이 반복되었고, 상황은 더 나빠졌다. 전국은 혼란에 빠질 수밖에 없었다. 이 혼란은 1799년 11월 나폴레옹의 쿠데타로 끝났다.

왕과 귀족만이 권리를 누리던 시기에 "모든 사람은 평등하게 태어났다."는 선언은 혁명적이었다. 하지만 그 선언이 현실에 그대로 실현되진 않았다. 여전히 능력 있고, 그 능력을 발휘할 재산이 있는 사람들만이 평등했던 것이다. 돈 없는 남성들도, 여성들도, 유색인종까지도 모두가 평등하기 위해서는 아직도 오랜 시간이 필요했다.

5

모두가 주인인 세상을 꿈꾸며

러시아혁명

가상극 1917년 4월 어느 날

러시아의 수도 페트로그라드, 병사들과 노동자들은 "전쟁을 중지하라"는 구호를 연일 계속하고 있다.

"무조건 전쟁을 중지하라!"

"전쟁 배상금 필요 없다. 영토도 필요 없다. 평화조약을 체결만 해다오!"

"임시정부는 우리를 속이지 말라! 비밀각서가 웬 말이냐! 우리가 모두 죽어야 전쟁을 끝낼 것인가!"

자유주의자와 자본가들로 구성된 임시정부의 외무부 장관은 집무실에서 얼굴이 파랗게 질려 있다.

"아니 저들이 어떻게 알았지? … 나를 죽이려고 할 거야. 소비에트가 알면 날 정말 가만히 두지 않을 거야. 어떻게 이 상황을 빠져나갈 수 있지?"

외무부 장관은 승리할 때까지 전쟁을 계속하겠다는 비밀각서를 영국, 프랑스 정부와 막 체결한 참이었다.

지금까지 노동자가 주인이라고 공공연하게 선언한 국가가 있었던가? 노동자와 병사 들의 대표기관인 소비에트가 이 어려운 상황을 극복하고 살아남을 수 있을 것인가?

황제권의 약화

1914년 러시아는 1차 세계대전 참전을 결정했다. 1907년 영국, 프랑스와 맺은 삼국협상에 의한 참전이었다. 문제는 상황이 좋지 않았다는 것이다.

러시아는 이미 1905년 러일전쟁에서 패한 이후 황제의 무능함이 명백하게 드러난 상태였다. 황제 니콜라이 2세는 러시아가 변해야 한다는 필요성은 인식하고 있었지만, 어디까지나 황제가 통제하는 범위 내에서의 변화여야 했다. 즉, 황제는 자본주의가 활성화될 수 있는 경제적 자유주의는 허용하지만, 정치적 자유주의는 허용할 수 없다는 입장이었다. 러시아 의회인 두마의 설치는 허용하되, 의회의 해산권은 황제가 가지고자 했다.

러시아의 상황을 더 악화시킨 것은 황후의 정치개입이었다. 혈우병에 걸린 황태자를 치료해 황후의 신임을 한몸에 받은 사제 라스푸틴에게 엄청난 권력이 주어졌다. 인사권을 장악한 라스푸틴은 신의 계시라는 이름으로 정치뿐 아니라 전쟁상황에도 깊게 개입해, 최선을 다하던 능력 있는 장군들을 해임해 버렸다.

보급능력도 형편없이 떨어졌다. 군대로 보급이 제대로 되지 않았으며, 대도시조차 빵이 제대로 공급되지 않았다. 수도 페트로그라드에서

1917년 페트로그라드 광장에 있는 사람들의 모습.

도 빵을 구할 수 없었기에 불만이 부글부글 끓어올랐다. 정부는 이런 상황에서 병력을 전선에 더 많이 배치하고, 병사들의 불만은 규율을 더 엄격히 다잡는 것으로 보완하고자 했다. 전쟁을 제대로 이끌 참모진도 부족했다. 말 그대로 재앙이었다. 전쟁터의 인명손실은 막대할 수밖에 없었고 군대 내의 갈등도 점점 커졌다.

결국 1917년 2월 말, 수도 페트로그라드에서 노동자 파업이 시작되었다. 굶주림으로 고통받던 사람들이 합세하면서 거의 100만 명이 모인 대중시위로 확대되었다. 시위대는 "황제 퇴진"을 외쳤다. 황제가 물러나고 공화국을 선포하는 것만이 이 모든 어려움을 타개할 방법이라고 주장했다. 노동운동가, 혁명가뿐만 아니라 자유주의자와 장군들까지도 참여했기에 황제에게 사임 압력을 성공적으로 가할 수 있었다.

이윽고 자유주의자들이 중심이 된 임시정부가 한 축에, 수도와 도시들에서는 소비에트(Soviet, 노동자-병사 대표자회의)가 또 한 축을 구성하는 이중권력 구도가 형성되었다. 1905년에도 소비에트가 만들어졌지만 그때는 황제가 바로 해산시켜 버렸다. 하지만 1917년은 1905년과 달랐다. 우선 노동자들이 권력을 행사하는 데 참여해야 한다는 볼셰비키[11] 세력이 소비에트 내에서 강하게 영향을 발휘하고 있었다. 노동자,

11 볼셰비키는 멘셰비키와 비교되는 정당이다. 둘은 마르크스주의 이론에 입각해 노동자계급이 주도하는 혁명을 일으켜야 한다는 사회민주주의 노동당에서 시작했다. 하지만 멘셰비키는 민주적인 의사결정과 당원들의 자율성을 주장했고, 볼셰비키는 노동계급을 이끌 직업적인 혁명가 정당이 필요하다고 주장하다가 1912년 조직적으로 독립했다.

병사, 그리고 (나중에는) 농민의 대표들로 구성된 소비에트는 자발적인 회의체였고, 실질적인 대표기관이었다. 권력이 어느 쪽으로 집중될 것인가가 앞으로 러시아의 운명을 결정할 것이었다.

최초의 사회주의 공화국 탄생

이때 볼셰비키의 지도자 레닌이 발표한 4월 테제는 임시정부와의 단호한 결별을 요구했다.

'모든 권력은 소비에트로!', '임시정부에 대한 지지를 중단하자!', '토지를 국유화하고 농민들에게 분배하자!', '광범위한 사회경제적 개혁을 실행하라!', '전쟁을 즉각 중단하자!'.

레닌의 요구사항은 곧 노동자와 병사들의 마음을 그대로 대변하는 것이었다.

2월의 시위가 성공을 거두면서 노동자와 병사, 농민들은 그동안 억눌려 왔던 여러 열망들을 표출했다. 노동자들은 임금 인상·8시간 노동제·노동조건 개선 등을 요구했고, 병사들은 불필요한 희생을 불러올 공격작전 금지와 장교-병사 관계의 평등화를 원했다. 농민들에게 가장 중요한 부분은 지주의 토지를 더 많이 분배하는 것이었다. 이러한 요구는 자본가, 장교, 지주들의 이해관계와 부딪히므로 정치적·경제적 상황이 힘들어질수록 갈등도 심해졌다.

6월, 러시아 군대는 대대적인 총공격에서 대패했다. 모든 권력을 소비에트로 넘기라는 대중봉기가 시작되었다. 볼셰비키 주도의 무장봉기를 일으키자는 레닌의 안은 볼셰비키 내부에서도 반대에 부딪혔다. 결국 무장봉기는 페트로그라드 소비에트를 중심으로 진행되었고, 이에 위협을 느낀 임시정부가 10월 24일 볼셰비키 인쇄소의 폐쇄를 결정하며 선수를 쳤다. 페트로그라드 소비에트는 무장한 병사들과 노동자를 동원하여 수도를 장악했고, 볼셰비키가 주도한 전국 소비에트가 이를 비준했다. "여러분, 방금 소비에트가 권력을 장악했습니다." 역사상 최초의 사회주의 공화국이 탄생하는 순간이었다. 이러한 사태에 항의하는 의원들은 퇴장했으므로 볼셰비키만이 남게 되었다.

그러나 11월 12일, 볼셰비키는 헌법제정회의 선거에서 다수당이 되지 못했다. 농민들의 지지를 제대로 확보할 시간이 부족했고, 농촌지역 전체로 볼셰비키의 주장이 전달되지 못해서 농민들은 여전히 사회혁명당[12]에 투표했던 것이다. 볼셰비키는 단지 24퍼센트만을 차지했다. 볼셰비키와 소비에트가 주도한 혁명이 무위로 돌아갈 판이었다. 헌법제정회의는 강제로 해산되었고, 비합법적인 상황이 거듭되는 가운데 내전(1918~1921)이 시작되었다.

러시아 내전은 친볼셰비키 대 반볼셰비키의 전쟁이었다. 친볼셰비키(적색군대)는 노동자 중심의 민병대가 주축을 이루고 수도의 노동자, 혁명을 지지한 사병들로 구성되었다. 반면 반볼셰비키(백색군대)에는 정규군과 미국·영국·프랑스·일본·중국(러시아의 사회주의화에 반대했던) 등의 외국 군대와 귀족, 부르주아가 있었다. 사실 인원수와 보급 상황들로만 비교하면 백군이 쉽게 승리할 수 있는 전쟁이었다.

그러나 전쟁의 전개는 예상과는 달랐다. 러시아는 여전히 농민이 압도적인 다수를 차지하는 나라였다. 수도를 비롯한 몇몇 대도시들에만 공장이 세워지고 노동자가 폭발적으로 증가했지만, 그 외의 지역은 농촌이었다. 농민들에게 백군의 승리는 귀족의 승리였고, 그것은 옛날의

12 사회혁명당은 농민을 지지기반으로 삼고, 사회주의 건설에서 농촌공동체의 중요성을 강조한 정당이다.

상황, 즉 귀족이 모든 토지를 차지하는 상황으로 돌아가는 것을 의미했다. 반면 볼셰비키는 토지를 국유화하고 농민들에게 분배해 주겠다고 약속했다. 농민들은 적군 지지 쪽으로 돌아섰다. 백군 진영에는 너무나 다양한 세력들이 모여있다는 것도 결속을 해치는 요소가 되었다.

러시아는 1차 세계대전과 내전을 연이어 치르면서 황폐할 대로 황폐해졌다. 내전은 가까스로 끝났지만, 경제를 전쟁 전의 수준으로 끌어올리기 위해 서유럽 국가들의 도움을 받는 것은 기대조차 할 수 없었다. 러시아 스스로 이 난관을 헤쳐나가야 했다.

자본주의 발전이 제대로 이루어지지 않은 나라, 황제에게 전적인 권력이 있던 전제주의 국가, 아무도 사회주의혁명이 일어날 것이라고 예상조차 하지 않았던 국가에서 최초의 소비에트 사회주의 공화국 연방이 만들어졌다. 자본주의가 지배하는 세계 체제에 대한 새로운 도전이 시작된 것이다.

1930년대 전 세계를 강타했던 경제대공황 시기에 유일하게 경제성장을 기록했던 국가가 바로 소련이었다. 이러한 놀라운 상황은 서유럽 국가들과 미국의 찬탄을 자아내면서 국교를 다시 맺고 소련을 모델로 삼는 사례를 만들어 냈다. 그렇지만 소련의 발전은 스탈린의 강력한 통제정책과 농업의 희생 위에서 만들어진 것이기도 했다. 자본주의 체제 속에서 억압받고 고통 속에 살았던 노동자들도 진정한 자유와 평등을 누릴 수 있어야 한다는 사회주의 국가의 생존은 고달팠다. 이상과 현실의 부합은 진정 어려웠던 것이다.

흔히 상식을 벗어난 일은 나쁜 것이라는 선입견이 있다. 변화를 싫어하기 때문이다. 하지만 문명의 발달은 상식을 벗어나면서부터 출발한다.

10장

새로운 접촉 문명, 온택트 시대

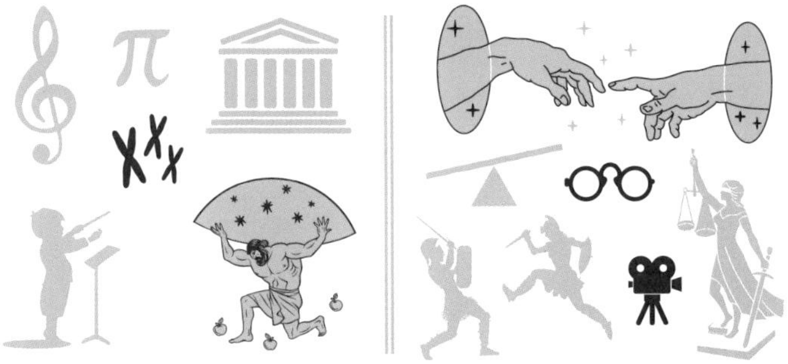

이준정 | 미래 첨단기술과 우리 삶의 변화를 대중에게 재미있게 소개하고자 노력하는 과학자다. KAIST에서 재료공학 석사와 박사학위를 취득했다. 산업기술 관련 국내외 특허 40건을 가지고 있으며, 과학기술진흥의 공로로 대통령 표창을 받았다. 미래탐험연구소 대표다.

1

글로벌 접촉의 신조류

새로운 생존전략, 온택트

중국 우한에서 최초 발생한 코로나19 바이러스는 몇 달 사이에 전 세계 213개국으로 들불처럼 번져나갔다. 세계 각국은 과격하리만큼 철저한 도시 폐쇄로 바이러스의 확산을 억제하는 효과는 거두었지만, 경제활동이 마비되면서 수많은 사람들이 일자리를 잃고 생계가 벼랑 끝까지 몰리게 됐다. 각국 정부는 긴급 재난구호자금을 무차별적으로 공급했지만 오래 버틸 수 있는 방법은 아니다. 하루아침에 일자리를 잃은 미국 실업자들은 "코로나로 다 죽지 않는다. 그러나 굶으면 다 죽는다. 경제활동을 재개하라!"는 시위를 벌이기도 했다. 생존을 위해서 경제활동을 재개해야만 할 한계 상황에 이르렀고, 사람들 간 접촉이 늘어나면서 잠시 주춤했던 감염자 수가 다시 폭증하기도 했다.

예측할 수 없는 감염병

2020년 10월 말 기준 전 세계 코로나19 신규 감염자는 매일 55만여 명

이상씩 증가하고 있고, 공식 집계된 누적 확진자는 4580만 명을 넘어섰다. 사망자는 매일 수천 명씩 증가하여 누적 사망자가 110만 명을 넘었다. 공식적인 집계치만 보아도 치료를 마친 인구의 약 5퍼센트 이상이 사망하는 것으로 분석하고 있다.

코로나19는 공기전염과 무증상감염이란 특징이 있어서 자신이 감염된 사실조차 알지 못하는 사람들이 많다. 인도 뭄바이 빈민가에서 검사한 무작위 혈청검사[1]에 의하면 코로나19 감염률이 57퍼센트에 달한다는 보고가 있다. 일부 국가는 감염률이 거의 '집단면역'[2] 수준에 이르고 있다. 감염자 수가 공식적으로 집계되고는 있지만, 국가에 따라서는 실제 감염자 수가 2~3배 더 많을 것이라고 짐작된다. 코로나19 바이러스는 무증상 공기감염이란 점에서 악성바이러스다. 일단 대중 속으로 확산된 이후에는 바이러스가 어떤 경로로 퍼져나갔는지 확인할 수 없기에 최악의 경우에는 집단면역 단계까지 감염이 확산될 수 있다. 물론 많은 제약회사들이 개발 중인 바이러스 치료제나 백신이 등장한다면 상황은 반전될 수 있겠지만, 이들 치료제나 백신이 충분히 공급되기 전에는 코로나19의 공포로부터 벗어날 수 없다.

생존전략으로 등장한 온택트(ontact) 문명

인류의 진화과정에서 인간은 다양한 바이러스들과 생존투쟁을 해왔다. 인체에 생소한 바이러스가 등장할 때마다 인간 게놈(유전체)에 항

1 만약 인체가 바이러스에 감염되면 이에 대응하는 단백질(항체)을 생산하여 면역능력을 갖게 되는데, 혈청검사를 해보면 면역 여부를 확인할 수 있다. 보통 항체가 형성되기까지는 1~3주가 걸리므로, 증상은 없지만 항체를 보유했다면 이미 감염되었다가 면역치료가 되었다는 의미다.

2 면역 혈청을 가진 인구가 60퍼센트 이상이 되면, 바이러스가 미감염자에 이르기 전에 전파가 차단되는 효과를 얻게 되는 상황을 말한다.

체 단백질을 만드는 새로운 처방전이 기록되었고, 결과적으로 면역력이 강한 인간으로 진화했다. 새로운 바이러스가 퍼질 때마다 많은 사람들이 목숨을 잃지만, 바이러스에 항체를 갖는 유전자 돌연변이를 일으킨 사람들은 생존했다. 바이러스를 극복한 인체는 항체능력을 게놈에 기록하게 되고 더 이상 같은 바이러스에 위험하지 않게 된다. 항체 생성은 유전학적 생존방식이다.

인간과 침팬지는 유전자가 가장 유사한데, 게놈의 뉴크레오티드를 비교해 보면 1~2퍼센트의 차이밖에 없지만 단백질은 약 80퍼센트가 다르다고 한다.[3] 이들 서로 다른 단백질 중 30퍼센트 이상은 바이러스 감염에 의해 직접적으로 영향을 받은 결과라고 추정한다.[4] 인체는 환경이 급변하면 생존을 위해 적응·진화를 해왔는데, 바이러스는 인간의 진화에 매우 커다란 영향을 미친 환경변화 인자다.

역사적 대처법, 격리

역사적으로 전염병에 대항해 온 방법은 서로 왕래를 끊고, 일부가 사망하더라도 전염병이 소멸될 때까지 마을을 완전히 격리시키는 방법이었다. 1918~20년 스페인 독감이 창궐할 때만 해도 바이러스에 대한 지식이 없었다. 보이지 않는 바이러스에 대한 대항력이 없었기 때문에 집단면역 단계에 이를 때까지 많은 희생을 치렀다. 그런데 첨단기술이 발달한 21세기에도 대책은 마찬가지다. 도시를 차단하고 국경을 봉쇄하

---

3 Galina Glazko et al., "Eighty percent of proteins are different between humans and chimpanzees", DOI : 10.1016 / j.gene.2004.11.003.

4 David Enard et al., "Computational and system biology, evolutionary biology", May 2016, https://doi.org/10.7554/eLife.12469.001.

는 조치가 최우선이다. 특히 코로나19 바이러스의 전파율(R0)[5]은 일반 독감(R0 1.5명)이나 사스(R0 2.0명)보다도 큰 2~4 사이라고 한다.[6]

코로나19 발생 초기에 중국 정부는 우한과 허베이성을 완벽히 봉쇄하고 환자들을 내부에서 치료할 수 있는 대규모 병상을 마련했다. 이 같은 도시봉쇄 및 집중치료 전략이 성공해 두 달 만에 코로나19로부터 탈출했다. 하지만 우한으로부터 이미 탈출한 코로나19 바이러스는 빠른 속도로 세계 각국에 퍼져나갔다. 초반에 방심했던 각국도 바이러스의 심각성을 깨닫고 곧바로 국경을 폐쇄하고 도시 간 사람들의 이동을 차단했다. 치료제가 없으니 생존을 위한 바이러스 대처법은 철저한 차단뿐이었다.

하지만 인간 사회가 서로 접촉을 끊고 소통이 없다면 원시사회와 마찬가지다. 도시폐쇄 초창기에 우한에서는 아파트 창밖을 향해 〈우리 모두 함께〉란 노래를 합창하기도 했고, 유럽에서는 발코니에 악기들을 들고 나와서 음악을 합주하거나 함께 노래를 부르며 서로를 위로하던 사람들도 있었다. 이러한 모습들은 인간은 서로 단절된 상태로는 생존하기 힘들다는 사실을 깨닫게 해준다.

통신망을 통한 비대면 접촉

코로나19 대유행이 종료되려면 바이러스의 치료제나 백신이 나와서 보급되어야 하지만, 그 시점을 예단할 수 없다. 앞으로 수년이 걸릴 수도 있다. 한때 각국은 도시 기능을 유지하기 위한 필수 업무를 제외한

---

5 R0는 감염자 한 사람으로부터 전염될 새로운 감염자의 평균 수이다. 이전에 감염된 적이 없고 예방접종을 받지 않은 사람들에게 적용된다.

6 Knvul Sheikh et al., "How Bad Will the Coronavirus Outbreak Get? Here Are 6 Key Factors", https://www.nytimes.com/interactive/2020/world/asia/china-coronavirus-contain.html?auth=login-google.

모든 직장을 폐쇄하고, 학교 문을 닫기도 했다. 스페인 독감이 대유행했던 20세기 초반과 달리, 21세기 통신망은 실시간 영상통신도 가능할 뿐 아니라 초고속 인터넷망으로 이미 다양한 온라인 비즈니스가 성숙된 상태다. 대면을 통한 비즈니스는 어렵더라도, 인터넷을 통한 비대면(Untact) 접촉이 가능한 영역은 비즈니스가 가능한 것이다.

이에 기업들은 인터넷을 통한 비대면 접촉기술을 활용해서 다양한 영역에서 비즈니스 돌파구를 찾고자 했다. 필수 업무 직원을 제외한 인원은 재택근무를 하면서 영업활동을 하는 방안을 찾았다. 직원들 간 또는 고객과의 물리적 접촉을 대신할 수 있는 원격 화상회의가 일상화되었다. 사실 상당수의 정보통신기업들은 오래전부터 직원들에게 재택근무를 권해왔지만, 일부를 제외하고는 사무실 근무를 선호하는 경향이 있었다. 그러나 코로나19 사태로 재택근무가 많아지면서 장점들이 부각되기 시작했다. 특히 학교가 온라인 수업 중심으로 전환됨에 따라서 아이들을 돌봐야 하는 부모들은 재택근무를 환영하는 경향을 보였다.

〈월스트리트저널〉 등 외신에 따르면, 뉴욕시가 도시폐쇄 명령을 해제하고 경제활동을 재개했을 때 사람들은 사무실 출근보다 재택근무를 선호했다고 한다. 맨해튼 같은 곳은 출근 인원이 8퍼센트뿐이었고, 나머지는 재택근무를 택했다. 기업마다 온라인 회의 시스템이 정착되면서 구태여 교통혼잡을 겪으며 출근할 필요성을 느끼지 못하게 되었다. 맨해튼의 금융기업들뿐만 아니라 캘리포니아 실리콘밸리의 IT기업들도 아예 사무실 근무 대신에 재택근무 중심으로 운영하기로 했다.

바이러스 사태가 심각한 미국의 경우는 상황 변화에 따라서는 앞으로도 영구히 재택근무 중심으로 기업을 운영하는 추세가 이어질 수 있다. 바이러스 상황이 비교적 안정된 국내의 경우도 조밀환경 속에 근무하는 직원들은 순환 재택근무를 실시하고 있다. 이 같은 조치는 일시적이라기보다 앞으로 재택근무가 일상화되는 계기가 되리라고 본다.

비대면 접촉의 장점은 서로 시간에 얽매이지 않는다는 점이다. 언제든지 자신이 편리한 시간에 인터넷에 접속하여 필요한 일처리를 할 수 있다. 물론 필요하면 서로 상대를 보면서 실시간으로 소통하는 원격화상회의를 소집해서 의견을 나눌 수도 있다. 실시간으로 대면하는 온라인 소통(On-line contact), 즉 온택트(Ontact)는 시차를 허용한 언택트(비대면, untact) 방식과 달리 상대의 표정이나 억양을 살피면서 의도를 즉각 파악하기 쉽다는 점에서 소통 효율이 훨씬 높은 접속방식이다.

코로나19 대유행은 인류의 소통 문명을 컨택트 중심에서 언택트나 온택트방식으로 전환하는 계기가 되고 있다. 인류가 생존전략으로 유전자 돌연변이에 의존한 생물학적 현상 대신에 인간이 개발한 온택트라는 기술문명을 활용하는 셈이다. 새로운 생존 문명이라 할 수 있다.

온라인 유료공연, BTS 〈방방콘〉

세계적 아이돌 그룹인 방탄소년단(BTS)의 소속사 빅히트엔터테인먼트는 2020년 2월 말에 커뮤니티를 통해 4월 서울을 시작으로 개최 예정이던 〈BTS 맵 오브 더 솔 투어〉 공연을 취소했다. 공연 시점에 코로나19가 전 세계적으로 얼마나 확산될지 예측이 불가능하고, 공연 인력과 장비 등을 국경 너머로 이동시킬 수 있을지도 불확실한 상황에서 관람객과 아티스트들의 건강과 안전을 고려한 결정이었다. BTS의 수많은 팬들은 공연 취소에 안타까워하면서도 바이러스 확산이 빨리 종식되길 바라는 마음에서 환불받은 공연료를 당시 감염자가 폭증하던 대구의 코로나19 환자들을 지원하는 단체에 기부하기도 했다.

BTS는 이 같은 팬들의 성원에 화답하기 위해 당초 서울 공연 예정일이던 4월 18일과 19일에 맞추어 유튜브 채널 방탄TV(BANGTANTV)를 통해 〈방.방.콘(방에서 즐기는 방탄소년단 콘서트)〉을 스트리밍했다. 하루 동안 조횟수가 5059만 건을 기록했으며, 동시 접속자가 최대 224만 명을 기록할 만큼 관심을 끌었다.

코로나19 사태가 장기화되면서 오프라인 공연과 해외투어의 재개 시점이 불투명해지자, 국내 아이돌 그룹들은 온라인 무대공연을 시도하기 시작했다. 오프라인과 차별화된 체험을 제공할 수 있도록 프로그램을 기획하고 온라인 공연을 유료화하는 수익 모델을 만들었다.

방탄소년단은 6월 14일에 첫 온라인 유료 콘서트 〈방.방.콘 더 라이브〉를 개최했다. 오프라인 공연과 〈방.방.콘〉을 차별화하기 위해 '멀티뷰' 스트리밍 시스템을 도입했다. 공연 현장을 촬영한 여섯 대의 카메라 영상을 동시에 송출하여 각기 다른 멤버의 '풀 샷'과 클로즈업 화면을 제공하므로, 팬들은 공연 현장에서처럼 자신이 원하는 멤버를 실시간으로 볼 수 있었다. 화면에 설치된 '아미밤(BTS 응원봉)'을 클릭하면 아미밤이 폭죽처럼 터지면서 공연 중인 멤버들에게 응원 메시지를 전달했다. 주최측에 따르면, 한국은 물론이고 미국, 영국, 중국, 일본 등 총 107개 지역에서 최고 동시접속자가 75만 6600여 명이었다고 한다.

온라인 라이브 콘서트에 참가한 팬들의 규모는 보통 운동장 공연에 동원했던 관객의 15배에 달했다. BTS는 막대한 공연 티켓 판매수익뿐 아니라 유료 팬클럽 가입자도 1만 명 이상 증가하는 성과를 거두었다.

새로운 상식, 온라인 유료공연

코로나19 사태로 2020년 초부터 무대공연 예술계는 거의 모든 일정이

취소되었고 종사자들의 생활이 어려워졌다. 공연 기회가 닫혀버린 예술계는 대부분 온라인 사이트를 통해 무료로 공연 녹화물을 공개하고 후원금을 받는 식으로 운영되었다. 이렇듯 온라인 비대면 공연이 대부분 무료공연이던 상황에서 BTS의 온라인 유료공연이 좋은 사례가 되어 아티스트들은 앞다투어 온라인 유료공연을 기획하기 시작했다. 이젠 온라인 유료공연이 상식이 되었으며 빌보드 홈페이지에는 예정된 온라인 음악행사들이 줄을 잇고 있다.

온라인 아티스트 공연은 전 세계 팬들이 참석할 수 있기 때문에 오히려 매출 증대 효과를 기대하는 수단이 되기도 한다. 코로나19가 악화되는 상황에서 당분간은 대규모 공연예술이 어려우므로, 이제 아티스트들의 생존경쟁은 온라인에서 벌어지게 되었다. 아티스트들은 스튜디오에서 라이브 공연을 하고 팬들은 집에서 안전하게 관람하는 방식의 라이브 쇼가 진행될 것이다. 이제는 온라인 무대연출 기술이 더욱 중요해졌으며 온라인 무료공연은 점차 사라질 것이다.

트롯신들의 랜선 버스킹

SBS는 2020년 초 세계적인 K-팝 열풍에 발맞추어 해외에 알려지지 않은 K-트로트의 진가를 알린다는 목적으로 〈트롯신이 떴다〉라는 프로그램을 기획했다. 국내 최정상급 트로트 가수들이 해외에서 길거리 버스킹을 하며 현지인들에게 K-트로트를 소개한다는 야심찬 기획이었다.

첫 번째 공연지로는 베트남 호치민이 선정되었다. 호치민 시내 공터들에서 트로트 가수들이 거리공연을 하자, 낯선 음악을 서먹하게 받아들이던 현지 관중들도 차츰 트로트 음률에 적응하는 모습을 보였다. 호

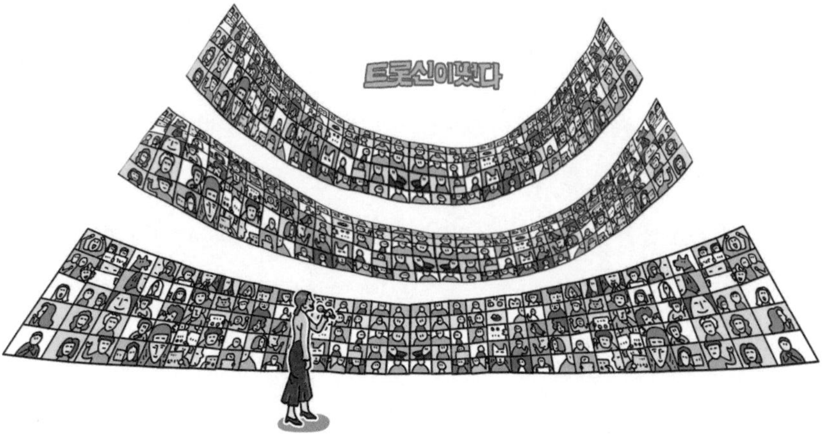

국내 방송국이 처음 시도한 랜선 콘서트 〈트롯신이 떴다〉의 한 장면이다. 인터넷을 통해 양방향 소통 공연을 한다는 취지였다.

치민 공연의 마지막 날 무대가 끝나자, 청중들은 "가지 마!"를 연호하며 아쉬움을 표현했다. 결국 앙코르곡으로 김연자가 〈아모르 파티〉를 부르자 모두 일어나 아모르 춤 파티로 화답했다. K-트로트의 확산 가능성을 엿볼 수 있는 순간이었다.

그런데 베트남 버스킹 공연을 마치자마자 코로나19 사태를 맞았고, 세계 여러 나라를 방문하려던 방송사의 당초 계획은 물거품이 되고 말았다.

해외 버스킹 공연이 좌절되자, 방송사가 고안한 돌파구는 랜선 콘서트였다. 인터넷(LAN)선을 통해 양방향 소통 공연을 한다는 의미다. 유튜브 등을 통한 실황 중계 공연에서는 영상 콘텐츠가 관객에게 일방향으로 전달될 뿐, 공연자가 관객의 실시간 반응을 확인할 수 없다. 문자 채팅은 가능하다지만 표정이 전달되지 않으므로 엄밀하게 말해서 일방향 소통일 뿐이다. 하지만 랜선 콘서트는 공연 영상을 관객들에게 전달하는 동시에, 관객들의 응원 모습을 공연장에 설치된 대형 스크린으로 담아 공연자에게 실시간 전달하는 양방향 소통 콘서트다.

공연자는 환호하며 공연을 즐기고 응원 메시지가 담긴 피켓을 흔드는 관객들과 함께 호흡할 수 있다. 온라인 관객은 SBS가 사전에 홈페이지에서 신청을 받아서 초대한 사람들이었다. 국내 팬들뿐만 아니라 스위스, 쿠바, 영국, 미국, 캐나다, 일본, 중국 등 해외 교포 및 현지인들이 참여했다. 중앙무대를 360도로 에워싸는 곡면 형태의 대형 벽면 스크린 위에 400여 대의 모니터를 설치했다. 온라인 콘서트에 참가한 모든 관객은 자신의 카메라 영상을 실시간으로 공연장에 설치된 400여 대의 모니터로 송출한다.

KT는 대용량 영상 데이터를 고속으로 처리하는 기술을 제공했고, 클라우드 인프라를 활용해서 전 세계로 실시간 방송을 내보냈다. 이때 관객과 동시에 영상을 교류하는 기술은 영상 전문 솔루션 업체 해든브릿지의 '브레이크아웃'을 활용했다. 브레이크아웃은 원래 온라인 회의나 교육을 실시간으로 구현해 주는 소프트웨어이며, 일반 웹 카메라와 소프트웨어만으로도 영상과 콘텐츠를 결합할 수 있다. 이로써 SBS는 기술적으로 〈트롯신이 떴다〉 라이브 중계를 할 수 있었다.

국내는 물론 전 세계 팬들이 객석이 아닌 집에서 앱과 PC를 통해 트롯신 무대에 접속했고, 무대에 선 가수들은 360도로 둘러싼 초대형 스크린에 등장한 관객들의 뜨거운 함성과 반응에 감격했다. SBS는 전 세계적으로 공연활동이 제한된 상황에서도 훌륭한 온라인 방송을 치를 수 있는 사례를 만들었고, 이 '랜선 버스킹(랜선킹)' 포맷은 저작권 등록 중이라고 한다.

SBS의 '랜선킹' 성공은 다른 방송국에도 자극제가 되었다. 다양한 포맷으로 원격 라이브 방송을 시도하려는 움직임이 나타났다. 그중 하나가 MBC의 도전 요리 프로그램 〈백파더〉다. 요리전문가 백종원이 초보 참가자 49명에게 화상통신으로 요리과정을 설명하며 함께 음식을 만드는 프로그램이다. 화상통신을 통한 라이브 방송은 요리뿐만 아니라 음악, 요가 등 다양한 취미생활을 주제로 시청자들과의 특색 있는 프로그램을 디자인할 수 있을 것이다.

온라인 회의 및 강의 시대

수십 년 전부터 온라인 화상회의는 곧 다가올 미래로 여겨졌다. 이미 오래전부터 재택근무를 권장하고 회의실 방문 대신 PC화상회의로 업무 협의를 시도하는 기업들도 있었다. 하지만 일반인들에게 화상회의는 먼 미래의 일로 여겨졌다. 연인이거나 가족처럼 가까운 관계가 아닌 경우 스마트폰의 화상통화조차 꺼려하는 사람들이 많았다.

그런데 코로나19 사태가 벌어지자 상황이 반전했다. 수년 동안 활용을 꺼리던 원격 화상회의 기술이 많은 모임에서 활용되었다. 원격 화상회의에 대한 온갖 불평이나 거부가 씻은 듯 사라지고, 온라인 화상회의를 당연한 시대 변화로 받아들이게 되었다. 오히려 어떻게 하면 원격 상대를 좀 더 실감나게 관찰할 수 있을지에 대한 관심이 높아지면서 화질이 높은 기술을 선호하게 되었다. 회의 참석자들의 웹캠 화면을 타일 형식으로 배열하는 대신, 단조로움을 피하기 위해 회의실 탁자를 둘러싼 모습이나 강연장 좌석에 앉아있는 모습으로 편집하는 프로그램도 등장했다.

코로나19 사태로 가장 충격을 받은 곳 중 하나가 교육현장이다. 학교가 개학을 못하고 온라인 수업을 하는 바람에 새로운 교실환경이 확

온라인 화상 회의의 한 장면이다. 타일 형식 배열뿐만 아니라 원형이나 강연장 좌석 형태 등 여러 모습으로 편집할 수 있는 프로그램들도 만들어지고 있다.

산되었다. 초·중·고등학교는 교육부가 중심이 되어 대책을 마련했지만 대학들은 독자적인 준비를 해야만 했다. 학기 초부터 온라인 강의 프로그램을 허겁지겁 도입하고 교수들에게 사용법을 가르치는 등 부산했다.

사실 온라인 강의는 수년 전부터 전 세계 수백만 명이 활용해 온 방법이지만, 교실 수업만을 고집해 오던 교수들에게는 큰 낭패였다. 온라인 강의자료를 허겁지겁 만들고 어색한 카메라 앞에 나선 교수들에게 학생들은 많은 댓글 질문을 쏟아냈다. 교실 수업에서는 침묵하던 학생들이 질문을 쏟아낸 이유는, 그들에게는 온라인 채팅이나 학습이 너무도 익숙했기 때문이다. 교수들과 달리 학생들은 이미 인터넷 강의에 적응해 있고, 온라인 강의에 미숙한 교수들만 혼쭐이 나고 있다.

한국에서 온라인 강의가 사교육 시장에 정착한 것은 20여 년 전 일이다. 메가스터디의 창업자 손주은 대표가 당시 홈쇼핑으로 물건을 파는 것을 보고 학원 강의를 인터넷 공간으로 옮겼다는 설이 있다. 전국의 수험생들은 일타 인강 강사들에게 몰렸고 이들은 돈더미 위에 올라앉았다. 온라인 강의는 입시 준비에 머물지 않았다. 지식에 굶주린 사람들은 온라인 공간에서 제공하는 각종 강의나 학습과정에 관심을 갖게 되었다. 미국 대학들도 교실 강의를 인터넷에 공개하기 시작했다. MIT를 비롯한 아이비리그 대학들이 온라인에 공개한 강좌를 PC로만 접하던 사람들은 애플의 아이팟(ipod)을 통해 모바일로 들을 수 있게 되었다. 직장인들에게 아이팟이 선풍적인 인기를 끈 이유 중 하나는 바로 이 모바일 강좌 때문이다.

〈뉴욕타임스〉는 2012년 11월, 온라인 교육에 대한 특집기사에서 2012년을 '무료 온라인 교육서비스(MOOC)의 해'라고 소개했다. 온라인을 통해서 누구나 무료로 MIT의 회로 및 전자, 스탠포드대학의 기계학습, 일리노이대학의 유기화학을 배울 수 있는 시대가 되었다고 소개했다.

인터넷 강의는 단순히 교실 강의를 중계하는 단계에서 점차 진화하면서 상호소통형 강의방식으로 바뀌었다. 강의시간을 15~20분 정도로 줄이고, 철저히 이해하지 못하면 다음 단계로 넘어가지 못하게 함으로써 학습자의 성취도를 높였다. 학교에 등록하지 않아도 MOOC(온라인 공개 강좌, Massive Open Online Course)를 통해 뭐든지 학습할 수 있게 되었다. 전 세계의 수백만 명이 학교 교육에서 배울 수 없던 새 기술을 배우고, 재능을 쌓고, 양질의 학습을 체험하고 있다. 사람들은 새로운 경력 개발, 진로 탐색, 입시 준비, 보충수업, 평생학습, 기업의 e러닝 등 다양한 이유로 MOOC를 이용한다.

미국 MIT와 하버드대학이 중심이 되어 운영하는 edX만 해도 2020

년 현재 260개 프로그램에 3051개 강좌를 개설하고 있다. 국내에도 100여 개 이상의 대학 및 공공기관이 참여하여 운영하는 K-MOOC가 있다. 인문, 사회, 교육, 공학, 의약 등 다양한 분야의 867개 무료강좌가 공개되어 있다. 국내외 MOOC만 잘 활용해도 세계 최고수준의 강사로부터 자신이 원하는 전문지식을 배울 수 있다.

새로운 선택이 필요한 때

코로나19 사태로 인해 많은 대학들이 교실 강의를 못하고 온라인 강의로 대체하고 있다. 해외 유명 대학으로 유학 갔던 젊은이들이 국내로 돌아와 온라인 수업으로 유학생활을 하는 어처구니없는 상황이 벌어졌다. 구태여 많은 돈과 시간을 들여 대학에 진학하지 않아도 온라인 학습과정을 통해 필요한 전문지식을 충분히 흡수할 수 있다는 생각에 이른다. 국내 대학도 마찬가지다. 대학의 정규 학습과정과 온라인 무료 학습과정이 실효성 면에서 대비되고 경합하는 상황도 벌어진다. 사실 대부분의 사람들은 대학을 졸업해도 취직이 보장되지 않고 빚만 지는 형편이다. 대학도 훌륭한 교수진을 확보할 만큼 재정 여건이 충분치 않다. 이쯤 되면 부실한 대학 학습과정은 충실한 온라인 MOOC 학습과정을 결합하는 형태로 진화해야 하며, 학생들도 대학이 제공하는 학습과정에만 매달리지 않고 세상을 앞서가는 전문지식을 보충하는 적극적인 노력이 필요하다. 코로나19 사태는 대학 교육의 질과 실용성을 되돌아 볼 기회가 되었고, 대학도 생존의 관점에서 새로운 선택을 강요받게 되었다.

2

온라인 접촉기술의 발전

화상회의부터 모바일 라이브 판매까지

온라인 화상회의는 원래 수백만 원에서 수천만 원씩 하는 고가의 하드웨어 시스템을 갖추어야 가능하던 기술이다. 하지만 지금은 통신속도와 컴퓨터기술이 발전하면서 PC는 물론 스마트폰만으로도 원격 화상회의가 가능한 소프트웨어들이 등장했다. 국내에서도 2018년 즈음부터는 IT기업들이 중심이 되어 원격근무와 재택근무를 권장하면서 워라밸(Work Live Balance), 디지털 노마드(Digital Nomad) 같은 용어가 회자되었다.

정부도 2017년에 이미 행정업무망을 구축하고 PC영상회의가 가능한 정부협업시스템(온-나라 PC영상회의)을 운영해 오고 있다. 대면 보고나 출장 없이도 PC에서 영상회의로 온라인 협업과 정보 공유가 가능한 범정부 협업 시스템이다. 정부 부처가 서울, 세종, 과천, 대전으로 분산되어 있기에 부처 간 업무협조를 위해서는 꼭 필요한 시스템이었다. 정부 내 칸막이를 없애고 여러 부처가 함께 협업하는 행정을 펼친다는 목적도 있다. 부처 내에서도 각자의 책상에서 영상회의나 영상보고가 가능하다. 중앙부처와 지자체, 그리고 국회나 공공기관(공단 등) 간에도 인터넷망을 이용하면 개인 PC나 휴대폰 영상을 통해서 영상회의를 할 수 있다. 그러나 이같은 훌륭한 영상회의 시스템도 업무협의를 위해 세종시와 서울을 오가면서 길거리에서 시간을 허비하는 '길 과장'과 '길 국장'을 줄이지 못했다.

주주총회 라이브 방송

코로나19 사태로 대규모 행사가 불가능해지자, 미국의 각 주정부는 기업들에 2020년도 주주총회를 온라인으로만 개최하라는 행정명령을 내렸다. 온라인 주총은 모든 의결을 전자결재 시스템으로 처리한다. 미국은 이미 2014년 무렵부터 온라인 주총을 개최한 기업이 100여 개에 이르렀고, 2017년에는 200개 이상이 참여했으며, 2020년 4월말 기준 2000개가 넘었다.

국내에서는 현장 주총과 온라인 주총을 병행하는 하이브리드 주총만을 허용하고 있다. 주총 현장에 참석하지 못하는 주주들에게는 전자투표에 참여하도록 권장한다. 전자투표제를 활용하면 의결 정족수 확보가 쉽고 안건에 대한 논란도 줄일 수 있다. 예탁결제원에 따르면 2020년 전자투표제를 이용한 상장사가 전체 기업의 약 46퍼센트 정도다. 코로나19를 핑계로 전자투표제도를 급속히 활용하는 추세인 것이다.

주주총회를 온라인으로 실황중계한 곳은 SK텔레콤이 유일하다. 주주들이 홈페이지에서 사전 신청하면, 주총 당일에 모바일이나 컴퓨터를 통해 현장을 중계해 주었다. 질문은 온라인으로 접수하여 경영진이 현장에서 답변하는 식으로 소통했다.

온라인 실황중계는 최근 들어 대부분의 포럼이나 컨퍼런스에서 채용하는 방식이다. 현장 카메라를 통해 유튜브 또는 페이스북으로 생중계하면서 채팅으로 질문을 받거나 의견을 수렴한다. 대부분 주최측의 통제 아래 이루어지기 때문에 일반적으로 돌발성 질문이나 항의성 질문들은 차단된다. 쌍방향 소통이라기보다는 주최측이 참가자에게 정보를 일방향으로 제공하는 소통이 되기 쉽다.

코로나19 사태로 비대면 주총을 했던 많은 상장사들은 평소보다 훨씬 더 원만하게 행사를 치렀다. 주주들의 항의나 문제제기 기회는 차단된 반면, 상정된 안건들은 전자결재로 손쉽게 통과되었기 때문이다. 스마트폰으로 대금 결제를 하는 시대라서 웬만한 의사결정은 전자결재로 모두 가능하다. 국회 의안의 찬반투표는 물론이고 심지어 아파트 주민투표도 전자투표를 하는 시대다. 하지만 기업의 주총은 좀 다르다. 치열한 이해관계가 충돌할 수 있을 뿐만 아니라 설득과정도 필요할 수 있기 때문에 100퍼센트 온라인 전자투표로 처리하기에는 주최측의 부담이 클 수 있다. 아무래도 온라인 방식이 가미된 하이브리드 주총이 관행이 되어 전자투표가 대세로 자리잡을 가능성이 높아졌다.

팬데믹 시대의 뉴노멀

코로나19로 재택근무가 급속히 활성화될 수 있었던 배경은 기업의 생존문제가 달렸기 때문이다. 도시폐쇄 상태에서 기업들은 살아남기 위해 재택근무와 온라인 화상회의를 적극 채택하는 수밖에 없었다. 시장에는 다양한 화상회의 소프트웨어들이 있다. 예를 들면 줌, 웹엑스, 스카이프, 구글 미트, 탱고, 짓시, 이모, 위챗, 라인 그룹콜, 카카오톡 그룹

콜, T그룹 통화, 토키, 구루미 등이다. 주로 화상회의나 강의 중심으로 발달한 소프트웨어들이지만, 기업들은 원격근무 중 의사소통 수단으로 적극 활용하고 있다.

화상회의는 회의나 마케팅 도구일 뿐 아니라 재택근무자들을 위한 보편적인 통신수단으로 진화했다. 일반적인 화상회의는 물론이고, 서로 화면을 공유하고 데스크탑에 원격으로 접근할 수 있으며, 문장으로 채팅을 하고, 파일을 교환하고, 전자칠판을 통해 이미지를 전송하고, 필요한 경우에는 그룹 화상회의도 할 수 있다.

기업들은 전례 없이 많은 화상회의를 체험하면서 사무실 근무보다 재택근무가 훨씬 더 효율적이란 것을 깨달았다. 원격작업과 화상회의는 우려했던 것과 달리 생산성을 훨씬 높여주었다. 전화 대신 화상 호출에 익숙해지면서 화상통화가 음성통화를 대체하는 시점이 다가오고 있다. 지금도 많은 기업이 거리두기를 실천하기 위해서 50퍼센트씩 번갈아 가면서 재택근무를 하고 있는데, 장기적인 관점에서 보면 재택근무는 피할 수 없는 대세가 될 것이며, 화상회의 소프트웨어는 필수적인 의사소통 도구가 될 것이다. 아울러 출장 업무도 점차 줄어들 것이다.

코로나19 사태가 매우 심각한 미국에서는 기업들이 대부분 재택근무를 이어가고 있다. 실리콘밸리 IT기업들은 2021년 이후까지도 필수 업무요원을 빼고는 모두 재택근무를 할 예정이다. 시장조사 기관인 스태티스타의 분석에 따르면, 미국 기업들은 비즈니스의 78퍼센트를 화상회의를 통해 처리하고, 58퍼센트는 화상회의를 정기적으로 하며 일상업무의 일부로 여긴다. 보통은 2~4명의 소그룹 회의가 이루어지며 시간과 출장 비용이 절약된다.

문제는 화상회의를 서비스하는 앱들이 급속히 확산되자, 미 FBI가

스마트폰을 활용한 그룹 전화 화면. 온라인 화상회의는 코로나19 시대의 뉴노멀이 되어가고 있다.

해커들이 회의에 무단침입하는 사례가 발생했다고 경고한 것이다. 따라서 기업들은 보안이 강화된 화상회의 전용 소프트웨어를 기업 특성에 맞게 구매하여 활용하고 있으며, 자체 개발한 화상회의 솔루션을 채택하기도 한다. 삼성그룹 계열사들은 삼성SDS가 개발한 녹스미팅을 쓰고 있고, LG그룹 계열사도 LG전자의 화상통화 장비와 LG CNS 솔루션을 활용해 재택근무 및 원격회의를 지원하고 있다.

화상회의는 앞으로 고객 서비스 기법으로 발전될 수도 있다. 지금은 주로 콜센터에서 인터넷 AI채팅이나 전화상담 방식으로 이루어지는 고객상담 서비스가 화상통화로 전문가와 접속하여 고급상담을 받는 시스템으로 바뀔 수 있다. 예를 들면 가전제품 A/S 신청에서도 지금의 콜센터 접수 단계를 생략하고, 고객이 직접 화상통화로 내용을 설명하면 전문가가 정확하고 신속하게 문제해결 방법을 제시할 수 있다. 또 다른 사례로 금융기관의 대출이나 보험 등 전문상담 서비스도 바뀔 수 있다. 지금은 각 지점을 방문하여 담당자에게 상담을 받는데, 상담직원의 경험에 따라 상담 품질이 천차만별이다. 만약 전국 각 지점에 화상 상담 부스를 설치해서 전문상담사를 원격으로 연결해 준다면, 고객이 원하는 눈높이의 고품질 맞춤 서비스를 누구나 받을 수 있게 될 것이다.

화상회의가 증가하면 인터넷 통신 데이터의 양이 급속히 증가할 것이다. 통신기업들은 데이터 매출이 늘어나고 5G 시스템이 급속히 확산될 수밖에 없다. 화상통신의 단점은 통신지연 현상이다. 앞으로는 인터넷 합창이 가능할 만큼 통신지연 현상이 없어지고, 실물을 마주 대하듯 화상품질이 4K급 이상으로 높아지는 화상회의 솔루션이 등장하게 될 것이다.

온라인 라이브 이벤트의 확산

코로나19 사태로 전 세계적으로 계획되었던 각종 이벤트가 모두 취소되는 사태가 벌어졌다. 스포츠나 공연예술뿐 아니라 학술대회, 박람회, 기업회의, 국제회의, 전시회 등을 주선해왔던 MICE[7] 업계는 오프라인 이벤트 대신 다양한 온라인 이벤트를 주선하고 있다. 국내에는 기업이나 학회의 대규모 온라인 행사를 전문적으로 대행해 주는 스트리밍코리아, 새하컴즈, 이벤터스, 콜러스, 위캔디오, 나우앤나우, 비투맥스, 웨비나스 등의 플랫폼들이 기업이나 정부 행사, 컨퍼런스나 전시회, 웨비나(웹세미나) 등을 중계하고 있다.

생방송이 어렵지 않다는 것을 알게 된 이후, 라이브 스트리밍 예찬

7 MICE는 서비스 산업 중 기업회의(Meeting), 포상관광(Incentives), 컨벤션(Convention), 전시(Exhibition)의 네 분야를 한꺼번에 지칭하는 말이다.

론자들이 증가하고 있다. 라이브 스트리밍을 하면 회의 참석이 매우 쉬워지고, 해외에서 개최되는 유명 학회나 전시회 등에 드는 비용을 절약할 수 있으며, 자동으로 이벤트를 녹화할 수도 있다. 온라인 이벤트 참여는 오프라인 현장 참여보다 디지털 자료수집이 쉽고 매우 상세하다. 회의 주관 기관 입장에서도 참석자가 전 세계에서 몰려드니, 행사를 잘 기획하면 행사 규모가 수십 배로 커진다.

장례식, 결혼식, 학술모임, 종교행사, 강연, 예술 등 소규모 개인 행사들도 '사회적 거리두기'를 실천하기 위해 무관중, 무참석으로 치러야 하게 되었다. 자연스럽게 이들 행사 현장을 라이브 스트리밍으로 중계하는 일이 벌어지고 있다. 스트리밍이란 온라인상에서 재생되는 모든 미디어를 말하는데, 예전처럼 방송 카메라로 찍어 중계차가 방송통신망을 통해서 실황을 전달하는 것이 아니라, 스마트폰이나 캠코더로 촬영하여 실시간으로 중계가 가능하다. 동시에 여러 플랫폼으로 중계할 수도 있는데, 예를 들면 프리즘이란 스마트폰 앱은 스마트폰이나 캠코더로 촬영된 화면을 실시간으로 페이스북 라이브, 유튜브 라이브, 페리스코프, 트위치, 비메오 등 해외 플랫폼뿐만 아니라 아프리카TV, 네이버TV, 카카오TV 등 국내 플랫폼으로도 동시에 중계할 수 있다. 이벤트 실황중계뿐만 아니라 화상전화 실황중계까지도 포함한다. 이 같은 중계 영상은 '일부 공개' 또는 '공개'로 설정해서 시청 대상을 제한할 수도 있다.

대규모 행사처럼 고도의 장비나 전문 방송기술자가 아니더라도 누구나 쉽게 라이브 방송을 송출할 수 있으므로, 아마추어 방송사나 독립 방송사가 우후죽순처럼 등장하고 있다. 크몽 홈페이지에 가보면 인터넷 방송 전문가들이 행사를 대행해 주는 계약 서비스를 제공하고 있다.

실시간 현장중계의 백미는 스포츠 게임 중계다. 세계 각 곳에서 벌어지는 중요한 스포츠 행사를 실시간으로 관람하려는 열성 팬들이 많다. 관객이 스포츠 게임의 현장중계를 보고 싶은 이유는 게임 결과에 대한 호기심 때문이다. 경기 결과를 알고 녹화된 영상을 보는 것과 경기 결과를 모른 채 경기 실황을 직접 중계하는 영상을 보는 것은 재미가 하늘과 땅만큼이나 차이가 있다. 현장중계의 가치는 게임 결과를 실시간으로 알려주는 데에 있다. 게임의 현장성은 스포츠뿐만이 아니다. 바둑이든 PC게임이든 프로들의 게임도 현장중계의 가치가 있다. 승부를 알 수 없는 막상막하의 게임일수록 현장중계의 묘미는 커진다.

홈쇼핑 대신 모바일 라이브 판매

통계청이 집계한 2020년 6월 소매판매 동향에 의하면, 코로나19 사태에도 불구하고 전년대비 매출이 6.3퍼센트 증가한 것으로 나타났다. 면세점(-42.4%), 전문소매점(-6.5%), 백화점(-3.2%), 대형마트(-2.4%)는 줄었으나, 승용차 및 연료 소매점(29.4%), 무점포소매(25.8%, 홈쇼핑과 온라인쇼핑), 슈퍼마켓 및 잡화점(1.5%), 편의점(1.6%)은 증가했다.

대부분의 소비재는 상점에 직접 방문하기보다 홈쇼핑이나 온라인쇼핑으로 구매하는 경향이 뚜렷했다. 무점포소매는 홈쇼핑과 온라인쇼핑을 포함하는데, 홈쇼핑은 주로 장기할부가 필요한 대형상품 중심이고, 온라인쇼핑은 소형상품을 주로 결제하는 경향이 나타났다. 무점포소매 중 온라인쇼핑만을 구분하면 전년 동월 대비 19.5퍼센트 증가했는데, 온라인쇼핑의 증가분이 홈쇼핑에 비해 적다. 온라인쇼핑 중에서 PC쇼핑과 모바일쇼핑의 비중을 보면, 모바일쇼핑액의 비중이 66.8퍼센트로 더 높다. 작년 6월 대비 온라인쇼핑액은 음식 서비스가 61.5퍼센트만큼 급증했고, 음식료품(39.4%), 생활용품(48.9%) 등도 급증했다. 반면에 문화 및 레저 서비스(-81.8%), 여행 및 교통 서비스(-57.8%) 등은 급감했다. 코로나19 영향으로 문화활동과 여행 등 외부활동이 억제되고 실내활동이 급증했음을 알 수 있다.

중국에서는 20~30대를 중심으로 소셜미디어 플랫폼인 틱톡과 온라인쇼핑몰 타오바오를 통한 라이브 판매가 유행이다. 라이브 판매는 판매자의 상품설명을 직접 들으면서 구매하는 것이다. MZ세대(밀레니얼 세대와 Z세대)는 제품을 단순히 구매하는 데 머물지 않고, 상품에 대한 의견을 적극적으로 표출한다. 라이브 커머스는 실시간 소통, 자기표현 등에 익숙한 MZ세대가 선호하는 온라인 라이브 방송이 점차 인기를 얻고 있다.

"라지 사이즈면 허리가 몇 센티미터인가요?"

쇼 호스트가 모바일 라이브 방송으로 상품을 소개하면서 판매하는 모습이다. 이러한 라이브 커머스는 실시간 소통과 자기 표현에 익숙한 MZ세대가 특히 선호하는 경향을 보인다.

"같은 디자인으로 반팔 블라우스는 없나요?"

고객은 실시간 소통으로 원하는 상품을 바로 확인하면서 구매 결정을 내린다. 홈쇼핑은 고객에게 일방향으로 상품정보를 제공하지만, 모바일 라이브 방송은 고객이 호스트의 상품 설명을 진지하게 들으면서 즉석에서 자신에게 맞는 상품을 선택하고 주문할 수 있다. 중국의 유명 쇼 호스트의 경우 모바일 생방송으로 10만 명 이상의 구매자를 모으고, 한 번에 수십만 위안(한화 수백억 원)의 매출을 일으킨 사례도 있다.

2020년 국내 유통가에서는 '라이브 방송' 전쟁이 시작되었다. 대형 유통사들은 물론이고, 신생 유통사들은 온라인몰의 다음 트렌드는 '라이브커머스'라고 판단하고, MZ세대를 겨냥한 라이브 방송을 다양한 채널을 통해 시도하고 있다. 얼핏 보면 기존의 홈쇼핑과 별반 다를 바 없는 방식처럼 보이지만, 실제 커머스 방송에 참여해 보면 TV홈쇼핑과 비교할 수 없는 짜릿한 느낌을 받는다. 마치 친구로부터 상품을 추천받는 것 같은 신뢰감마저 느껴진다. 롯데닷컴, SSG, 티몬, 11번가 등 대형 온라인 유통은 물론이고, 무신사, 스타일쉐어 등 신흥 커머스 플랫폼, 그리고 라이브 커머스를 표방하는 보고, 잼라이브, 그립 등 전문 플랫폼까지 등장하며 살아있는 방송을 내세우 있다. 소매시장의 중심축이 라이브 커머스 쪽으로 기울고 있는 것이다.

3

가상과 현실의 접속 시대

일상에 스며드는 증강현실 기술

구글은 2013년 안경에 정보를 뿌려주는 '구글 글라스'를 처음 공개했다. 안경 틀에 소형 프로젝터를 달고 시야에 데이터나 이미지를 보여주는 스마트 안경이었다. 일반 안경처럼 생겼지만, 눈앞의 광경을 사진이나 동영상으로 촬영할 수 있고, 간단한 구글 검색, 번역, 위치 검색, 메시지 발송, 날씨 조회 등을 할 수 있다.

구글은 제품의 실용성을 확인하기 위한 실험을 실시했고, 이 프로젝트에 참여하는 사람들에게만 구글 글라스를 판매했다. 대당 1500달러의 고가인데도 선풍적인 인기를 끌어 준비한 수량이 순식간에 팔려나갔다. 실험 참가자들은 다양한 활용 가능성을 제안했다. 그러나 소형 카메라로 장소나 개인정보를 수집한다는 점에서 사생활보호 문제가 강하게 제기되었고, 구글 글라스를 착용한 사람들이 곳곳에서 출입금지를 당하고 배척당했다. 구글은 결국 2015년에 실험용 판매를 중단했고 2020년 2월 기존 판매품에 대한 모든 소프트웨어 지원을 종료했다.

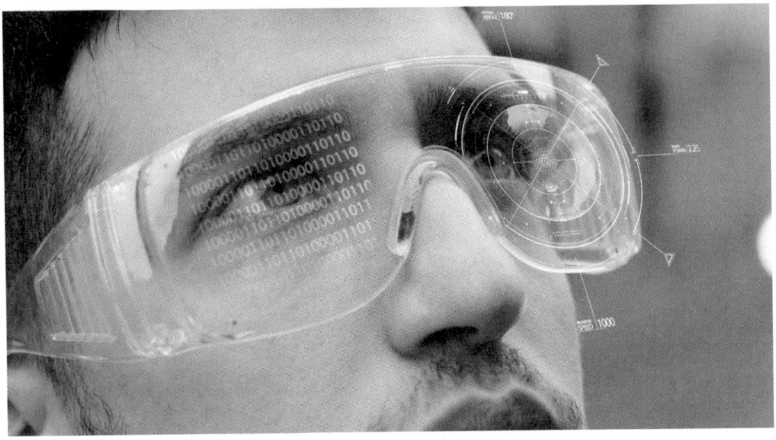

작업자가 작업 중 필요한 정보를 안경을 통해 볼 수 있으므로 두 손이 자유로운 상태에서 일할 수 있다.

구글은 초기에 구상했던 개인용 스마트 안경에 대한 꿈을 접었다. 하지만 비즈니스용으로는 매우 유용하다는 판단으로 모회사인 알파벳을 통해 산업용 '글라스'를 판매하기 시작했다. 사생활 문제가 제기되지 않는 전문 분야로 사용범위를 제한한 것이다.

산업용 글라스는 물류, 제조, 현장 서비스 등 다양한 산업 분야에서 활용되고 있다. 작업자가 필요한 정보를 안경을 통해 볼 수 있으므로, 복잡한 작업도 핸즈프리 상태로 시야 정보를 보면서 할 수 있는 장점이 있다. 안경에 비치는 정보로 검사목록을 점검하거나 지침을 보거나 검사 사진 또는 비디오를 보낼 수 있다. 글라스를 착용한 작업자는 업무생산성이 높고 작업품질이 향상되며 비용이 절감된다.

일터로 스며든 스마트 안경

AR(Augmented Reality), 즉 증강현실은 현실세계에 가상의 사물이나 정보가 정교하게 합성되어 마치 하나의 공간 속에 가상물체가 존재하는 것처럼 위장하는 기술이다. 반면에 VR(Virtual Reality)은 현실은 보여주지 않고 가상의 세계만을 보여주는 가상화기술이다. 가상현실은 말 그대로 현실이 아니다. 구글 글라스는 일종의 증강현실 개념을 도입한 기술이다. 다만 시야에 비춰진 가상의 정보나 이미지가 현실 공간 속에 평면적으로 덧붙여지는 방식이므로 현실과 뚜렷이 구분된다. 따라서 구글 글라스는 증강현실(AR) 안경이라기보다 스마트 안경이라고 부르고 있다.

스마트 안경은 일상에서 개인이 가상정보를 활용하기에 적합한 기기다. 스마트폰 화면이 궁극적으로는 스마트 안경 속 화면이 될 것이라는 예측이 많은 이유다. 스마트폰 화면을 손가락으로 조절하는 대신에, 스마트 안경에 비친 화면을 조종하면 되는데 조종이 쉽지는 않다. 눈 깜박임으로 조종하는 방식을 채택하고 있지만, 실제로는 눈 깜박임이 잦아서 원치 않는 화면전환이 발생한다. 말로 조절해도 되지만 혼잣말을 중얼거릴 수 없는 상황이 많다. 최근에는 이와 같은 문제를 해결하기 위해 반지형 콘트롤러를 채택한 사례도 있다.

스마트 안경의 핵심기술은 시선 추적기술과 초고휘도·고밀도 화면을 안경에 비추는 기술이다. 최근의 컴퓨터 계산속도, 데이터 저장 및 전송속도, 그래픽 처리 및 고해상도 디스플레이의 발전은 자연스럽게 스마트 안경의 고성능화에 기여하고 있다. 단, 스마트 안경은 구글 글라스에서 겪었던 사생활 불법 촬영 문제를 벗어나기 위하여 산업용으로 주로 적용되고 있다. 시장 전문가들은 2020년대는 스마트 안경 시대가 될 것이며, 2025년 무렵이면 누구나 착용하게 될 것이라고 예상한다.

스마트 안경을 활용할 수 있는 범위는 매우 광범위하다. 증강현실

(AR) 앱은 제조, 교육, 내비게이션, 매뉴얼, 서비스 등에 사용할 수 있다. 작업목록은 콘텐츠, 즉 아이디어만 있다면 끝이 없다. 물류, 의학, 안전 및 경찰 장비, 자동차 등 어디에서나 스마트 안경에 나타나는 시각정보를 단서로 업무효율을 높일 수 있다. 예를 들면 물류창고에서 주문품을 선별하는 작업자라면 서류나 휴대형 단말기를 보지 않고도 스마트 안경을 통해 제품 위치, 선별, 포장 등을 모두 일괄처리할 수 있다. 병원 수술실에서는 수술 준비 및 절차에 대한 주요 지침을 공유할 뿐만 아니라 기록보관이 편리하다. 복잡한 설비를 정비하는 기술자는 정비절차 및 점검사항을 확인하고 예상치 못한 문제점은 원격으로 전문가의 지도를 받으면서 정비할 수 있다. 현재 중국 경찰은 거리에서 얼굴의 특징과 차량번호판을 거의 실시간으로 인식하는 스마트 안경을 통해 범죄 용의자를 색출하고 있다.

가상 작업공간으로 출근하기

AR헤드셋은 현실 공간에 가상의 3D 물체가 겹쳐 보이게 한다. 현실과 가상을 섞었다는 의미로 MR(Mixed Reality), 즉 '혼합현실 장비'라고도 한다. AR헤드셋은 스마트 안경과 달리 시야각이 넓기 때문에, 증강된 현실에 몰입되어 마치 가상물체나 공간 속에 있다고 착각하게 만든다. 컴퓨팅 속도가 빨라지면서 3D 공간 처리가 매끄럽고, 음성이나 손가락 터치감이 자연스럽게 느껴질 만큼 기술수준이 향상되었다. 전문가들은 2020년대 초반부터는 증강현실과 가상현실 헤드셋이 비즈니스의 핵심이 될 것이라고 전망한다. 몇 년 후면 가상공간으로 출근하는 사람들이 점차 늘어날 것이다.

AR 사무실로 출근하기

직장에 출근해서 컴퓨터를 켜듯, 먼저 AR헤드셋에 로그인한다. 사무실 전체가 눈앞에 나타나고, 매일 사용하는 앱과 북마크의 아이콘들이 허공에 나타난다. 그중 하나를 선택하면 브라우저 창이 열린다. 미리 지정한 주제에 관한 최신 뉴스들이 왼쪽으로 스트리밍 되고, 오른쪽에는 어제까지 작업한 문서들이 있다. 관심 있는 뉴스를 몇 개 추려 보고, 어제 마무리하지 못했던 문서를 탭하니 설계 중인 최신제품의 전체 모델이 입체로 나타난다. 오늘 함께 일할 동료들 사진 위에 마우스 포인터를 놓으면 그가 맡은 일의 진행상황과 현재 협업이 가능한 상태인지 알려준다. 그중 한 사람을 선택하면 그의 아바타가 화면에 나타나면서 서로 작업공간을 공유하게 된다. 필요한 사람들을 모두 불러 가상회의를 할 수도 있다. 한 단계 더 나아가서 직장으로 출근하는 대신, 집에 마련한 작업공간에서 VR(가상현실)헤드셋을 착용해도 마찬가지로 가상 작업공간이 눈앞에 나타나고, 화면은 동료들의 모습을 닮은 아바타로 채워진다. 더 이상 집이나 직장으로 출근하지 않고 가상사무실로 출근하는 세상이 된다.

전문가들의 원격협업

2020년 코로나19 발생으로 AR헤드셋을 활용한 원격협업이 더욱 중요해졌다. 원격협업은 가상공간에 참여한 사람들이 가상공간을 공유하며 의견을 나누고, 가상의 문서나 물체를 함께 조작하거나 설계하는 일을 가능하게 한다. 예를 들면 외과수술을 다른 전문의들과 공유하면, 아직 경험이 없는 전문의들에게 세세한 수술 장면을 전달할 수 있고, 수술장이 아닌 사무실에서 AR헤드셋만으로 원격수술에 참여한 전문

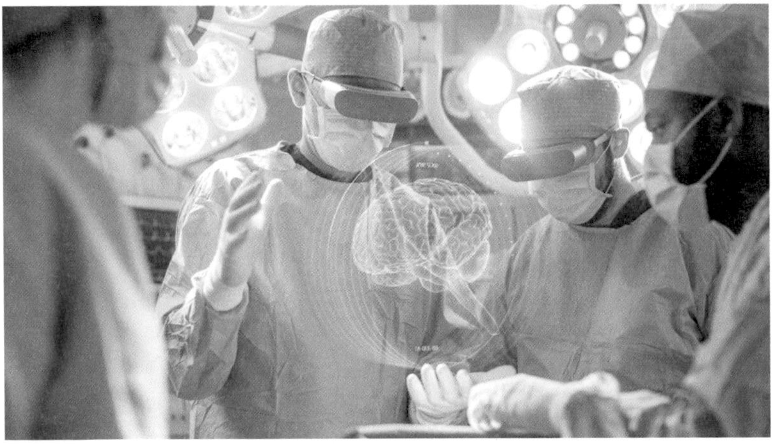

미래에는 AR헤드셋을 착용하고 증강현실을 이용해 수술을 할 수도 있을 것이다.

의들이 수술에 직접 참가한 것처럼 눈앞에서 전개되는 수술 장면에 몰입하며 실감할 수 있게 된다. 또한 작업자가 복잡한 기계장비를 조립하는 경우, 헤드셋이 보여주는 작업 순서에 따라서 손쉽게 조립을 할 수 있게 해준다. 작업자의 능력이나 재주를 증강시켜주는 것이다.

AR헤드셋의 선두주자인 마이크로소프트의 '홀로렌즈'는 이미 수백 종의 AR 응용 앱들을 제공하고 있으며, 설계작업, 군사작전 협의, 실감 몰입교육, 자동차나 가구의 상품체험, 조립 또는 정비작업 안내 등에 널리 활용되고 있다.

가상을 현실공간에 혼합하는 시대로

AR기술의 초기 응용사례는 주로 스마트폰을 이용한 증강현실 영상구현 방식이다. 그림이나 전시품을 스마트폰으로 비추면 영상 안에 들어온 마커(Marker)가 증강현실 영상클립을 카메라 속에 작동시켜 준다. 예를 들면 박물관에 가서 전시품을 비추면, 전시품이 실생활에서 사용되는 장면을 보여주거나 입체로 표현된 전시품을 구석구석 관찰할 수 있게 해준다.

잠실 올림픽공원 내 88잔디마당에 가면 AR동물원이 있다. SK텔레콤의 '점프AR앱'을 실행하면 용과 같은 상상속 동물들을 만날 수 있다. 'AR동물 체험존'에는 웰시코기, 알파카, 아기 비룡 등 작고 귀여운 동물들이 산다. 아동용 교재에도 활용하는데 카메라를 비추면 입체영상을 보여주는 그림책들이 많다. 화장품, 옷, 안경 등을 착용했을 때 자신의 모습을 스마트폰 화면에 비춰주는 AR앱들도 있다. 앞으로 스마트 안경이 대중화되면 길거리에 AR광고들이 즐비하게 될 것이다. 여기저기에서 동영상 광고물들이 안경 너머로 비춰질 것이다.

AR기술은 단순히 저장된 영상 클립을 작동해 주는 데에 머물지 않는다. 현실공간의 실물을 가상물체로 디지털화하여 컴퓨터 시뮬레이션을 하면, 조건의 변화에 따라 실물의 특징이 어떻게 변할지 예측할 수 있다. 실물을 그대로 컴퓨터 속에 복제한 가상의 디지털 복제품을 '디지털 쌍둥이'라고 한다. AR헤드셋 속에 디지털 쌍둥이를 불러와 데이터를 바꾸어 입력해서 마음대로 변형할 수 있고, 현실공간에 존재하지 않는 가상의 디지털 물체를 추가해서 결합시킬 수도 있다. 예를 들어 공장의 작업자는 현장 기계의 작동상태를 가상으로 시뮬레이션을 해보고 가장 좋은 조건을 현장 기계에 입력할 수 있다. 인테리어 디자이너는 집 구조를 디지털화하고 인테리어 디자인 아이디어를 적용하여 가상공간을 설계할 수 있다. AR헤드셋 속 세상은 현실과 가상이 혼합된 세계다. 현실은 맘대로 바꿀 수 없지만 증강현실 세계는 무한히 변화를 가할 수 있다. AR헤드셋을 착용한 상태라면, 우리는 증강현실 공간 속에 들어가 가상의 변화를 마치 현실처럼 몰입해서 실감할 수 있다.

증강현실 세계를 획기적으로 활용할 수 있는 아이디어는 모든 산업에서 가능하다. 이미 국내 많은 기업들도 AR공장 구축사업에 뛰어들었다. 이제 기계를 설계하거나 공장을 신설하는 설계자는 2D도면에서 그렸던 아이디어를 3D공간에 겹쳐 보면서 문제점을 쉽게 찾을 수 있다. 건축 디자이너 역시 가상의 설계도면을 마음껏 공간에 구현해 볼 수 있다. 자동차 판매원은 고객에게 자동차 옵션에 따라서 성능이나 디자인이 어떻게 달라지는지를 보여주며 설득할 수 있고, 가구 판매원은 공간에 다양한 가구들을 배치해 보이면서 고객상담을 하게 될 것이다. AR헤드셋을 착용하면 거실에 스포츠 경기장을 불러올 수도 있고, 원격으로 박물관이나 극장도 갈 수 있다. 물론 원격접속 티켓을 구매해야겠지만. 증강현실 기술은 원격으로 모든 활동을 입체적으로 실감할 수 있게 하는 기술로, 점차 널리 확산되고 있다.

4

온택트 시대의 인재

생각할 수도 없던 일을 상상하기

20세기에 가장 치명적이었던 전염병은 1918년에 발생했던 스페인 독감이다. 1918년 1월부터 1920년 12월까지 세계 인구의 약 1/4인 5억 명이 감염되었고, 감염자의 약 6퍼센트인 3000만 명 이상이 사망했다. 수많은 미국인들이 스페인 독감으로 사망했다. 독일 이민자인 미국 트럼프 대통령의 할아버지 프레더릭도 이때 사망했다. 미국은 전염병 충격에서 벗어나기 위해 유럽의 일에는 관심을 끊고 자국 내의 경제발전에만 몰두했으며, 1920년대에 커다란 경제적 번영을 이루었다. 가정용 냉장고, 정규노선 여객기, 가정용 세탁기 등이 확산되면서 사회적 변화를 가속시켰다. 헨리포드의 조립라인 속도도 빨라지면서 자동차 판매 가격이 크게 떨어졌고, AM라디오가 등장하면서 사람들은 상상도 못했던 정보 풍년을 맞았다.

그로부터 딱 100년이 지났다. 코로나19 팬데믹 상황은 1920년대와 크게 다르지 않다. 코로나19도 감염자 중 사망자가 약 3퍼센트나 된다

(2020년 10월 초 기준). 사망자를 줄이려면 감염자 수가 늘어나지 않아야만 한다. 바이러스의 유전자 분석을 기초로 치료약이나 백신을 개발하고 있지만 완벽한 백신은 없다. 50퍼센트 이상만 예방효과가 있어도 백신 승인이 가능하다는 게 병리학자 앤서니 파우치의 설명이다.

코로나19 팬데믹은 온 지구를 예측하지 못한 방향으로 몰아가고 있다. 코로나19가 몰고온 세계적 경제 혼란은 많은 전통기업들에 커다란 충격을 주었지만, 원격 비즈니스를 기반으로 한 인터넷 기반 기업들은 엄청난 기회를 맞았다. 관광 산업이나 공연예술 산업은 기회를 송두리째 빼앗겨 버렸고, 인터넷 상거래 산업이나 택배 산업은 뜻하지 않던 호황을 누리고 있다.

코로나19는 새로운 세계질서를 잉태하고 있다. 팬데믹을 거치면서 익숙해진 새로운 관행들이 2020년대 경제번영의 기초가 될 것이다. 전염병이 가라앉더라도 다시금 자유로운 콘택트 세상으로 되돌아갈 가능성보다는 온택트를 기반으로 한 새로운 질서가 형성될 것으로 전망된다. 생존을 위한 인류 문명의 진화는 또 다른 기술혁명을 수반하게 될 것이다. 다양한 형태의 기계지능화는 인류의 삶을 바꿔줄 것이다. 이 새로운 기술혁명 속에서 세상을 이끌고 갈 인재의 모습도 달라질 수밖에 없다.

매뉴얼에만 의존할 수 없는 사회로

흔히 일본을 '매뉴얼 사회'라고 한다. 매뉴얼에 발생할 수 있는 모든 사례들을 집대성하고, 사소한 행동요령까지도 제시하여 실수를 방지하고자 한다. 일본이 매뉴얼에 강한 것은 자연재해가 빈번하게 발생한 데서 연유한다. 매년 발생하는 태풍과 홍수, 빈번한 지진활동은 생명과 직결되므로 철저히 대비해야만 했다. 자연재해는 비교적 일정한 패턴이 있고 수백 년 역사 속에서 다양한 사례들이 축적되어 있다. 일본인들은 자연재해에 대처하는 방법을 어릴 적부터 훈련으로 익히고 매뉴얼대로 행동해서 위험을 줄였다.

그래서인지 일본인들은 경험한 모든 일을 세세히 기록하는 습관이 강하다. 농민들은 작물일지를 작성하고, 축산인들은 가축일지를 작성한다. 공장의 작업자들은 매일 작업일지를 꼼꼼히 작성하여 발생하는 현상에 관한 모든 사례들을 모아 매뉴얼에 반영하고 후진들에게 계승한다. 후진들은 매뉴얼이 작성된 배경이나 원리는 몰라도, 지켜야만 안전하다고 생각한다.

일본이 기술강국이 될 수 있었던 배경 중 하나는 국민들의 이러한 메모 습관이다. 모든 현상을 세밀하게 정리한 매뉴얼기술이 품질 편차를 최대한 줄였기 때문이다.

그런데 매뉴얼 사회는 치명적인 단점을 안고 있다. 일본인들은 매뉴얼에 없는 행동은 관행적으로 금지한다. 예를 들면 학생들이 학교에 등교하는 길도 안전한 길을 지정해 놓고 반드시 그 길로만 등교해야 하며 아무리 바빠도 지름길을 택할 수 없다. 매뉴얼을 벗어난 행동을 하다 들키면 지탄을 받기 때문에 아무도 그런 모험은 하지 않는다. 매뉴얼이 먼저 수정되어야 새로운 행동이 가능한 것이다.

20세기 산업사회에서는 매뉴얼 사회가 경쟁력이 있었다. 선각자들이 정해준 매뉴얼에만 충실하면 같은 선각자급이 되었기 때문이다. 하지만 매뉴얼에 없는 일이 벌어지면 속수무책이다. 아무도 책임지고 앞에 나서지 않는다. 자동화된 기계와 똑같다. 예상치 못한 일이 발생해도 대처할 융통성이 없다. 매뉴얼에 없는 주관적 판단이나 기민한 상황

대처는 조직적으로 불가능하다.

일본은 코로나19 환자가 집단적으로 발생했던 크루즈선 다이아몬드 프린세스호에서 음성판정을 받은 승객 443명을 우선 하선시켰다. 당시 우리나라를 비롯한 세계 각국은 위험지역에 있다가 귀국하면 14일간 추가 격리조치를 했다. 그러나 일본 당국은 크루즈선 승객을 모두 지하철 등 대중교통을 이용해서 귀가조치를 해버렸다. 매뉴얼에 없는 일이었기 때문이다. 마찬가지로 중국 우한에서 자국민을 특별기로 일본으로 귀국시킨 후에도 공항에서 바로 해산시켰다. 추가격리를 하라는 매뉴얼이 없었기 때문이다.

한국인들은 매사에 사고방식이 유연하다. 자신의 판단과 다른 일이 벌어지면 항의하면서 자기 뜻대로 해버린다. 단점으로 보이지만, 변동성이 큰 21세기에는 장점으로 부각된다. 한국 질병관리청은 모든 면에서 기민하고 철저했다. 가장 눈부신 활약은 코로나19 바이러스를 신속진단할 수 있는 실시간 유전자증폭(RT-PCR) 검사시약을 세계 최초로 개발해서 민간에 배포하고, 개발된 진단키트를 긴급 사용하도록 식품의약품안전처의 허가를 간소화해 준 점이다. 선별검사를 위해 '드라이브스루'와 '워킹스루' 장비를 승인하고 현장에 즉시 투입할 수 있게 했다. 부족한 병원시설 대신에 민간기업 연수시설을 활용해서 의심 환자들을 모두 격리하고, 감염자 접촉을 추적하는 각종 IT기술을 도입하여 환자 발생을 철저히 차단했다. 한국의 기민한 대처는 세계적 모범이 되었고 전염병 확산을 효과적으로 차단하는 기준이 되었다. 한국 보건당국은 일본과 달리 매뉴얼을 지키는 데 머물지 않고, 예상치 못한 사태에는 매뉴얼을 신속히 보완하는 기민함을 보여준 것이다.

변동성이 큰 21세기에는 상식만으로는 다가오는 위험을 피하기 힘들다. 상식 밖의 상상력이 필요한 시대다. 패턴을 벗어난 사태가 발생하더라도 임기응변으로 위험을 벗어나는 힘이 필요하다.

이제 매뉴얼로 가능한 일들은 기계에 맡기면 되는 세상이 되었다. 전례가 많은 일들은 인공지능이나 기계자동화로 대처할 수 있기 때문에, 반복적인 일처리 재주보다 근본적인 문제를 이해하고 꿰뚫어 보는 통찰력과 기민한 대응력이 중요하다. 인간은 매뉴얼에 없는 일들을 해결해야 한다. 매뉴얼에 없는 변화에 대처하고 새로운 매뉴얼을 만드는 힘이 필요한 사회가 21세기 선진사회다.

생각할 수도 없는 일을 상상하는 힘

흔히 사람들은 상식을 벗어난 일은 나쁜 것이라는 선입견이 있다. 변화를 싫어하기 때문이다. 하지만 문명의 발달은 상식을 벗어나면서부터 출발했다. 변화 없이는 발전도 없다. 변화를 이끌어내는 힘은 상상력에 있다. 현실과 다른 가치를 발굴하는 힘이다.

코로나19 후의 사회는 지금까지 우리가 겪어보지 못한 사회가 될 수도 있다. 소통방식의 상당부분은 온택트 중심으로 바뀌게 될 것이다. 기술은 끊임없이 바뀌기에 그 기술방식이 어떤 방식이냐는 중요하지 않다. 인재라면 새로운 기술환경을 개척하고 선도하거나 적어도 적응하는 힘이 필요하다. 이전에 경험하지 못했던 일들에 대처하는 힘은 평소에 갈고 닦은 상상력에서 나온다.

상상력은 기억력에만 의존하지 않는다. 기억의 파편들을 전혀 다른 방식으로 겹쳐보거나 엮어보는 힘이다. 이를 '창의력'이라고도 한다. 창의력을 발휘하는 데에는 많은 경험이 장해물로 작용하기 쉬운데, 지식이 너무 많으면 그만큼 고정관념에 얽매이기도 쉽기 때문이다. 한 가지 지식에만 매몰되면 그렇게 된다. 지식 더미의 한 치 밖도 허용하지 않는 것이 몹쓸 관행이다. 그러나 다양한 경험과 지식을 체험하면 좀 더 유연해진다. 예외가 될 수 있는 많은 사례들을 발견하기 때문이다.

생각이 유연해지려면 많이 보고, 듣고, 달리 생각하는 습관을 키워야 한다. '왜?'라는 질문을 달고 살아야 하고, 스스로 그 질문에 답하는 버릇을 길러야 한다. 자신만의 해답이 많아질수록 생각이 유연해지고 상상력이 풍부해진다. 평소에 이런 훈련을 많이 하다 보면 남들은 도저히 생각할 수도 없는 일들을 엉뚱하게 생각해 내는 기발함이 생기게 된다. 이제는 이런 기발함이 필요한 시대가 틀림없다.

디지털 시대의 미래 인재

서울 노량진 학원가에 가면 공무원 시험 준비를 하는 많은 젊은이들이 있다. 공시족이라 불리는 이들은 40여 만 명에 이른다. 이들 중 상당수는 대학을 졸업하고 1~2년 동안 취업 준비를 하며 주로 각종 법률과 규정에 기초한 기출문제를 공부한다. 공무원 시험은 정해진 사실들을 알고 있는지를 묻는 암기력 시험이다. 만약 창의적 발상으로 남들과 다른 답을 선택하면 무조건 틀린다. 이들에게 원하는 경쟁력은 원칙을 준수하는 20세기 산업사회 능력, 즉 매뉴얼대로 세상에 접근하는 능력이다. 하지만 21세기 디지털 미래사회는 변화무쌍한 사회다. 어제의 패턴이 반복되지 않고 어떤 변화가 닥칠지 가늠하기 힘든 'VUCA 사회'[8]라고도 한다. 어제까지의 모범사례가 미래의 대책이 되지 않는 사회, 즉

8 VUCA는 휘발성(Volatility), 불확실성(Uncertainty), 복잡성(Complexity), 모호성(Ambiguity)의 준말이다. VUCA 사회란 미래로 끊임없이 변화하고, 어떻게 전개될지 예측하기 어렵고, 그 어느 때보다도 복잡하고, 모든 것이 선택의 문제로 모호한 세상을 의미한다.

미래는 뷰카(VUCA)

연속성이 사라지고 말았다.

- Volatility(변동성)
- Uncertainty(불확실성)
- Complexity(복잡성)
- Ambiguity(모호성)

디지털 미래사회는 어떤 변화가 닥칠지 가늠하기 힘든 변화무쌍한 VUCA 사회다. 이러한 시대의 인재에게는 미래를 개척하는 최고의 상상력이 요구된다.

미래를 개척하는 최고의 상상력이 요구되는 사회다.

디지털 사회에서는 소프트웨어 역량이 수학이나 물리처럼 모든 분야의 기초학문이 된다. 네이버는 '커넥트 재단'이라는 비영리 소프트웨어 교육기관을 설립해서 원하는 사람들에게 디지털 소양을 높일 수 있는 소프트웨어와 인공지능 관련 교육을 무료로 제공한다. 초등학생과 중학생 대상으로 인공지능을 포괄하는 교육 프로그램도 제공하고 있다. 우수한 교육 이수자들은 직접 채용도 한다. 국내 인력시장에서는 소프트웨어 개발자를 확보하려는 인력 쟁탈전이 벌어지고 있다. 산업 전반에 걸쳐 기업의 디지털화를 주도하는 인재를 유치하고 유지해야만 한다. 유능한 소프트웨어 개발자들에게는 헤드헌터를 통해 고액 연봉과 인센티브를 제시하는데, 연봉이 3~10억 원 정도로 알려져 있다. 일반 전통기업에서는 최고임원급 연봉이다.

소프트웨어 기술은 모든 전공 분야의 인재들이 갖추어야 할 기초 소양이다. 모든 산업 분야를 디지털화하는 사회로 바뀌고 있으며 문제해결 수단으로 소프트웨어를 활용하기 때문이다. 21세기에는 디지털 역량이 없는 기업은 도태되기에 기업들은 앞다투어 소프트웨어에 능숙한 인재를 구한다. 주변기술은 소프트웨어 전문기업의 협력을 구한다 해도, 기업의 핵심역량은 스스로 디지털화할 수 있는 최소한의 자체인력이 필요하기 때문이다.

온택트 시대에는 하드웨어를 다루는 능력보다 소프트웨어를 다루는 디지털능력이 더 중요해질 것이다. 하드웨어를 다루는 능력은 자동화 기계나 인공지능이 대신하기 쉽다. 디지털능력의 핵심은 소프트웨어를 통해 하드웨어의 가치를 높이는 일이다. 소프트웨어는 하드웨어의 성능을 한 차원 더 높이기 위한 하드웨어의 구조설계나, 이미 설계된 하드웨어의 효율을 최적화하는 역할을 한다. 디지털 미래 인재란 변화에 대응하는 디지털 신기술을 계속해서 스스로 터득하는 학습능력자다. 새로운 환경에 유연하게 접근할 수 있는 힘이 디지털 역량에서 나온다. 강력한 온라인망, 디지털 작업도구 및 디지털 소통이 더욱 원활해질 미래 사회에서는 많은 인재들이 원격근무를 선택할 가능성이 높다.